全国教育科学"十三五"规划2018年度教育部重点课题研究成果

"漂移"与"回归":
类型教育背景下高职院校"学术漂移"现象研究

朱芝洲　蔡文兰 ◎ 著

中国财经出版传媒集团
经济科学出版社
Economic Science Press

图书在版编目（CIP）数据

"漂移"与"回归"：类型教育背景下高职院校"学术漂移"现象研究／朱芝洲，蔡文兰著.—北京：经济科学出版社，2020.6
 ISBN 978-7-5218-1677-8

Ⅰ.①漂… Ⅱ.①朱… ②蔡… Ⅲ.①高等职业教育－教育管理－研究－中国 Ⅳ.①G719.2

中国版本图书馆 CIP 数据核字（2020）第 114446 号

责任编辑：凌　敏
责任校对：李　建
责任印制：李　鹏　范　艳

"漂移"与"回归"：类型教育背景下高职院校"学术漂移"现象研究

朱芝洲　蔡文兰　著

经济科学出版社出版、发行　新华书店经销
社址：北京市海淀区阜成路甲 28 号　邮编：100142
教材分社电话：010-88191343　发行部电话：010-88191522
网址：www.esp.com.cn
电子邮箱：lingmin@esp.com.cn
天猫网店：经济科学出版社旗舰店
网址：http://jjkxcbs.tmall.com
北京密兴印刷有限公司印装
710×1000　16 开　15.75 印张　255000 字
2020 年 7 月第 1 版　2020 年 7 月第 1 次印刷
ISBN 978-7-5218-1677-8　定价：63.00 元
（图书出现印装问题，本社负责调换。电话：010-88191510）
（版权所有　侵权必究　打击盗版　举报热线：010-88191661
QQ：2242791300　营销中心电话：010-88191537
电子邮箱：dbts@esp.com.cn）

目 录

绪 论 …………………………………………………………（ 1 ）

第一章 高职教育的发展与"学术漂移"浪潮……………（ 8 ）

    第一节 高职教育的历史变迁及实践价值………………（ 8 ）

    第二节 世界范围高职院校的"学术漂移"浪潮…………（ 18 ）

第二章 "学术漂移":内涵及理论基础……………………（ 41 ）

    第一节 "学术漂移"的内涵 ………………………………（ 41 ）

    第二节 "学术漂移"的理论基础…………………………（ 47 ）

第三章 改革开放以来的中国特色高职教育发展之路……（ 61 ）

    第一节 我国高职教育的发展历程………………………（ 61 ）

    第二节 我国高职教育取得的巨大成就…………………（ 73 ）

第四章 我国高职院校的"学术漂移":特点、表征、形成机制及其影响……………………………………（ 81 ）

    第一节 国家工业化与高等教育制度变迁………………（ 81 ）

    第二节 我国高职院校"学术漂移"的特点及表征………（ 87 ）

    第三节 我国高职院校"学术漂移"的形成机制…………（101）

第四节 我国高职院校"学术漂移"的影响……………………（119）

第五章 发达国家高职教育发展的历史经验与借鉴……………（123）

第一节 发达国家高职教育发展的历史经验………………（123）

第二节 英、美高等教育系统职能分化政策
不同走向的比较分析……………………………（140）

第三节 20世纪90年代以来德国应用科学
大学更名潮及启示………………………………（149）

**第六章 从"漂移"到"回归"：治理高职院校"学术漂移"
现象的系统思考**………………………………………（159）

第一节 高职院校"学术漂移"现象的治理：框架分析……（160）

第二节 政府主导，健全制度体系，构筑高职院校
"学术漂移"的区隔机制…………………………（175）

第三节 高职院校理性"回归"，以鲜明的特色彰显
自身的价值品性…………………………………（200）

第四节 形塑社会共享观念，达成共同支持高职教育
发展的行动基础…………………………………（214）

参考文献………………………………………………………（234）
后记……………………………………………………………（246）

绪　　论

一、研究背景

(一) 挑战：高职院校"学术漂移"现象

"学术漂移"（academic drift）是兴起于20世纪70年代，引起世界各国学者的广泛关注，主要发生在高中后以应用性和职业性取向的非大学高等教育机构中的一种现象。学界一般将其界定为：非大学的高等教育机构按照更接近于大学"面目"的方式来确定其活动实践的一种趋势。[①]"学术漂移"导致办学同质化而被视为高等教育系统多样性的威胁。

第二次世界大战后，随着技术的进步，各行各业对应用型专业人员的需求日益增长。于是，在主要发达国家相继产生了一批区别于传统大学、以应用型人才为培养目标的新型短期非大学高等教育机构，如英国的多科技术学院；德国的高等专科学校；法国的大学技术学院；澳大利亚的高级教育学院。就政府创设的初衷而言，新型的非大学高等教育机构与传统大学在办学方向上存在根本区别，传统大学侧重学术和理论，新型的非大学高等教育机构侧重应用和实践。换言之，相对于传统大学，新型的非大学高等教育机构更强调与外部劳动力市场间的对接。尽

---

① Burgess T. The Shape of Higher Education [M]. London: Cormarket Press, 1972: 7-49.

管这类新型的高等教育机构发挥了巨大的实践价值，但后来它们没有恪守住自己"类"的初衷，出现了"学术漂移"现象，并逐渐蔓延，成为世界性的浪潮。

自20世纪80年代以来，随着我国经济社会的发展，深化高等教育改革，调整、优化高等教育结构，发展高等职业教育成为适应新型工业化形势、与经济社会协调发展的客观要求。经过40年的改革与发展，我国高职院校快速发展并取得了巨大成就，成为培养高素质技术技能型人才和高等教育大众化的重要载体。伴随着现实论域中"层次论"与"类型论"的争论，我国对高职教育的认识渐趋统一，定位和发展思路逐渐清晰。2006年11月，教育部颁发的《关于全面提高高等职业教育教学质量的若干意见》、2014年国务院《关于加快发展现代职业教育的决定》和《现代职业教育体系建设规划（2014—2020年）》先后明确了职业教育（高职教育）是一种"教育类型"，规划了高等教育"二元"发展基本框架，并按照终身教育的理念，形成服务需求、开放融合、纵向流动、双向沟通的现代职业教育体系。2019年1月，国务院发布《国家职业教育改革实施方案》更是开篇明示："职业教育与普通教育是两种不同教育类型，具有同等重要地位"，不仅强调了职业教育的类型性，而且特别强调了其存在的同等地位和重要价值。

近年来，在我国高职院校发展过程中，逐渐出现了类似于发达国家短期非大学高等教育机构的"学术漂移"现象。随之产生的问题和矛盾与国家关于高职教育的类型定位和高等教育"二元"发展目标相悖，既威胁着我国高等教育系统的多样性，也不利于高职院校的健康发展，应引起学界和社会的关注和重视。

（二）新课题：类型教育背景下高职院校"学术漂移"现象研究
1. 国外研究现状

国外关于"学术漂移"的研究主要集中在以下三个方面：

第一,"学术漂移"理论的元研究。对"学术漂移"理论的系统研究始于 20 世纪 70 年代英国的伯吉斯（Burgess）和普拉特（Pratt），他们不仅阐述了"学术漂移"理论的概念和表现形式，而且将这一理论贯穿于他们的整个学术生涯，用其研究英国高等教育政策和制度变迁。① 之后，尤其是在 2000 年以后，有关"学术漂移"研究的文献稳步增长。

第二,"学术漂移"理论在高等教育领域中的应用研究。运用"学术漂移"理论解释高职教育现象起源于英国的伯吉斯和普拉特，他们运用"学术漂移"理论分析和解释了英国高级技术学院和多科技术学院所发生的种种变化。此后，"学术漂移"现象引起了其他国家一些学者的兴趣，进而在世界范围内引起了学者们的广泛关注。

第三,"学术漂移"理论在学科领域中的应用研究。"学术漂移"理论还被运用于解释各学科领域（农业、医学、工程、管理学科等）中所发生的变化，意指传授给学生的学科知识崇尚理论和科学，远离实用性，忽视实际需要。

总之，随着研究的不断深入,"学术漂移"的内涵得到了进一步的更新和扩充，其研究议题也日益多样化，理论愈加成熟，应用范围也渐趋广泛。

2. 国内研究现状

近年来，我国高等教育领域中的"学术漂移"现象逐渐引起社会和学界的关注，但相关的研究成果较少。截至 2019 年 8 月，我们进入"同方数据库"中以"学术漂移"为篇名检索到的文献共 9 篇，其中涉及高职教育领域的论文仅 2 篇。

关于"学术漂移"内涵、基本理论方面的研究。刘宇和丁堃②、唐

---

① Pratt J., Burgess T. Polytechnics: A Report [R]. London: Pitman, 1974.
② 刘宇, 丁堃. 学术漂移浪潮与高等教育——世界的启示 [C]. 第七届中国科技政策与管理学术年会论文集, 2011 - 10 - 22.

晓玲和徐辉①等阐述了"学术漂移"的内涵、本质、产生的原因及研究进展。

国内外高等教育领域"学术漂移"现象方面的研究。王占军②、司俊峰③分别就美国高等教育"学术漂移"现象进行了研究；刘宗南和钟儒刚探讨了我国教学型院校课程质量标准的"学术漂移"及其矫正措施；④ 司俊峰和唐玉光从社会学新制度主义视角探讨了我国高等教育领域"学术漂移"现象产生的动因以及遏制这一现象的对策；⑤ 聂永成和董泽芳在对91所新建本科院校转型调查的基础上，探讨了新建本科院校的"学术漂移"现象、成因及其抑制策略。⑥

关于高职教育领域"学术漂移"现象的研究。赵峻岩简要剖析了我国高等职业教育的"学术漂移"现象，并提出要坚持高等职业教育的职业性取向，彰显应用技术知识本位的质量标准；⑦ 齐丽君针对服装行业的人才需求和培养现状，就高职服装教育中的"学术漂移"现象提出了改革措施。⑧

综上分析，国外对于"学术漂移"的系统研究较早，也形成了较

---

① 唐晓玲，徐辉. 高等教育机构的学术漂移：内涵阐释、理论基础与研究进展 [J]. 高教探索，2019（09）：5-9.

② 王占军. 高等教育市场化下的"学术漂移"遏制——以美国密苏里州为例 [J]. 比较教育研究，2011（09）：12-16.

③ 司俊峰. 美国高等教育中的"学术漂移"：现象、动因与防治对策 [J]. 比较教育研究，2016（09）：60-65.

④ 刘宗南，钟儒刚. 教学型院校课程质量标准的"学术漂移"及矫正 [J]. 高教发展与评估，2012（03）：109-113.

⑤ 司俊峰，唐玉光. 高等教育"学术漂移"现象的动因探析 [J]. 高等教育研究，2016（09）：38-44.

⑥ 聂永成，董泽芳. 新建本科院校的"学术漂移"趋向：现状、成因及其抑制 [J]. 现代大学教育，2017（01）：105-110.

⑦ 赵峻岩. 彰显技术应用能力——浅析高等职业教育质量的"学术漂移"现象 [J]. 中国成人教育，2008（08）：92-94.

⑧ 齐丽君. 正视高职服装教育中的"学术漂移"现象 [J]. 美术大观，2012（07）：189.

为丰富的研究成果。我国学界虽已注意到高等教育领域的"学术漂移"现象，但研究成果较少，缺乏深层次系统性研究。因此，本书的研究既具前沿性、创新性，也较具挑战性，具有较大的理论价值和实践意义。

面对"新时代"，如何紧扣时代脉搏，重塑使命，自觉求变，在实践过程中实现理论的新拓展，为高职教育综合改革发展提供新的思想支撑，已成为我国高职教育研究的重要议题。本书的研究既是在现有成果基础上的一种理论思考，也是一种现实分析，即一方面，通过对"学术漂移"理论的系统梳理，有助于加深对"学术漂移"现象的整体认识和把握；另一方面，通过对当前我国高职院校"学术漂移"现象的系统分析和思考，旨在我国新时代"类型教育"背景下，探寻有效治理高职院校"学术漂移"的区隔机制和策略，为促进高职院校特色发展的改革实践提供一种新的方向性启示。

二、研究内容

本书研究的主要内容包括：

绪论，即对本书研究内容的概述。

第一章高职教育的发展与"学术漂移"浪潮，介绍了第二次世界大战后世界主要发达国家高职教育的兴起、发展的历程以及取得的巨大实践价值，以及20世纪70年代以来蔓延英国、德国、澳大利亚、南非、美国等国高职教育机构的"学术漂移"浪潮。

第二章"学术漂移"：内涵及理论基础。本章系统梳理了国外关于"学术漂移"内涵、层次和形态；"学术漂移"的理论基础，包括资源依赖理论、组织生态学、组织社会学新制度主义理论、声誉和地位等级制度理论等。

第三章改革开放以来的中国特色高职教育发展之路。本章主要梳理了改革开放以来我国高职教育的发展历程，总结了我国高职教育在国家社会经济发展中的地位、人才培养能力、办学条件、体制机制改革、专业建设、产教融合、师资队伍建设、服务社会能力以及对外开放9个方面取得的巨大成就。

第四章我国高职院校的"学术漂移"：特点、表征、形成机制及其影响。本章主要阐述了我国国家工业化进程的三个阶段与高等教育制度的变迁；我国高职院校"学术漂移"的特征以及具体表征；从竞争性同形、制度性同形两个视角，系统分析了我国高职院校"学术漂移"的形成机制；分析了我国高职院校"学术漂移"产生的影响。

第五章发达国家高职教育发展的历史经验与借鉴。本章系统总结了发达国家高职教育发展五个方面的历史经验；比较分析了20世纪60~90年代英国、美国高等教育系统职能分化政策的不同走向，以及高等教育"二元制"的典型代表——德国20世纪90年代以来高等专科学校的高级化和更名潮两个典型案例，探讨在相异的背景下借鉴外国相关实践经验的可能性与现实性。

第六章从"漂移"到"回归"：治理高职院校"学术漂移"现象的系统思考。本章主要阐述了新时代类型教育背景下，要以全局的视野，综合改革的思路，统筹安排，即通过政府主导，健全制度体系，构筑有效的区隔机制；高职院校理性"回归"，以鲜明的特色彰显自身价值品性；形塑社会共享观念，达成共同支持高职教育发展的行动基础，系统推进高职院校"学术漂移"现象的有效治理。

三、研究方法

有效的研究需要有效的研究途径，科学的结论源于正确的方法，这是本书研究方法论的基本指导思想。总的说来，本书主要采取以下几种研究方法：

（一）文献研究法

文献研究法是本书研究的基本方法，通过对既有研究文献的搜集、整理和分析，从而形成对事实的科学认识。"学术漂移"现象虽然尚未引起我国高职教育领域足够的关注和重视，但已有的一些研究成果，为我们的研究提供了基础。

（二）比较分析法

各国高职教育的社会背景、发展条件和管理体制大相径庭，所选择的发展策略和路径也千差万别，但都不约而同地出现"学术漂移"，这种现象在世界范围内引起了学者和高职教育管理者的关注，并形成了较为丰富的研究成果。比较分析可以使我们对中外高职教育实践的异同进行辨别，找出这种差别的背景、原因，探讨在相异的背景下借鉴外国相关实践经验的可能性与现实性。

（三）跨学科的系统综合法

作为当前高职教育领域一个复杂的现象，"学术漂移"现象的产生有着错综复杂的原因。借鉴资源依赖理论、种群生态学、组织社会学新制度主义理论等不同学科的理论、研究方法，可以全面地把握研究视角，更加深入地展开系统研究。

当然，这些研究方法的运用并不是彼此独立的，而是互相交叉、互为证明的。多种研究方法的综合运用，才能更好地展开主题论证。

第一章 高职教育的发展与"学术漂移"浪潮

第二次世界大战后,高职教育逐渐发展成为发达国家高等教育领域的独特类型,尤其是在各国高等教育从精英阶段向大众化和普及化阶段过渡的节点上,发挥了关键性作用和巨大的实践价值。然而,意味深长的是,20世纪70年代以来,高职教育领域逐渐出现了"学术漂移"现象,并日益蔓延汇聚成了一股世界潮流。

第一节 高职教育的历史变迁及实践价值

随着高等教育日益卷入社会,高等教育不再仅仅是"学术的乐园",它"必须经常给予社会一些东西,这些东西不是社会想要的而是社会需要的"[①]。第二次世界大战后,随着技术的进步,各行各业对专业人员的需求日益增长。在发达国家一批区别于传统学术型大学、以应用型人才为培养目标的短期高等教育相继出现。联合国教科文组织2011年修订的《国际教育分类标准》认为,此类高等教育属于高等教育的第一级,

---

① Flexner A. Universities: American, English, German [M]. New York: Oxford University Press, 1968: 3.

整个教育体系的第五级。① 国际经济合作与发展组织（OECD）先后将此类机构或教育命名为"短期院校"（short-cycle institutions，SCIs）或"短期高等教育"（short-cycle higher education，SCHE）②、"非大学高等教育机构"（non-university institutions 或 non-university higher education）、"大学之外的高等教育机构"（alternatives to universities）；在欧洲层面上被统称为专业高等教育（professional higher education，PHE），与学术高等教育（academic higher education，AHE）相对应。在不同国家，这类高等教育的实施主体各不相同，如美国和加拿大为社区学院；日本为短期大学、高等专门学校、专门学校；法国为大学技术学院、高级技术员班；英国为多科技术学院；德国为高等专科学校；澳大利亚为高级教育学院。尽管不同国家或组织对此类高等教育有不同的称呼，但有着共同的特征：(1) 属于中学后教育；(2) 在高等教育的非大学领域实施；(3) 具有强烈的职业因素，应用导向，注重教学；(4) 学制较短，多为2～3年。这些特征与我国高职教育（院校）相类似，我们统称为高等职业教育（院校），简称高职教育（院校）。

一、高职教育的历史变迁

（一）高职教育的兴起

高职教育兴起于19世纪末20世纪初美国的"初级学院运动"。19世纪中期，美国工农业迅速发展，提出了对专门技术人才的迫切需求。1862年的《莫雷尔法案》支持本科大学开展农业和机械工艺等实用性极强的教育，由此"开创了在高等教育中开展职业教育的先例"，并持

---

① UNESCO. International Standard Classification of Education (2011) [S]. Montreal：UNESCO Institute for Statistics, 2012.

② Slantcheva-Durst S. Shoe-cycle Higher Education Across Europe：The Challenges of Bologna [J]. Community College Review, 2010, 38 (2)：111-132.

续推动其发展，赠地学院的产生"使职业技术教育成为美国高等教育的一个重要组成部分"①。1870年，威斯康星大学第一个设立工学院，开设土木、机械、采矿、金属等学科。此后，议会又颁布了《亚当斯法案》《纳尔逊法案》《农业扩张法案》多项法令，而且拨发补助经费，这些措施有力地促进了美国高职教育的发展。②19世纪末20世纪初，美国的"初级学院运动"直接推动了高职教育的兴起。1892年，时任芝加哥大学校长哈珀率先在芝加哥大学开展了将四年制大学划为两个阶段的改革实践。其中，一二年级称作"初级学院"，三四年级称作"高级学院"。初级学院模式为众多小规模的四年制学院提供了新的发展机会。这类院校在转型为初级学院之后，经济负担大幅度降低，集中精力进行一二年级的教学，从而向大学输送高质量生源，也为社会造就了更多的实用人才。在此基础上，1907年，加州首创独立的两年制社区学院。受此影响，一大批初级学院经由不同方式陆续设立。截至1939年，美国已有575所初级学院，在校生规模约15万人。1950年，高等教育委员会发布《为美国民主服务的高等教育》报告，建议将"初级学院"改为"社区学院"，明确了高职教育的重要性，从而促进了社区学院的大发展。③到1960年，美国全国范围的高职教育系统大致形成，社区学院的职业技术教育功能不断加强，逐渐被社会所承认和接纳，成为美国对世界高等教育结构改革作出的重要贡献之一。

（二）高职教育的发展

美国的初级学院是世界范围内高职教育的最早实践，为其他发达国

---

① 石伟平，匡瑛. 比较职业教育 [M]. 北京：高等教育出版社，2012：53.
② 王义智，李大卫，董刚，张兴会. 中外职业技术教育 [M]. 天津：天津大学出版社，2011：2.
③ 王义智，李大卫，董刚，张兴会. 中外职业技术教育 [M]. 天津：天津大学出版社，2011：3.

家高职教育的兴起提供了参照。第二次世界大战之后，西方主要国家迎来了高等教育发展的黄金期，高职教育也开始以崭新的面貌出现在高等教育舞台之上。到 20 世纪六七十年代，仅仅经过 20 多年的时间，高职教育就已经成长为一种得到普遍接受、具有独特功能定位的高等教育类型，几乎所有西方国家都在本国高等教育体系内确立了高职教育的地位，形成了由高职院校和传统大学构成的高等教育"二元"结构。

第二次世界大战后，高职教育在发达国家的蓬勃发展有其深刻的历史背景。首先，第二次世界大战结束后，西方国家陆续出现了高等教育的入学浪潮。面对急剧攀升的入学压力，各国原有的高等院校无论是数量上，还是类型上都难以应对，高等教育结构改革势在必行。各国普遍认识到，"要承担起当代社会不断赋予的新的多样化职能，对中等后（教育）体系进行重大结构改革至关重要"，① 必须为更多的迫切需要接受高等教育的民众开辟新的入学渠道。高职教育这类新式高等教育的出现，由此成为必然。其次，第二次世界大战后的西方国家普遍进入了经济恢复和快速发展时期，这一轮经济腾飞是伴随着新兴科技的广泛应用和新能源的大力开发而出现的，由此也带来了产业结构的大规模调整。经济发展对就业人口的受教育层次、知识结构和技能水平提出了更高的要求。为社会输送了大量新型人才，特别是培养中高级应用技术人才的职能，应该由哪类机构承担？显然，仅仅依靠原有的中等和高等教育机构是远远不够的。"中等教育略显不足，而大学教育又高高在上"，② 各国由此产生了发展一种介于中等教育和传统大学之间的新式教育机构的需要。受上述因素的共同驱动，第二次世界大战后的西方国家普遍兴起了发展高职院校的热潮。

基于不同的教育传统和现实需要，第二次世界大战后的西方各国逐

---

①② DECD. Shoe-cycle Higher Education: A Search for Identity [R]. Paris: DECD Publications Center, 1973.

渐建立了各具特色的高职教育体系。伴随着经济社会发展和高等教育改革，各国高职教育又进行了持续的自我更新，其形式更加灵活多样。20世纪70年代被称为美国高等教育的"黄金时代"，社区学院在高等教育规模扩张中扮演了重要角色。英国于20世纪60年代开始大力发展多科技术学院；1969～1991年先后共成立了34所多科技术学院；1987年《高等教育：迎接新的挑战》白皮书中公开认可多科技术学院与大学具有同等地位，多科技术学院获得了与传统大学并驾齐驱的发展机会。法国于1956年建立高级技术员班；1965年10月作为试验，4所大学技术学院成立；1966年1月颁布的法令使11所大学技术学院应运而生。1968年，联邦德国决定建立3年制的高等专科学校，70年代政府又实施"高等学校区域化"计划，很快成立了70多所高等专科学校；巴州府若干著名企业也开始与学校联合举办校企合作学校——职业学院；1985年《高等教育总纲法》中明确提出高等专科学校与大学是"不同类型但等值"的高校。在澳大利亚，20世纪60年代中期，在联邦政府的鼓励下掀起了建立新型的文凭学院——高级教育学院的热潮；1970年州教师教育学院也被吸收进入高级教育学院。在日本，1950年首设短期大学；1962年设立高等专门学校，进而逐渐形成了由短期大学、高等专门学校和专门学校（1976年设立）构成的高职教育体系。此外，在其他一些发达国家，区别于传统大学的高职教育机构也在20世纪后半期得到了发展。

  20世纪90年代以来，高职教育进入了新的发展阶段。高职教育在实践领域的一些变化改变着人们对它的原有认识。从与传统大学的对比来看，此前高职教育与传统大学起点相同（中学后教育），区别在于办学职能和导向、教育层次和修学年限不同。而经过一系列改革，高职教育开始呈现新的发展样态，如一些国家的高职教育已经突破了大学一二年级的办学层次，开始进行本科阶段的教育，部分院校甚至获得了硕士乃至博士学位授予权，这一变化在学术界被称为高职教育的"高级化"。

如 1992 年，英国的 34 所多科技术学院全部升格为大学，英国把这些大学称为"post‐1992 universities"，即"1992 年后大学"。为提高国际影响力，自 1998 年开始，特别是在博洛尼亚进程中，德国将高等专科学校统一对外使用英文名称"应用科学大学"（universities of applied sciences），除了提供学士层次的教育之外，也开始提供硕士层次的教育，还可以与综合大学一起联合培养博士。另外，在很长一段时期内，高职教育主要承担的是技术人才培养的教育职能，与传统大学最显著的职能差异体现在科研领域，但随着高职教育"高级化"趋势的显现，一些国家的高职院校开始结合自身优势积极从事应用型科研活动，很多院校还组建了技术转移中心等专门机构作为支撑。高职教育领域的上述变化对其内涵变化及未来走向产生了重要影响。

二、高职教育的实践价值

高职教育是高等教育大众化进程中兴起的一种新的高等教育类型。20 世纪中后期，在主要发达国家得到大规模发展，目前已成为各国高等教育体系的重要组成部分，并且发挥出巨大的实践价值。

（一）推进了高等教育功能的变革

功能性变革是大学组织的根本性变革。在近千年的演化过程中，大学组织有两次称得上革命性的、具有历史意义的功能性变革。第一次是近代大学组织的功能性变革，以 1810 年建立德国柏林大学及其确立"教学与科研相统一"的大学原则为标志。西方大学开始从知识保存、传承的机构向同时进行知识生产和创造的机构转变。第二次是现代大学组织的功能性变革，以 1904 年美国"威斯康星思想"的提出为标志。威斯康星大学校长范海斯（Charles Richard Vanhise）主张教学、科研和服务都是大学的主要职能，标志着西方大学开始向同时进行知识应用的机构转变。到20世纪后期，服务社会逐步为多国大学所普遍接受。从表面上看，现代大学的功能性变革主要是大学自主选择的结果，但从深层次上看，社会的变化要求高等教育的作用和职能进行相应变化。而在这个过程当中，高职教育的成功示范明显地产生了诱导性作用。

美国是现代大学组织功能性变革最具有代表性的国家。19世纪后半叶，美国政府通过"赠地学院运动"促使高职教育兴起，并极大地提高了农业生产率，这进一步坚定了政府通过大学促进经济社会发展的意志。20世纪初，美国又促使企业与大学合作培养人才、建立科学实验室。第二次世界大战后，这种合作持续发展。其他发达国家也大都经历了大学与经济结合的过程，这一过程较为集中地出现在20世纪后期，期间同样能够看到高职教育影响大学发展的迹象。为保障在科技和工业方面的优势地位，法国在20世纪七八十年代进行的高等教育改革特别强调为经济社会发展服务。在进行高等教育课程改革时，甚至把大学技术学院重视应用性教育理论扩展到了大学部门。以重视科研而闻名的德国经典大学也产生了微妙变化，他们在满足社会劳动力市场需求方面与高等专科学校展开了竞争，因为来自产业界的压力要求建立另外一种能够帮助企业解决现实问题的高等教育。英国在《罗宾斯高等教育报告》指导下，高级技术学院升格为大学，而综合性大学也在专业结构、课程设置和科学研究等方面进行了改革，突出了适应现代科学技术进步和社会生产发展对人才的新要求。20世纪80年代，日本在"技术立国"理念的指导下，形成了四年制大学、短期大学、高等专门学校和专修学校四类高等教育机构，这些高等教育机构都是以培养不同层次的专门技术人才为主，这既使得日本迅速跻身世界高等教育强国之列，也促进了其国民经济的崛起。澳大利亚联邦政府把高等教育视为国家经济改革和经济繁荣的重要力量，20世纪后半期，通过制定《沃克报告》《默瑞报告》《马丁报告》《康甘报告》等政策倡导变革，一方面确定了大学性质与任务；另一方面形成了大学、高等教育学院、技术与继续教育学院的三级体系，对澳大利亚高等教育和经济社会发展产生了深远影响。实践充分显示，经济社会发展对人才的渴求是现代大学功能发生深刻变革的根本推手，但两者之间并没有形成"立竿见影"的联系机制，恰恰相反，作为"底部沉重"的社会组织，大学以其固有的稳定性抵抗着社会要求其做出改变的努力。事情的转机归因于政府干预，政府首先通过扶持高职教育为本科大学产生示范效应，此后，通过直接的或者间接的多种方式，政府充当了社会需求和大学变革"中间人"的角色，引导大学与社会之间的关系从不接洽转变为合作。当这种合作对双方都产生实效的时候，外部压力变成了内部动力，此时的大学表现出对于服务社会的一种"主动把握"姿态。

以上分析蕴含着一个逻辑上的问题：既然经济社会发展要求高等教育对其进行人力及技术等方面的支持，为什么不是既有的本科大学直接满足这种需求？高职教育的兴起与现代大学的功能性变革之间存在着怎样的联系？合理的解释思路是：高职教育实际上充当了本科大学变革"探路者"的角色，是一种探求实用价值的"试错机制"；当其实践取得成效的时候，又为大学变革提供了合法性基础，并且发挥了催化剂的作用。当然，在这个过程中，高职教育作为一种新的高等教育类型发展起来，其本身也成为现代高等教育体系功能性变革的重要组成部分。

（二）推动了高等教育多元结构的形成和大众化进程

高职教育是在高等教育大众化进程中大规模发展起来的。高等教育大众化有规模化和多样化两个基本特征。规模化意味着要为更多的人提供接受高等教育的机会；多样化意味着社会对高等教育的人才需求不再是传统大学时代的单一层次和单一规格。原有的传统大学无法有效地满足大众化时代提出的规模化与多样化需求。由于传统大学脱胎于精英教育,其招生标准是高选择性而非开放性的,培养目标是精英导向而非大众导向的,这种办学特性与现代产业所需的高级应用性人才之间存在明显的落差。而高职教育的出现和大规模发展,在确保传统大学的职能与使命免受大众化冲击的同时,借助自身较为宽松的入学标准、灵活的办学模式、面向实践的人才培养机制等方面的优势,迅速扩大了高等教育规模,并为社会输送了大量技术人才,成为高等教育向大众化、普及化阶段跃进过程中的生力军。

实践证明,高职教育在各国高等教育大众化进程中发挥了重要作用。自第二次世界大战结束到20世纪70年代,美国的高等教育规模从1940年的约150万名学生骤增至1970年的约860万名。在这一规模扩张的背后,社区学院扮演了重要角色。就规模增长幅度来看,这一时期社区学院对美国高等教育整体规模的增长贡献率达到26%。① 20世纪60年代英国开始大力发展多科技术学院,使高等教育毛入学率快速增长,1969~1992年,学生人数增长了13倍之多。② 1958~1965年,法国高级技术员班在校生数以年均20%的速度递增;1964年创办大学技术学院,10年后学生总数增加了2.68倍,③ 同期增幅远远超过传统院校。2017年,德国应用科学大学共有245所,在校生人数为86.5万人,占德国在校大学生人数的36%。④

(三) 为各国经济转型和快速发展提供了大批高质量的应用人才

现代工业的快速发展极大改变了以往的就业需求,新科技的推广也

---

① 付雪凌. 高等教育大众化进程中高等职业教育发展研究——国际比较的视角 [D]. 华东师范大学博士学位论文, 2008.
② Graeme Davies; HEFCE, M2/94, 1994: 183.
③ 高原, 黄群. 发达国家高教大众化普及化进程中高等职教的发展规模 [J]. 职教论坛, 2005 (31): 63-64.
④ 秦琳. 以应用型人才培养促进区域经济发展和国家竞争力提升——德国应用科学大学的经验 [J]. 大学(学术版), 2013 (09): 60-66.

对从业者提出了更高的多样化要求。高职教育的大规模发展，在很大程度上满足了这种社会需求，其办学形式的灵活性、人才培养的多样性和市场与职业导向、面向地方社区的服务意识等特征，不但极大地拓展了自身的生存空间，而且为各国经济社会发展提供了不可或缺的人才支持。

实践证明，高职教育在服务各国经济和社会发展方面发挥了不可替代的积极作用。美国社区学院是以培养应用人才服务经济社会发展的典型。由于具有立足区域需求、办学形式灵活、直接面向就业市场等特点，社区学院普遍成为所在地中高级技术人才的"生产源"，且培养质量得到高度认可。如 1998 年一项全美范围内的调查表明，90% 的企业主认为社区学院"提供的培训课程的质量满足了企业的需求"，培训效果"不错或很好"。① 据统计，1996 年，佛罗里达州社区学院职业课程毕业生在所学领域就业或继续接受教育的比例达到 72%，南卡罗莱纳州为 83%（1997 年），伊利诺伊州为 92%（2001 年）。② 在日本，高职教育也是伴随着战后经济腾飞而逐步兴起的，它的发展有效地满足了产业结构调整导致的人才需求变化。如从 1960～1985 年，日本第一、第二、第三产业的比重从 13∶41∶46 变为 3∶36∶61，这一变化不仅增加了对专门人才数量的需求，而且增加了对新型人才的职业教育训练的需求。在这种情况下，专门学校发挥出为社会输送高质量职业人才的优势，成为同期高等教育发展的亮点和仅次于大学的高等教育机构。③ 高职教育为社会输送优秀职业人才、助力经济社会发展的作用可见一斑。

---

①③ 朱文富，姜雪. 发达国家的短期高等教育：历史变迁、实践价值及其借鉴 [J]. 中国高教研究，2018（11）：45-51.
② 周志群. 美国社区学院课程变革与发展研究 [D]. 福建师范大学博士学位论文，2010.

第二节 世界范围高职院校的"学术漂移"浪潮

一、英国多科技术学院的"学术漂移"

传统的英国高等教育系统与其他欧洲大多数国家类似，带有典型的学术取向与理论偏好。从高等教育宏观的视角看，20世纪60~90年代的英国高等教育是一个特殊的"逆流而行"案例：从"分化"走向了"趋同"，即从"大学—非大学"的二元制发展为仅有"大学"一种结构的一元制。可以说，英国多科技术学院"漂移"到大学之路的发展历程显得特别引人注目。

（一）英国多科技术学院创设

受第二次世界大战影响，英国经济实力逐步削弱，高度自治且固守"学术本位"的精英教育导致科技和应用型人才的缺乏，成为英国战后经济重振的掣肘。与此同时，"婴儿潮"带来的高等教育适龄人口的猛增，在教育民主化思潮的推波助澜下，劳动阶层子女接受高等教育的需求急速增长，也迫使英国高等教育快速做出回应。20世纪60年代以后，高等教育的性质、类型、结构和发展规模等成为英国社会各界关注的焦点。随着科技、经济发展和劳动力结构的变化，社会对多层次、多规格的人才需求与英国高等教育精英型传统的矛盾日益突出。

1963年10月颁布的《罗宾斯报告》提出"高等教育的目标应该改变过去以培养传教士、法官、律师和医生为主的传统，而应该向人们提供在社会生活竞争中需要的技术和才能，国家办学的方针首先是使那些有能力、有条件、有愿望接受高等教育的人获得接受高等教育机会",①这一新的高等教育原则被称为"罗宾斯原则"。在韦弗（Toby Weaver）、克劳斯兰德（Anthony Crosland）等人的努力下，英国政府于1966年颁布《关于多科技术学院和其他学院的建议》白皮书，英国政府选择通过"增量改革"的方式，即选择绕过传统大学体系，而建立与传统大学迥异的新型高等教育机构——多科技术学院，形成"二元制"结构，来推动高等教育规模扩张和结构调整，以平复矛盾。白皮书提出，将原有90多所艺术、教育和技术等独立学院合并为30所具有综合性质的地区性团体——多科技术学院。1969~1973年，先后成立了30所多科技术学院，由地区政府直接管辖，强调服务理念和需求导向，以面向区域经济的应用性和学生多元的开放性为办学特色。多科技术学院的建立与命名标志着英国开启了"二元制"时代。

（二）多科技术学院的巩固和发展

20世纪70年代被认为是英国高等教育调整时期。中东石油危机导致的世界性的经济危机，使英国经济受到重创。受此影响，政府开始对大学经费大幅度削减，英国大学发展在此时期几乎处于停滞状态。与之相反，多科技术学院在这一个时期得到了稳步的发展。

学生和教师人数的扩充。1969~1973年英国相继成立了30所多科技术学院，这使得英国高等教育的规模得到了前所未有的扩充。此外，由于其入学门槛低、课程设置灵活、证书形式多样以及专业侧重于职业性等特点，使得多科技术学院发展具有了强大的生命力，其招生人数迅速扩展。据统计，1973年多科技术学院在校生人数已达159292人，且

---

① 刘晖. 从《罗宾斯报告》到《迪尔英报告》——英国高等教育的发展路径、战略及其启示 [J]. 比较教育研究, 2001 (5): 24.

逐年稳步递增；到 1981 年人数已达 206335 人。① 教师方面，1971 年，英国教育科学部首次公布 30 所多科技术学院全日制在职教师总数为 9825 人。随着学生的增长，教师的数量在其后十年不断上升。据统计，到 80 年代，全日制教师人数已达到了 17000 人，比成立之初增长了 70%，这一增长比例远超过大学（大学教师同期增长幅度为 50%）。②

到 20 世纪 80 年代中期，受"教育国家化"思想的影响，英国中央政府逐渐加强了对多科技术学院的干预，认为多科技术学院不仅服务于地方，同时也服务于国家。此时，多科技术学院已经发展为成熟的机构，争取更多的学术自主权成为多科技术学院的强烈要求。在此情况下，1987 年，英国政府发布了《高等教育：迎接新的挑战》白皮书，陈述了英国政府发展高等教育的重要政策，建议多科技术学院应脱离地方政府控制。1987 年，教育白皮书的政策设想在《1988 年教育改革法》中以法律的形式正式确立下来。根据 1988 年教育改革法规定：第一，多科技术学院和其他学院将脱离地方政府成为独立法人团体，地方教育当局不再有责任为本地区提供高等教育设施，一律改为由中央直接管理；第二，设立大学基金委员会以取代大学拨款委员会，负责政府对大学的拨款事务；第三，成立"多科技术学院与其他学院基金委员会"负责对多科技术学院与其他学院基金拨款项目，其地位与大学基金委员会平级。多科技术学院与其他学院基金委员会的成立，标志着英国高等教育双重拨款体制拨款方式的正式确立。多科技术学院地位由此得以提升，摆脱了地方政府的控制，自主性得到了进一步的提高。1989～1992 年，又成立了 4 所多科技术学院。至此，英国前后共创立了 34 所多科技术学院。学生人数从 1969 年的 6.0384 万人，到 1992 年达 77.9333 万人

---

① Pratt John. The Polytechnic Experiment：1965 – 1992 [M]. UK, Open University Press, 1997：35.

② Pratt John. The Polytechnic Experiment：1965 – 1992 [M]. UK, Open University Press, 1997：38.

（不包括非全日制学生），学生人数增长 13 倍之多。① 经过 20 多年的发展，多科技术学院已成为英国大学之外最重要的高等教育机构。

（三）多科技术学院的转型

20 世纪七八十年代，多科技术学院得到了快速发展，但在学位颁发方面仍受制于国家学位委员会的审查，在高等教育体系中处于不利地位，在招生、毕业生就业市场上与大学相比仍处于劣势。同时，多科技术学院在成立之初定位为"教学机构"，因而在科研方面没有专项资金为其提供支持，其科研活动较少，且多数为短期性研究项目。然而，受英国高等教育注重学术研究传统的影响，多科技术学院从成立之初便从未间断"学术追求"。在确保其自身固有职业特色不变的情况下，学院还提供了与大学相同的学位课程、人文社会学科等一般性课程。随着多科技术学院的不断发展，尤其是到撒切尔执政政府推行"教育市场化"机制后，开始逐渐偏离最初设定的以职业教育、地区性学生和职业性课程为主的定位，向大学目标"漂移"，科研的比重逐年提高。1982 年，全国公立高等教育咨询委员会（NAB）成立，着手就科研工作在多科技术学院中所应占比重进行了讨论，认为他们的多数研究属于应用研究，与经济发展息息相关，一定量的科研也是必须的。为此，1984 年 NAB 提出了"科学遴选计划"，计划在今后三年时间对多科技术学院科研进行专项资金支持。"科学遴选计划"开创了政府为公共高等教育部门拨款的先例。而 1989 年成立的多科技术学院和其他学院基金委员会，则标志着多科技术学院终于拥有了自己"专属"的拨款机构，促进了其科研能力的进一步提升，与大学间的差距进一步缩小。当多科技术学院与大学在教育目的、专业设置等方面逐渐趋同，就不再满足于过去"低人一等"的地位，要求升格为大学的呼声也就越来越高。因此，"二元制"

---

① Graeme Davies：HEFCE，M2/94，1994：183.

成为束缚英国高等教育发展的"绊脚石"。

鉴于此,1991年5月,议会颁布《高等教育:一个新框架》白皮书,其核心建议是:废除二元制度,建立一个单一的高等教育框架。白皮书认为:(1)多科技术学院在增加入学机会、提升效率以及响应社会需求等方面的作用日益增强,其已有条件颁发各种学位,应授予它们权利,从而结束国家学位委员会的工作,并且只要多科技术学院自己愿意,就可以升格为大学;(2)为了促进教育"市场化"进程,使得高校更好地为国家的经济发展服务,大学、多科技术学院和高等院校应该建立一个统一的经费拨款机构,从而在各院校间引入竞争机制。①

1991年政府白皮书中的主要建议大多数被1992年《继续教育与高等教育法》所采纳,规定:(1)同意多科技术学院与大学申请改名为大学,具有独立颁发学位的资格,与大学具有相同的地位;(2)废除刚建立的大学基金委员会和多科技术学院以及其他学院基金委员会,改为按地区设置的高等教育基金委员会。② 据此,34所多科技术学院升格改名为大学(英国把这些大学称为"post-1992 universities",即"1992年后大学"),拥有与传统大学平等地位、拥有自主颁发学位的权利。以上两个法案构成了英国高等教育体制结构变革的分水岭。至此,多科技术学院完成了其历史使命,从此退出历史舞台。英国高等教育"二元制"宣告终结,进入了"一元制"时期,实现了英国高等教育体制新的融合。这场变迁被称作是"英国高等教育史上从未有过的结构改革",是一场"静悄悄的革命"。英国多科技术学院悄无声息地选择了"更像大学的道路,从而成为集中的'学术漂移'的唯一典型案例"。③

---

① 张泰金. 英国高等教育历史·现状[M]. 上海:上海外语教育出版社,1995:124-130.

② 张建新. 高等教育体制变迁研究——英国高等教育从二元制向一元制变迁的探析[M]. 北京:教育科学出版社,2006:121.

③ [美]伯顿·克拉克. 探究的场所[M]. 王承绪等译. 杭州:浙江教育出版社,2001:231.

二、德国高等专科学校的"高级化"

德国是第二次世界大战的战败国,被战争破坏的程度比日本还严重。在一片废墟上,用了不到50年的时间,就跃身为第三经济强国;经历了40多年的分裂,1990年10月重新获得了统一。这一奇迹般的变化为世人所瞩目,与其经济的腾飞联系最紧密的是职业教育的发展,包括应用型高等教育在其中起到了关键的作用。

第二次世界大战后德国的高等教育提供了另一种模式:一方面,采用实用主义原则,扩张大学和大学生数量,大力发展应用型高等教育,走大众化的道路;另一方面,固守传统的大学理念,不希望精英教育被职业性专门教育所取代。两者被分别赋予不同的功能,具有不同的办学定位和特色。换言之,两者之间的区别并非垂直分化,而是水平式的功能和特色分化。这种"双类型结构"在20世纪80年代末被确立且一直沿用至今。

(一)高等专科学校的兴起

战后初期,联邦德国的高等教育处于恢复和调整阶段,被称为"未改革的20年"。20世纪60年代,德国成长为世界第三大经济体。电子工业、计算机工业等一批新兴产业的涌现,使得德国对掌握新技术和新工艺的应用型人才的需求与日俱增。1961年,民主德国修建了柏林墙,阻碍了劳动力向联邦德国的流动,联邦德国开始感受到劳动力短缺带来的一系列问题。1964年,联邦德国教育家皮西特(Georg Picht)发表系列文章,认为"教育危机"将带来经济危机,并大声疾呼改革教育制度才是拯救德国经济困境和社会的唯一药方。[①] 这引发了政府及社会各界

---

① Picht G. Die deutsche Bildungskatastrophe, Analyse und Dokumentation [M]. Olten und Freiburg im Breisgau: Walter Verlag, 1964: 16-35.

的高度关注。1967年，联邦德国巴登符腾堡州文化部出台了《达伦多夫计划》。该计划将大学、师范类高校、艺术类高校和专业高校统一合并为综合高校（gesamthochschule），将工程师学校及其他同类型职业学校整合为高等专科学校（fachhochschule）并纳入高等教育。尽管该计划昙花一现，却对德国高等专科学校的诞生产生了巨大的推动作用。另外，20世纪60年代中期兴起的大学生运动及其引发的骚乱，更是在1967～1968年达到高潮，把经济结构转变之后教育结构调整的问题以极其激烈的方式从教育界的小圈子推到公众面前。支持改革的社会民主党执政后，新上台的总理勃兰特（Willy Brandt）声明，把教育政策置于政府改革的首位，成为联邦德国面向未来新政策的突出标志。

因此，20年代60年代，联邦德国的高等教育进入了大发展时期。数量和规模急剧扩张，改革动作剧烈，措施接连不断，形成了一系列法律制度，改变了德国高等教育传统的面貌和格局。1968年10月，联邦德国通过了《联邦共和国各州统一专科学校的协定》，决定在原工程师学校、工业设计高级专科学校、社会公益事业专科学校、经济高级专科学校等基础上改制成立一种新型的、以培养应用型人才为目标的三年制的高等教育机构——高等专科学校。于是，德国第一批高等专科学校在60年代末70年代初相继成立。高等专科学校一开始就发展很快，并且得到了社会承认，到1972年就已经发展到130余所，占全国高校总数的一半。[①] 20世纪70年代颁布的《高等教育总纲法》反映了高等教育功能和培养观念的变化，传统的独尊学术的观念被扩延，"为职业做准备"成为高等教育的主要和首先的目标，使以专业为特点的德国高等教育更加专业化。

（二）高等专科学校的发展

进入20世纪70年代，德国经济趋于稳定，高等专科学校的毕业生

---

① 杨明. 论60年代以来联邦德国高等教育结构改革［J］. 师资培训研究，1999（02）：46-50.

大受欢迎，出现了供不应求的局面，高等专科学校规模不断扩充、地位逐渐上升。1986年，联邦德国工程协会的调查表明，高等专科学校学位工程师在企业中的比例最高，占各类学位工程师的62%，其企业经济师占到50%，计算机工程师也占到1/2之多。①

1990年8月1日，德国在分裂40多年之后实现了统一。高等专科学校这类高校在民主德国地区是不存在的，但德国统一后，按照联邦德国的标准在民主德国通过改组一些原来的专业学校或新建的模式，建立了31所高等专科学校。②

1992年，德国教育部长向联邦政府提交高校发展现状报告，提出要尽可能迅速地将高等专科学校的学生人数提高到高校学生总数的40%。德国经济界也表示支持高等专科学校数量的增加与规模扩大，促使高等专科学校发展进入"快车道"。

进入21世纪后，随着经济全球化进程的不断加快以及工业产业结构优化升级的需要，德国高等专科学校（1998年更名为应用科学大学）步入质量与规模并重的稳定发展阶段，成为与综合性大学并列的高等教育类型和高等教育体系的重要组成部分。德国政府通过制定相关标准、强化社会监管等措施，促进了应用科学大学办学质量的持续提升和办学规模的不断扩大。由于毕业生具有就业前景好、薪金福利待遇高等优势，且许多毕业生已经升职为顶层管理人员，应用技术类高校的社会吸引力不断加大。德国科学审议会的数据表明，到2010年，德国已经拥有应用科学大学191所，远高于综合大学的数量；在校生达到71万人，占德国高等学校在校生总数的1/4以上。③ 到2013年，德国应用科学大学在校生总数达到82.8

---

① 姜惠. 当代国际高等职业技术教育概论［M］. 兰州：兰州大学出版社，2002：185.
② Barbara M. Higher Education In Germany Developments, Problems and Perspectives［J］. Monographs on Higher Education, 1999.
③ Daad. Hoehsehulen［EB/OL］.［2015－05－06］. http：//www.daad.de/dentsehland//00413.de.html.

万人，占德国高等学校在校生总数的 1/3 以上。① 2017 年，德国共有应用科学大学 245 所，在校生 86.5 万人，占高等教育在校生总数的 36%，②成为德国高等教育系统中第二大类高等教育机构。

（三）高等专科学校的"高移化"及更名现象

1998 年，德国《高等教育总纲法》修改后，特别是在博洛尼亚进程中，德国的高等专科学校逐渐出现了"高级化"趋势。它们除了提供学士层次的教育之外，还开始提供硕士层次的教育，其颁发的学士和硕士学位与传统大学颁发的学位等值；它们虽然没有获得颁发博士学位的资格，但是可以与综合大学一起联合培养博士。这极大地提升了应用科学大学的身份和地位，扩展了发展空间，使其有了长足发展。

世纪之交德国高等教育内部开始走向融合。基本上是通过两大途径：一是建立"合作型综合制大学"，即维持现有高等院校的办学形式或管理体制，各院校仍然保持原有的独立性，只是在课程、学分、教学和科研设施等方面进行相互合作；二是通过合并和统一各种高等教育机构，取消大学和高等专科学校的明确区别，发展"统一型综合制大学"。③ 鉴于这些发展，德国文化部长联席会议（KMK）和高校校长联席会议做出决定，高等专科学校自 1998 年开始统一对外使用英文名称"应用科学大学"（University of Applied Sciences）。④ 高等专科学校的升格在实质上已经开始向综合性大学靠拢。

从 2005 年开始，德国的巴登符腾堡州率先修改该州的《高等教育法》，确定将该州所有应用科学大学的德文名称"Fachhochschule"中

---

① 焦新. 应用技术大学：国家竞争力的助推器 [N]. 中国教育报, 2013 - 12 - 19 (03).
② 德国教育与科研部在线数据库 [DEB/OL]. [2017 - 11 - 22]. http: //www. datenportal. bmbf. de/portal/de/Tabelle - 2. 5. 1. html.
③ 冯增俊. 当代国际教育发展 [M]. 上海：华东师范大学出版社, 2002：201.
④ Wissenschaftsrat. Empfehlungen zur Rolle der Fachhochschulen im Hochschulsystem [R]. KÖln：WR, 2010：34.

的"Fach"去掉，统一改为"Hochschule für Angewandte Wissenschaften"（即应用科学高等学校，简称 HAW）。随后在时任该州高校校长联席会议主席、奥芬堡应用科学大学的校长利博尔（W. Lieber）的推动下，该州所有的应用科学大学顺利完成了更名。自此，德国境内其他地区纷纷效仿，在很短的时间内形成了一股强大的德国应用科学大学更名潮。从更名的基本方式上看，概括起来有三种：一是直接转换名称，如从"应用科学大学"（FH）转变为"高等学校"（HS）、"技术高等学校"、"应用科学高等学校"及其英文名称"University of Applied Sciences"等；二是转换名称加上后缀，如从"应用科学大学"转变为"高等学校"加上英文名称"UAS"后缀；三是保留原名称，如加上"应用科学高等学校"作为前缀或后缀。从更名后的名称来看，核心层面是将"应用科学大学"改为"高等学校"，但也出现了"应用科学高等学校"、"技术高等学校"（TH）等"派生"出来的新名称，并没有完全实现名称上的统一。从更名的过程上来看，由于德国的联邦州拥有教育立法的自主权，因此首要是各联邦州（市）通过修改地方《高等教育法》，然后由州议会决议的形式实现，因此在更名时间和方式上，基本呈现出以联邦州（市）为单位的同步性特征。

从德国大学校长联席会议 2017 年发布的数据来看，在所有应用科学大学中，2007 年后新建的都采用了"高等学校"的命名方式。除去部分私立及教会创办的应用科学大学外，其余绝大多数应用科学大学已经完成更名，全德仍保留"应用科学大学"的名称、未更名的仅剩 10 余所。[①]

---

① Hochrektorkonferenz. Hochschulen in Zahlen 2017［EB/OL］.（2017 – 05 – 08）［2017 – 12 – 11］. https://www.hrk.de/fileadmin/redaktion/hrk/02 – Dokumente/02 – 06 – Hochschulsvstem/Statistik/2017 – 05 – 08_Final_fuer – Homepage_2017. pdf.

三、澳大利亚高级教育学院的"学术漂移"

澳大利亚的高等教育从兴起到发展共经历了 1850~1901 年的殖民统治时期、1901~1946 年的缓慢发展时期、1946~1965 年的蓬勃发展时期、1965~1988 年的二元制时期和 1988 年至今的一体化时期。

(一) 高级教育学院的兴起与发展

第二次世界大战后,澳大利亚工业生产对劳动力的需求不断增长,但当时澳大利亚劳动力稀缺,远不能满足社会发展的需求。随着澳大利亚移民计划的实施和"生育高峰"的出现,5~14 岁的澳大利亚人口在 1947~1954 年增加了 40%,在 1954~1961 年增加了 30%,再加上联邦政府为复员军人制定的联邦重建计划,大学生人数开始增加。1950 年,大约 1% 的 17 岁女生和 2% 的 17 岁男生已经开始了大学学习,到 1964 年,这两个百分比分别达到了 3% 和 6%。1955 年之后的 20 年,澳大利亚总人口增加了 51%,学校人数增加了一倍,劳动力增加了 62%,大学入学人数增加了将近 9 倍,要求上大学的人数日益递增。但当时澳大利亚的大学只有 10 所,招生规模很小,不能满足工业日益发展的需要,大学无法承受如此沉重的压力。联邦政府意识到,当务之急应该扩大教育系统的承受能力,提高学校的注册率。

1961 年,澳大利亚政府成立"第三级教育之未来研究委员会"(也称为马丁委员会),受命核准澳大利亚高等教育方针。该委员会用 3 年时间调查研究"按澳大利亚需要和条件来规划第三级教育的模式",并于 1964 年 8 月和 1965 年 8 月先后呈交了两份报告,从整体上考虑澳大利亚未来高等教育的发展模式。联邦政府采纳了报告的一部分内容形成了《马丁报告》。该报告建议在综合性大学之外,发展和扩大其他高等教育机构,以适应工商业发展的需要,主张将三级教育机构明确划分为大学、学院和教师教育三类。报告中用了很大的篇幅论述第三级教育对澳大利亚的社会经济发展的重要作用。① 这两份调查报告对澳大利亚高等教育二元体系的建立起到了重要作用。

1965年3月,澳大利亚总理孟西斯(Robert Menzies)代表联邦议会宣布建立新的文凭学院,即高级教育学院(colleges of advanced education, CAE)。高级教育学院属于高等教育领域,由以前的技术学院、农业与科技学院等机构合并而成。与以学位和研究层次为主的大学不同,高级教育学院主要以文凭和教学为主,为那些不愿或不具备足够能力进入大学的学生提供了另外的高等教育选择。这种区分不是市场选择的自然结果,而是澳大利亚议会和政府的人为安排,体现着某种程度上的计划与控制。② 从1967年开始,澳大利亚联邦政府和州政府开始按照比例分担给高级教育学院拨款的任务。随后,在联邦政府的鼓励下,各州纷纷组建新的大学,掀起了建立高级教育学院的热潮。

1970年,州教师教育学院也被吸收进入高级教育学院。1972年,澳大利亚工党执政以后,联邦政府更加关注第三级教育的发展。《康甘报告》的出台,诞生了澳大利亚技术与继续教育学院,此类学院对澳大利亚职业教育与培训乃至国家工业技术水平的提高起到了重要作用。为了让所有学生都能负担得起高等教育,保证教育机会的公平,从1974年1月1日开始,惠特拉姆政府取消了大学和高级教育学院学生的学费,工党政府宣布州政府可以不用再负担大学和高级教育学院的开支,联邦政府将开始单独负担起向高等教育拨款的任务。实际上,高级教育学院也包含了很多教育机构。从广泛设置职业和技术教育学位与文凭课程的各种大型学院,诸如农业、医药和艺术等较小学院,都属于它的范围。

---

① Alan Barcan. A History of Australian Education [M]. London: Oxford University Press, 1980: 432.

② Alan Barcan. A History of Australian Education [M]. London: Oxford University Press, 1980: 340.

由于高级教育学院注重职业和技术的培训,极大地推动了社会经济的发展,其自身发展也很快,20 世纪 70 年代发展最高峰时达 83 所。[①] 以职业教育为导向的"高级教育学院"和以学术与研究为中心的大学一起快速发展,标志着澳大利亚高等教育二元体系正式形成。

(二) 高级教育学院的消亡

在 20 世纪 60 年代联邦政府建立高级教育学院的时候,就界定了大学与高级教育学院的区别。大学提供本科和研究生水平上的学历学位教育并可进行研究活动,而高级教育学院大多在技术学院或职业学院的基础上建立,只负责本科水平的教学工作。1967 年,澳大利亚大学委员会和澳大利亚联邦高等教育咨询委员会发布的一个联合声明"大学和学院的功能",专门谈到了大学和教育学院的不同:"大学将主要集中于科研功能,学院主要倾向于通过他们的技术课程反映社会需要,教授应用性的课程"。二者在研究方面也具有不同的功能,"大学有责任去追求其自身的目标,而学院的研究主要着眼于短期研究,并要和工业的需要紧密结合起来,且绝大多数研究要受到工业界的支持。"[②] 然而,随着高级教育学院的快速发展,两个部门之间的界线变得日益模糊。到 70 年代中期,许多高级教育学院开始超越自己领域的本科教学工作,转向学位和研究生教育以及科研活动。80 年代,有些大的学院开始和大学联合进行博士生的培养。哈曼(Grant Harman)于 1977 年就指出,在澳大利亚的高等教育系统中,新创办的第三级学院本来要求开设的是职业课程,但从创立之初,大多数学院就以大学为模仿对

---

① Malcolm Abbott & Chris Doucouliagos. The Changing Structure of Higher Education in Australia, 1949 – 2003 [EB/OL]. http://www.deakin.edu.au/fac_buslaw/sch_aef/publications/default.htm, 2007 – 11 – 23.

② Turney. Sources in the History of Australian Education 1788 – 1970 [M]. Sydney: Angus and Robertson Publishers, 1975:436.

象，其面目反而越来越像大学。①

1978年，第三级教育委员会组建威廉姆委员会对高等教育进行了回顾。该委员会提到了大学和高级教育学院之间的关系以及出现的问题，建议在原有的二元体制内对高等教育系统进行合理化改革。1981年，弗雷泽（Fraser）政府出于降低高等教育成本的考虑，建议当时的30余所高级教育学院合并，如果不合并的话，将无法获得更多的联邦政府拨款。在这项政策的要求之下，多数高级教育学院进行了合并，但合并以后仍然没有解决大学和高级教育学院之间的关系。在1988年以前，澳大利亚联邦在进行高等教育拨款时，在大学与高级教育学院之间是区别对待的。对于科研成果的侧重使联邦政府往往按照研究成果来决定拨款的比重，大学获得绝大多数资金资助。高级教育学院的教师对大学享有的高级地位和较好的学术条件表示不满，学院中一些具有高级学术资格的教师也想涉足科研领域进行研究，许多高级教育学院认为此拨款方式有失公平，开始向联邦大力施加压力，要求联邦按照大学的拨款比例给高级教育学院以更多的资助。② 因此，大学和高级教育学院之间的关系成为联邦政府迫切需要解决和协调的问题。

1987年，教育、培训与就业部部长道金斯发布了绿皮书《高等教育：一个政策讨论稿》，拉开了澳大利亚高等教育改革的序幕。道金斯高等教育改革的核心是高级教育学院和大学进行合并，建立统一的国家高等教育体系。随后的白皮书《高等教育：一份政策陈述》更是把改革的计划加以具体化。据此，2000名学生规模以下的高等教育机构需要和系统里的其他机构合并，或者合并进州的TAFE系统中；那些学生人数在2000~5000人的高教机构和那些未来增长希望不大的机构进行合并，

---

① Harman, G. Academic Staff and Academic Drift in Australian Colleges of Advanced Education [J]. Higher Education, 1977, 6（3）: 313-335.
② [荷兰] 弗兰斯·F. 范富格特. 国际高等教育政策比较研究 [M]. 王承绪译. 杭州：浙江教育出版社，2001: 29.

成为一个独立的较大的机构；那些位置紧邻但各自分离独立的高等教育机构应该就近合并。道金斯声明，院校合并属于自愿行为，联邦政府并不进行强迫。在1988年9月底以前，所有的机构都被邀请申请国家统一体系，但联邦政府希望在1988年底完成高教机构的合并。为了保证合并的顺利进行，联邦政府专门成立委员会，负责督促各州和地区各自所属学校的合并事宜，并做出指导和建议。据此，在1987~1998年，高等教育从原来的大学和高级教育学院调整为大学一个层次，公立大学由原有的60余所大学和高级教育学院被整合和重组为37所规模较大的大学，外加少数几所专门的学院，每所都涵盖了所有或大多数已有的学科领域。至此，澳大利亚结束了高等教育的"二元制"，进入了一体化时期。

四、南非技术学院的"学术漂移"

南非位于非洲大陆最南端，是非洲经济最发达的国家。南非过去长期实行种族隔离制度，自20世纪80年代末以来，南非社会进入了转型期。1994年民选政府的成立，标志着南非在政治上结束了种族隔离制度。为了打破与新的民主政治建设格格不入的传统高等教育体制，新南非政府启动了一系列变革措施。高校合并就是这场涉及南非高等教育全局的重大变革中的重要一环。

（一）南非高等教育改革的背景

20世纪90年代中期前，南非的高等教育体系是一个严格按照种族划分的、双轨制系统。全国共有公立高校36所，其中大学21所，技术学院15所。大学和技术学院构成所谓的双轨，后者主要负责职业技术类应用型人才的培养。

1994年曼德拉政府成立后，公平与发展成为南非社会的主题。为了实现高等教育领域的公平与发展，36所高校统一划归南非教育部主管，高等教育改革随即展开。然而，其总体布局在高校合并启动之前并没有发生太大的变化，旧系统与新时期的需要产生了尖锐的矛盾，带来了许多问题。

其一，传统强弱高校之间的差距继续拉大。虽然政府意识到了弱势高校的先天不足，并采取了相应的措施（如投入专项经费）加以改善，然而高校之间发展的极端不平衡却很难在短时间里得到改变。弱势学校积弱已久，20世纪80年代末开始，尤其是新政府成立后，拥有优质高等教育资源的传统白人高校不再以种族为由拒绝黑人入学。这对弱势群体而言，有了更多的选择机会。然而，大量黑人学生涌入传统强势高校的同时，实际上却加剧了弱势高校的生源危机，并由之带来了生存危机。

其二，在南非高等教育全国委员会1996年的报告中，其预期的高等教育大众化并没有出现。南非政府曾经认为，高等教育领域中种族隔离的解除，必将刺激传统弱势群体入学高潮的到来。高等教育系统应该应对的是如何增加入学机会，并通过传统弱势群体的大量入学，改变高等教育在学生构成上的不平等。然而，大众化最终没有出现。相反，1999年南非高等教育系统经历了整体性的生源萎缩。

其三，高等学校重复设置且与社会经济发展需要相脱节。新南非继承下来的高等教育布局原本是面向不同族群设计的，考虑的是在各自系统内的完整性，因而在同一地区内出现了课程、功能类似，但是分属于不同种族教育系统的高等教育机构。除了大量低水平的重复设置外，地区内高校的设置并没有很好地满足地区和国家经济与社会发展的需求，高等教育体系在结构上存在着资源浪费。

其四，传统强势高校跨地区建立卫星校区，争夺生源。无序的竞争一方面增加了弱势高校的生存压力，另一方面造成了教育设施的重复建设。另外，卫星校区的急剧增多且远离母体，在管理、师资配备、教育资源利用方面造成了很大的问题，教育质量得不到保证。

其五，高等教育机构地区分布不平衡。优质高等教育资源集中在原先白人集中的城市地区，黑人家园及边远地区的高等教育资源稀缺，且质量不高。如在新南非的行政区划中，姆普马兰加省和北开普省没有一所教育机构属于高等教育范畴。

鉴于上述背景，高校合并成了南非高等教育变革与重建最重要的手段。2001年3月，南非教育部出台了高等教育国家计划，明确了高校合并与校际合作应优先实现的目标。根据南非大学校长联合会的观点，合并是为了解决某些高校生均成本过高的问题，消除高校间教育质量的差异，避免某些陷入财政困难的高等教育机构被关停的命运，使某些高校摆脱管理能力欠缺的困局。①

（二）南非高校的合并

早在1996年，南非高等教育全国委员会就在其发表的政策报告《高等教育变革新政策框架概览》中表达了改革不排除高校合并的可能。② 1997年通过的《南非高等教育法》在其第三章第23和24款中载明了高校合并与兼并的程序性规定。③ 于是，1998年以来，南非政府首先将大量原先由省级政府主管、不属于高等教育体系的教育学院、农学院和护理学院并入相关高校，一方面扩大了高等教育体系的规模，另一方面也使之成为大规模高校合并的先声。2001年3月，南非教育部出台的高等教育国家计划采纳了高等教育规模与结构工作组的建议，启动了部分高校的合并进程。同年4月，按照高等教育国家计划的要求，南非

---

① Jansen D. J. Mergers in Higher Education: Lessons Learned in Transitional Contexts [M]. Pretoria: University of South Africa, 2002: 10.

② National Commission on Higher Education. An Overview of a New Policy Framework for Higher EducationTransformation [EB/OL]. http://www.polity.org.za/html/govdocs/policy/educ.html?rebookmark=1, 2007-01-18.

③ Parliament of the Republic of South Africa. Higher Education Act (No. 101 of 1997) [Z]. Cape Town, 1997.

成立了专门的国家工作组，分地区对高等教育机构的现状进行考察，并提出了具体的合并方案。2002 年，在国家工作组报告的基础上，南非教育部正式出台了《变革与重建——高等教育机构新框架》，并以此为依据启动了高校合并的实质性操作。2005 年底，南非高校合并在形式上基本完成，合并后的高校进入了深入整合的后合并时期。

合并催生了新的高校类型，并促使高校实现转型。综合性大学是南非高校合并中的独特产物，它主要由普通大学和技术学院合并而成，是逐渐模糊大学与技术学院双轨系统边界的尝试，同时也是促进应用科学研究，增加应用型人才培养并提升其培养规格以满足社会需要的努力。合并后的技术类高校也都以大学来命名。不仅如此，这些科技大学在科研上都提出了要求，并突破了原先技术学院的学术层次，得以提供从非学历一直到博士层次的高等教育，实现了升格。

五、美国高等教育领域的"学术漂移"现象

按照美国著名的教育社会学家马丁·特罗（Martin Trow）教授的高等教育大众化"三阶段学说"，美国高等教育在 20 世纪四五十年代就已经实现了高等教育大众化。特罗教授认为："美国在 100 年前就有了与大众化高等教育相匹配的组织结构。"[①] 美国卡内基基金会主席博耶（Ernest L. Buyer）也认为："我们已经创造了世界上第一个达到普及化的高等教育体系，它实际上向所有愿意入学的人敞开大门，并向他们提供几乎没有限制的学科选择，这个高等教育体系以其开放性、多样性和所取得的学术成就而享誉世界。"[②]

---

① Martin Trow and Thorsten Nybom. University and Society [M]. London：Jessica Kingsley Publishers. 1997：168.
② [美] 欧内斯特·博耶. 美国大学教育 [M]. 上海：复旦大学出版社，1988：16.

(一) 美国高等教育体系的演进

殖民地时期，来自欧洲的移民在北美土地上共建立起 9 所教派学院，这些学院来自 16 世纪的英格兰，是英格兰学院在美国的翻版，美国高等教育体系就是以这些英式学院为基础建构起来的，这一时期美国高等教育的结构特点是较单一的授予学士学位的学院体系。美国高等教育体系的建构则是独立战争之后才开始的，它经历了一个漫长的演进阶段。这个阶段可以分为两个时期，即独立后到南北战争时期（1776~1862 年）和南北战争结束到第一次世界大战前（1862~1914 年）。在这个阶段，美国高等教育经历了两次重大运动，为美国高等教育体系的建构和最终成型奠定了基础。第一次是独立战争后的高等教育本土化运动。通过这次运动，改造了原来的殖民地学院，新建了为各州政治、经济服务的州立学院和大学、多科技术学院、师范学院和公私立大学等。第二次是 19 世纪后半叶的高等教育德国化运动，吸取了德国大学的研究精神，造就了一批世界著名的研究型大学，美国的高教体系形成了以专科院校为基础的专科教育、以综合大学为主的本科生教育及以少数研究型大学为主的研究生教育三级结构，实现了高等教育的综合化（既包括专业结构、课程结构的综合化，又包括高等院校层次结构的综合化）。经过这两次运动，美国最终在 20 世纪初建立起了比较完善的、独具特色的一体化高等教育体系。

从 20 世纪初开始，美国高等教育体系进入扩充阶段。这个阶段被美国高等教育家克拉克·克尔（Clark Kerr）教授称之为美国高等教育的"黄金时代"和"麻烦时代"并存的时代。① 这个阶段也可以分为前后两个时期，前期为第一次世界大战结束到第二次世界大战爆发，后期为

---

① Clark Kerr. American Society Turns More Assertive: A New Century Approaches for Higher Education in the United States, Higher Education in American Society (Third Edition) [C]. Edited by Phillip G. Altbach, etc, Prometheus Books, 59 John Glenn Drive Amherst, New York, 1994.

第二次世界大战爆发到现在。

在前半期，以社区学院为主的新兴高等教育机构和其他类型的高教机构一起，共同承担群众性高等教育的普及任务，使美国最早实现高等教育大众化，满足了一个新兴工业化国家对各种专门人才的需求，为美国的综合国力超过英、德、法几个资本主义发达国家，成为头号资本主义强国提供了智力和人才的支撑。

第二次世界大战爆发以后，美国相继经历了这次战争及随后出现的冷战。为了赢得第二次世界大战和冷战的胜利并称雄世界，联邦政府大力资助研究型大学的科学研究，使研究型大学的发展提高到一个新的水平。因此，在后半期，以军事订货为主的联邦政府的资助，刺激了一大批研究型大学的发展，促进了研究型大学的扩充。纵观整个20世纪，可以看出，美国高等教育体系的扩充包含了三个方面的内容：一是出现新的高教机构，如社区学院、无墙大学、合作大学等，丰富了高教体系，这些新机构成为美国高教体系的第一级；二是原来的各类高等教育机构在规模、招生人数、课程结构等方面的扩充；三是高等教育指导思想的完善和升华，如高等教育服务思想的进一步拓展。

总之，美国高等教育系统在经济社会现代化发展过程中不断进行制度变革，从而形成了独特的美国现代高等教育制度。其一，课程引入现代学科，学院服务于经济社会发展。内战前，大多数中产阶层家长希望孩子成为博通古典语言与文学的绅士或牧师。因此，传统学院以古典教育满足社会需求。随着自然科学与技术进步以及科技人才需求的增加，不仅传统学院自1828年开始引进现代学科并构建了选修课体系，而且19世纪60年代创办的赠地学院以全新院校模式服务于美国工农业的现代化建设。其二，提供研究生教育，注重科学研究。在19世纪后半期的现代大学运动中，美国既没有破坏已确立制度也没有照搬德国模式，而是通过两种方式创造性地实现了大学的研究生教育与科研功能的增加：完全致力于研究生教育与科学研究的新大学模式，从而使传统学院模式稳定地向现代大学制度转变。其三，产生副学士学位，普及高等教育。20世纪，初级学院发展为独立的两年制社区学院，致力于"满足社区的所有教育需求"。第二次世界大战后，社区学院成为普及高等教育的主要机构。至此，美国基本确立了较为完善的现代高等教育制度。

（二）美国高等教育领域"学术漂移"的特征

与欧洲各国、澳大利亚等国家高等教育系统有所不同，美国高等教育系统内部机构并没有明确的学术与职业取向分工，而更多带有分工的混合性、层次和等级分布的结构性特征。因而，美国高等教育系统内部呈现出另一种"学术漂移"图式。

早在20世纪50年代前后，美国高等教育组织形式就开始呈现出这样的发展趋势：四年制的公立学院转变了原有的仅从事教师培养或本科生培养这些"不受欢迎的"职能，逐渐获得了大学地位。众多的师范学校转变为师范学院，而后转为州立学院，最后晋升为州立大学。1956年，著名教育家理斯曼（David Riesman）就发现美国高等教育系统内部存在着一种"蛇形队列"的现象：高校依据各自声望的不同形成了明显的等级层次，位于队列"尾部"、声望较低的学院总是模仿那些排位靠前、更加成功的大学和学院的行为与举措，从而造成了大学组织形式的趋同以及多样性的丧失。[①] 美国高等教育系统中这种由低等级仿效高等级高等教育机构而使系统内部呈现同质化特征的"学术漂移"现象，通常被称为"垂直漂移"或"向上漂移"。

20世纪60年代，自理斯曼提出美国高等教育系统内部存在的"蛇形队列"现象以后，学者们对其他国家高等教育系统内部"学术漂移"现象的研究进行得如火如荼，研究主要聚焦于"学术漂移"的表现特征

---

① Riesman D. Constraint and Variety in American Education [M]. Lincoln: University of Nebraska Press, 1956: 17 – 143.

和造成的危害。如贝雷尔森（Bernard Berelson）指出，"学术漂移"会导致高等教育资源利用的低效化，因为这些高校追求博士学位授予资格的目的仅仅是为了获得更高的声望，而不是为了满足学生和社会的实际需求，由此造成了教育资源的巨大浪费。① 拉赫斯（John Lachs）则认为，"学术漂移"会降低高校对已有本科教育项目的关注度，从而影响这些项目的教育质量。② 舒尔茨（Schultz）和斯蒂克勒（Stickler）通过研究发现，公立高校比私立高校更容易发生"学术漂移"，规模越小的高校越有可能发生"学术漂移"。③

直到 20 世纪 80 年代，美国开始出现了一系列针对本国高等教育领域"学术漂移"现象的实证研究。最早采用实证方法来检测美国"学术漂移"现象和高等教育机构多样性发展趋势的是学者伯恩鲍姆（Robert Bimbaum），他对 1960~1980 年美国 6 个州高等教育机构的变化趋势进行研究。他的研究结果表明，虽然这段时期美国高等教育蓬勃发展，高等教育机构的类型却没有相应地丰富起来。相反，几类特色比较鲜明的大学或学院（如女子学院、私立的两年制学院等）的数量却进一步萎缩。换言之，在美国高等教育系统内部，大量的新增资源被用于对已有高等教育机构的复制与仿效，而并非创造出新的高等教育机构类型。④

1995 年，奥尔德斯利（Stephen F. Aldersley）采用卡内基分类法，对美国 1976~1994 年博士学位授予机构的嬗变情况进行了细致分析。据他统计，在此期间，美国博士学位授予机构的数量明显增加，其中共有

---

① Berelson B. Graduate Education in the United States [M]. New York: McGraw – Hill, 1960: 93 – 185.

② Lachs J. Graduate Programs in the Undergraduate College: The Arguments Against Turning a College into a University [J]. The Journal of Higher Education, 1965, 36 (3): 121 – 130.

③ Schultz E., Stickler W. H. Vertical Extension of Academic Programmes in Institutions of Higher Education [J]. Educational Record, 1965 (Summer): 231 – 241.

④ Bimbaum R. Maintainitig Diversity in Higher Education [M]. San Francisco: Jossey-Bass, 1983: 11 – 209.

133 所高等教育机构经历了"向上漂移"。①

墨菲（Christopher C. Morphew）也在 2000 年的一项研究中指出："从 1990~2000 年，美国共有 120 所公立和私立的四年制学院更改它们的校名，变成了大学。这些机构占所有四年制高等教育机构总数的 5% 左右……这代表了美国高等教育领域重大的发展趋势。"② 为了更全面地了解美国高等教育领域内"学术漂移"现象以及高等教育机构多样性的变化趋势，墨菲沿用了伯恩鲍姆的方法，对 1972~2002 年美国高等教育机构在数量和类型方面的变化情况进行了研究。发现在这些年间，美国高等教育系统的多样性水平几乎未发生任何变化，一直处于"零增长"的状态，他的研究结果证实了"学术漂移"现象在美国高等教育领域内仍然流行。③

---

① Aldersley S. F. "Upward Drift" Is Alive and Well Research Doctoral Models Still Attractive to Institutions [J]. Change, 1995, 27 (5): 50-56.

② Morphew C. C. A Rose by Any Other Name: Explaining Why Colleges Become Universities. The Annual Meeting of the Association for the Study of Higher Education, Sacramento, November 16-19, 2000 [C]. Washington DC: ERIC, 2000.

③ Morphew C. C. Conceptualizing Change in the Institutional Diversity of US Colleges and Universities [J]. The Journal of Higher Education, 2009, 80 (3): 243-269.

第二章 "学术漂移"：内涵及理论基础

20世纪70年代以来，世界范围高职教育领域"学术漂移"现象的广泛流行引起了广大学者和高等教育管理者的极大兴趣：何谓"学术漂移"？各国高等教育的社会背景、发展条件和管理体制大相径庭，所选择的发展策略和路径也千差万别，为什么会不约而同地出现"学术漂移"现象？其背后所蕴藏的动因究竟是什么？

第一节 "学术漂移"的内涵

一、"学术漂移"的含义

"漂移"一词原本用来形容知识与实践逐渐脱节的现象，在19世纪和20世纪时主要应用于农学、工程学、医学和管理学等学科领域。①

根据泰特（Malcolm Tight）的考证，"学术漂移"一词在学术文献中已出现将近一个世纪。早在1923年，美国学者哈特（Hart）在一篇关

---

① Harwood J. Understanding Academic Drift: On the institutional Dynamics of Higher Technical and Professional Education [J]. A Review of Science, Learning and Policy, 2010, 48 (4): 413-427.

于社会化工人培养与教育的关系文章中指出:"社会大众在看待孩子受教育问题时,总是受'学术漂移'思想影响。"① 这是"学术漂移"作为一个整体术语首次出现在文本中,表达技术教育中出现的学术化倾向。同样,1964 年,克尔比(Kilby)在一篇关于尼日利亚技术教育进展的研究综述中也提到:"技术教育进步缓慢令人失望,其原因是多方面的:对提供何种类型的培训缺乏统一认识;预算困难;合格教师数量不足;选修此门课程的学生太少;'学术漂移'现象的存在;与雇主缺乏协调。"② 直到 1972 年,伯吉斯(Tyrrell Burgels)首次对"学术漂移"的内涵进行了界定,即非大学高等教育机构按照更接近于大学"面目"的方式来确定其活动实践的一种趋势。③ 他在《高等教育原型》一书中指出:"纵观高等教育 100 年的发展历史,学者们达成了一个共识,即单个高等教育机构要向前发展,拥有自己的地位,方法在于远离技术学院传统,向学术型转移。"④ 自此,"学术漂移"作为高等教育领域里的一个研究议题正式进入了人们的视野。两年后,伯吉斯和普拉特(Pratt)两人又对英国的多科技术学院进行调查,在撰写的研究报告中指出:"我们有理由怀疑,专门建立与大学不同的技术学院的初衷,将在历史发展进程中慢慢淹没,技术学院越来越渴望升格为大学,并越来越多地类似于大学机构。"⑤

其他一些学者也对"学术漂移"现象给予了关注。澳大利亚学者哈

---

① Hart J. The relation of the social worker to education [J]. Social Forces, 1923, 1 (5): 572 – 575.

② Kilby T. Technical Education in Nigeria [J]. Bulletin of the Oxford University Institute Ofeconomics and Statistics, 1964, 26 (2): 181 – 194.

③ Burgess T. ed. The Shape of Higher Education [M]. London: Cornmarket Press, 1972: 7 – 49.

④ Burgess T. ed. The Shape of Higher Education [M]. London: Cornmarket Press, 1972: 7 – 19.

⑤ Pratt J., Burgess T. Polytechnics: A Report [R]. London: Pitman, 1974.

曼（Harman）把"学术漂移"定义为非大学机构谋求向大学转变的过程。① 盖勒特（Gellert）指出"学术漂移"现在已成为各种高等教育机构（尤其是非大学型机构）中存在的普遍趋势，表现为试图模仿大学的研究范式。② 迈克斯（Marks）认为"学术漂移"是英国旨在将理工专科学校向大学教学课程模式发展的过程。③ 克拉克（Kraak）基于南非先前的理工学院，讨论了从理工学院到理工大学的"转变"，评论家和利益相关者称这种"转变"为"学术漂移"。④ 哈伍德（Harwood）根据19世纪和20世纪早期的工程教育文献，总结认为"学术漂移"是个词汇，有时用于描述可用的知识逐渐与实际脱节，而与专门科学知识融合的过程。⑤ 凯瑟弗雷德（Kaiserfeld）把"学术漂移"定义为非大学机构竭尽全力地谋求向大学机构的转变过程。⑥

虽然"学术漂移"的内涵直到20世纪70年代初才得以论及，但这种现象早就引起了美国学术界的注意。1956年，美国学者理斯曼（David Riesman）就曾对"学术漂移"进行过非常形象的描述。克拉克（Clark）也从比较的视角阐述了学术漂移的问题，总结了美国高等教育近四十年学术漂移的主要形式：公立四年制学院教师远离教学型的低端角色，而集中精力为本科层次的职业作准备；学院也努力朝大学看齐。⑦ 墨菲

---

① Harman G. Academic Staff and Academic Drift in Australian Colleges of Advanced Education [J]. Higher Education，1977，6（3）：313 – 335.

② Gellert C. Academic Drift and Blurring of Boundaries in Systems of Higher Education [J]. Higher Education in Europe，1993，18（2）：78 – 84.

③ Marks A. A "Polytechnism" for the British Universities：Embracing a Revised "Soviet" model foracademia [J]. Teaching in Higher Education，2001，6（2）：275 – 280.

④ Kraak A. "Academic Drift" in South African Universities of Technology：Beneficial or Detrimental？[J]. Perspectives in Education，2006，24（3）：18.

⑤ Harwood J. Understanding Academic Drift：On the Institutional Dynamics of Higher Technical and Professional Education [J]. Minerva，2010，48（4）：1 – 15.

⑥ Kaiserfeld T. Why New Hybrid Organizations are Formed：Historical Perspectives on Epistemic and Academic Drift [J]. Minerva，2013，51（2）：171 – 194.

⑦ Clark B. The Higher Education System：Academic Organization in Cross-national Perspective [M]. Berkeley：University of California Press，1983：221 – 222.

（Morphew）把"学术漂移"定义为大学和学院复制那些更有声望的高等教育机构提供的程式化项目及服务的趋势。①

近年来，我国高等教育领域中"学术漂移"现象逐渐引起社会和学界的关注。司俊峰、唐玉光把"学术漂移"界定为"非大学的高等教育机构由于强调学术研究的价值而呈现出来的各种行为，以及这些院校朝着学术化方向发展的整体趋势"②。唐晓玲、徐辉则把"学术漂移"界定为"高等教育机构中普遍存在的超越自身特点的，以重视学术、追求更高地位为典型特征的倾向"③。

通过梳理相关研究文献，我们发现，"学术漂移"其实是一个具有多重含义的概念，概而言之，主要有两种观点：

一是指发生在中学后非大学高等教育机构中的现象，强调"一种类型的高等教育机构（非大学高等教育机构）向另一类高等教育机构（传统大学）的转变"，主要以欧洲和澳大利亚的学者为代表，我国学者司俊峰、唐玉光持此种观点。

二是指"同一高等教育机构系统内部发生的变化"，强调"层次较低的高等教育机构模仿、复制高层次高等教育机构模式、行为的现象"，即"垂直漂移"或"向上漂移"，主要以美国学者为代表，我国学者唐晓玲、徐辉持此种观点。

严格来说，以美国高等教育系统内部的这种异体同构机理来解释欧洲、澳大利亚的非大学机构的"学术漂移"并不恰当。因为相对而言，美国的高等教育系统内部机构并没有明确的学术与职业取向分工，更多带有分工的混合性、层次和等级分布的结构性特征。但是，欧洲

---

① Morphew C. C. Conceptualizing Change in the Institutional Diversity of US Colleges and Universities [J]. The Journal of Higher Education, 2009, 80 (3): 243-269.
② 司俊峰, 唐玉光. 高等教育"学术漂移"现象的动因探索析 [J]. 高等教育研究, 2016 (09): 38-44.
③ 唐晓玲, 徐辉. 高等教育机构的学术漂移：内涵阐释、理论基础与研究进展 [J]. 高教探索, 2016 (09): 5-9.

各国和澳大利亚的非大学高等教育机构自创立之初就被设计为不同于传统大学的"类"。① 但就本质而言,以上两种观点均强调"重理论"而"轻技能"。

二、"学术漂移"的层次

在挖掘"学术漂移"含义的同时,一些学者试图对"学术漂移"的概念进行层次化分析,提出了两种比较有代表性的分层理论学说。

(一)四层次(形态)说

1979年,尼夫(Guy Neave)在考察一些欧洲三个国家非大学高等教育机构案例(法国大学的技术学院、挪威的地区学院和南斯拉夫的两年制高中后教育学院)的基础上,根据管控主体和表现形式的不同,提出并区别了"学术漂移"的四种层次(形态),即"政策漂移""院校漂移""学术漂移""课程漂移"。政策漂移是指国家层面上政策制定的失败,由于定义的目标含糊且缺乏可操作的实施路线,从而导致不同的解释或产生相反的反应的现象。院校漂移是指新建立的非大学高等教育机构对政策有意无意的错误解释,不断强调学术价值,以至于机构接下来的发展远离政府所呈现的机构目标,偏离了公众期待的现象。学术漂移是指非大学高等教育机构内部的各类机构和教师重视研究工作的现象。课程漂移指非大学高等教育机构的课程制定倾向于学术型课程,课程内容与实践工作缺乏紧密联系的现象。②

---

① 阎光才. 毕业生就业与高等教育类型结构调整[J]. 北京大学教育评论,2014(10):89-100.

② Neave G. Academic Drift:Some Views from Europe[J]. Studies in Higher Education,1979,4(2):143-159.

（二）六层次（形态）说

2007 年，凯维克（Svein Kyvik）进一步将"学术漂移"划分为六种不同的层次（形态），除了尼夫提到的"政策漂移"和"院校漂移"（其内涵界定大致相同）外，还增加了"学生漂移""教师漂移""项目漂移""行业漂移"。学生漂移是指学生们更愿意被招录到大学中而不愿到非大学的高等教育机构里就读，以及从非大学的高等教育机构中毕业的学生越来越希望提升个人学历层次的趋势。教师漂移指在非大学的高等教育机构中任职的教师更重视科学研究，更渴望取得学术成就，获得更高的职称或头衔的趋势。项目漂移是指非大学高等教育机构中学位项目的课程、学位结构和研究工作都遵循学术意义上的价值与实践的趋势。如果把非大学的高等教育机构所发生的"院校漂移"看成一个整体，就构成了"行业漂移"。当然，"行业漂移"还包括这些院校制定出台的、推动学校朝着学术化方向发展的种种规章制度和改革措施。

凯维克同时指出，这种分类仅仅出于理论分析的需要。在现实中，不同层面的"漂移"是紧密交织在一起的，而且各层面的"漂移"之间还存在着相互影响、相互促进的关系，即某个层面上的"漂移"可能会对其他层面上的"漂移"起到一定的推动作用。①

总之，随着研究的不断深入，"学术漂移"的内涵得到了进一步的更新和扩充，其研究议题也日益多样化，理论愈加成熟，应用范围也渐趋广泛。

---

① Kyvik S. Academic Drift: a Reinterpretation [A]. In: Center for Higher Education Policy Studies. Towards a Cartography of Higher Education Policy Change [C]. Enschede: University of Twente, 2007: 333-338.

第二节 "学术漂移"的理论基础

"学术漂移"现象在世界范围高等教育领域日益盛行,表明这并非偶然现象,因而研究者们提出了与之相关的理论,如资源依赖理论、组织生态学、组织社会学新制度主义理论、声誉和地位等级制度理论、社会流动理论和经济收敛理论等。这些理论被普遍看作"学术漂移"的理论基础,用来诠释"学术漂移"的内涵及形成机制。

一、资源依赖理论

资源依赖理论是有关组织与环境领域的理论,最早萌芽于20世纪40年代,到70年代后被广泛应用于组织关系的研究。该理论从依赖的角度分析了组织与环境的依赖关系,分析了组织运转的外部资源,为组织发展进行资源环境扫描、选择与适应环境、采取行动策略提供了有效的理论工具。

资源依赖理论最基本的假设与理论出发点是:组织一个开放的系统,需要与外界进行能量与资源交换以维持其基本生存与发展,没有任何一个组织可以远离外部环境而独立生存。所谓资源包括但不限于不断补充的人员、生产原料、设备及其他物质资源、资金、知识、市场、公共政策、社会认可等。资源依赖理论认为:首先,组织必须依赖外部资源提供者供给的发展资源,以此来确保自身的生存与发展,组织之间的关系也不是单方面的顺从与服务的关系,而是彼此相互依赖的关系;其次,对于外部环境,组织本身不是完全被动的接受者,而是积极的面对者,组织会按照自身所具备的优势和力量来控制环境,至少会极力减少对环境的依赖,确保自身的独立与自主;再次,针对外在发展环境的不确定性和资源短缺，组织会理性地选择更多的资源以确保发展的资源需求，减少环境变化对组织的影响；最后，组织能够对现存的环境依赖或者控制进行主动经营，通过内部系统的优化，与外部组织的协同，帮助自身能够持续获取资源，帮助组织维持发展且保持组织更大的竞争力。因此，任何组织都受到其他组织，如政府、消费者、供应商、各种协会、竞争对手等的利益的约束。这意味着，不能单从组织内部来解释组织行为，组织的大多数行为可以解释为，组织为解决从环境中获得资源时遇到的问题而采取的行动。组织的结构、策略和管理无不与为获得资源而对外部环境做出的反应有关。

二、组织生态学

组织研究的生态学视角来自生物学中以达尔文的著作为代表的自然选择理论。汉南（Hannan）、弗里曼（Freeman）和奥尔德里奇（Aldrich）等人将自然选择理论的一般观念运用于组织研究，开创了这一迅速发展的研究领域和理论学派。

组织生态学致力于探讨组织种群的创造、成长与消亡的过程及其与环境转变的关系，分析对象为所有的组织生存和适应性问题，重点在于整个社群或全种群（population）组织的变化，提出了"变异的产生—形态的选择—被选形态的保持与扩散"的优胜劣汰机制。这里的"种群"是指进行类似活动的一系列组织，它们利用资源的方式相似，而且取得的结果也类似。[①]

（1）变异。变异是指组织的种群中不断出现新的组织形式的过程。变异产生于某种过程——计划的或非计划的。如企业组织的变异

[①] ［美］理查德·L. 达夫特. 组织理论与设计（第七版）[M]. 北京：清华大学出版社，2007：203.

通常是由企业家发起、由大公司用风险资本建立起来，或者由寻求提供新服务的政府建立。有些组织形式的设计是为了符合外部环境的预期。最近几年，伴随着新经济的出现，美国建立了大批开发电脑软件的新公司、网络公司、向大公司提供咨询和其他智力服务的公司，人们将其称为"第四产业"的公司。其他的新组织，如生产传统产品的公司，人们仅仅采用了少量的新技术和新的管理方法就使这些传统产业的新公司更具有生存和应变能力。凡此种种，都可以被看成是组织的"变异"。组织的变异与生物的变异相似，它们使环境中的组织形式更加多样。

（2）选择。有些变种比其他的变种更能适合外部环境。有些变种被证实是有益的，因此能够找到自己的领地或缝隙，并且从生存环境中获得资源。有些变种没能适应环境，于是就消亡。如果某一公司的产品没有足够的需求，而且该公司可用的资源也不充足，那么它就有可能会被"淘汰"。只有少数变种被环境选中，得以长期生存下来。

（3）保留。保留是对被选中组织的保存和形式化或制度化。环境很看重特定的技术、产品和服务，剩下来的组织形式或许会成为环境的主要部分。许多组织已经被高度形式化或制度化，诸如政府、学校、银行和大量生产的轿车制造厂家，它们在经济生活中已经高度形式化或制度化。

摩根（Gareth Morgan）把组织生态学的观点概括为："组织如同自然界中的有机体一样，其生存依赖于从环境中获得资源的能力。因而它们必须面对与其他组织的竞争，并且由于资源的稀缺性，只有最能适应环境的组织才能生存。本质上，组织的数量和分布主要依赖资源的获得以及与不同类型组织竞争的能力。"[①] 根据种群生态学的观点，环境是组织成功或失败的重要决定因素。为了适应环境的变化，组织遵循着"物

---

① ［加］摩根. 组织［M］. 北京：清华大学出版社，2005：23－24.

竞天择，适者生存"的原则，通过不断变异、选择和保存来发展和进化，从而更好地适应环境。当资源稀缺时，组织之间会为了争夺有限的资源而展开激烈的竞争。在竞争的过程中，组织的主要追求目标是"效率"，组织要考虑如何能够利用有限的时间与精力最大限度地争取资源。只有那些具备更强实力、能够不断获取资源的组织，才能在竞争中得到生存的机会。一方面，只有当组织具备与其他对手相同或者相当的实力时，才能捍卫自己的地位，保证自己免于遭到环境的淘汰。因此，组织面对竞争会采取与竞争对手相同或相似的行动予以回应。另一方面，由于环境淘汰掉了那些不能适应环境的、较弱的组织，因此使得留存下来的组织自然而然地趋于同形。

资源依赖理论、组织生态学均强调组织所处的"技术环境"。在技术环境中运行的组织会将主要精力放在协调和控制其技术过程，以追求效率作为其优先原则，通过提高组织绩效来应对环境的动荡和不确定性。组织为了争夺有限资源而展开的竞争，推动组织或多或少地产生了相似的回应，组织在"竞争性机制"的作用下形成了组织同形。

具体到高等教育系统，第一，为了生存，高等教育机构需要从环境中获得持续和足够的资源。第二，当资源处于稀缺状态时，高等教育机构必须与其他机构竞争才能获得持续和足够的资源。根据组织生态学的观点，组织之间竞争资源将会促使组织与环境产生同一性——一方面，组织要适应环境的需要，另一方面，环境对组织的特征具有重要的影响。根据汉南和弗里曼观点，组织形式的多样化与环境中的资源多样性和约束成比例。同时他们认为，组织对稀缺资源的竞争将会使组织越发相似，竞争使组织采取相似的行为和结构，而竞争使处于弱势（不相似的）的组织将会被排除出局，最终的结果是组织结构趋同的增加。因此，高等教育机构所处的环境同样是高度同质化的，因为它们面对的是同样稀缺的资源、相似的师生供需情况以及相同的管理制度。那些高校之所以努力模仿更有声望的大学的办学理念和行为，只是为了最大限度地增加自身的生存概率，从而避免"被灭绝"的厄运，正是它们的这种努力推动了"学术漂移"现象的产生。①

三、组织社会学新制度主义理论

制度一直是社会科学领域（如政治学、经济学、社会学）的主要研究对象。尽管社会学作为一门学科自建立之日起，就着眼于对制度的研究，但直到20世纪七八十年代，西方社会科学领域在反思政治学中以个人主义假设为基点的行为主义理论和经济学中简化论倾向的新古典经济学理论的基础上，才"重新发现"了制度分析在解释现实问题中的地位和作用，进而逐步确立了新制度主义的分析范式。在新制度主义的理论体系中，组织社会学新制度主义是其中影响较大的理论流派。

组织社会学新制度主义理论从社会学背景出发，将研究层次定位在组织领域（organizational field）。根据迪玛奇奥（DiMaggio）和鲍威尔（Powell）的观点，"组织领域是指由主要的供应商、资源与产品的消费者、规制机构以及其他生产类似产品或提供类似服务的组织集合在一起而构成的为人们所公认的一种制度生活领域"②。该理论认为，组织面对技术环境和制度环境这两种不同的环境。所有影响组织完成技术目标的外在客体构成了组织的技术环境，这一概念强调组织的理性成分，关注环境的技术特征，要求组织必须追求效率。而制度环境则表示，组织作为一个自然系统、人文系统，一些象征性的文化因素也会对组织的运营过程产生影响。这里的制度是指"为社会行为提供稳定性和有意义的规

---

① Birnbaum R. Maintaining Diversity in Higher Education [M]. San Francisco: Jossey-Bass, 1983: 11 – 209.

② DiMaggio, Paul J., and Powell Walter W. The Ironcage Revisited: Institutional Isomorphism and Collective Rationality in Organization Field [J]. American Sociological Review, 1983, 48: 147 – 160.

制性、规范性和文化-认知性要素，以及相关的活动与资源"①。这一概念也道出了制度环境的三个层面，即强制性层面、基于标准和规范的层面以及基于认知模仿的层面。这三个层面构成一个连续体，其一端是有意识的要素，另一端是无意识的要素；其一端是合法地实施的要素，另一端则被视为当然要素。

组织社会学新制度主义理论认为，制度环境要求组织服从"合法性"机制，采用广为接受的组织形式和做法，而不管这些形式是否有助于提高组织的运作效率。所谓合法性是指"一整套普遍的认知或假定，即参照现行准则、价值观和信仰定义的社会构架系统，组织的行为是合意、正确或恰当的"②。这里的"合法性"不仅是指法律制度的作用，而且包括了文化制度、观念制度、社会期待等制度环境对组织行为的影响。"合法性"机制即那些诱使或迫使组织采纳具有合法性的组织结构和行为的观念力量，其基本思想是：社会的法律制度、文化期待、观念制度成为被人们广为接受的社会事实，具有强大的约束力，规范着人们的行为。③

"合法性"机制对组织行为的影响可以分两个层次：一是强意义层次，二是弱意义层次。所谓强意义是指组织行为、组织形式都是制度塑造的，组织本身没有自主选择性。迈耶（Meyer）和罗恩（Rowen）主要从强意义层面上讨论"合法性"机制，他们提出了组织被组织外部制度环境所塑造并与之趋同和相似的命题，即组织的同构。许多组织甚至不得不把内部实际运作结构和表面的组织正式结构分离开来，通过建立缓冲区来化解制度环境要求给效率运作造成的负面影响。

---

① ［美］W. 理查德·斯科特. 制度与组织——思想观念与物质利益（第3版）［M］. 姚伟，王黎芳译. 北京：中国人民大学出版社，2010：56.

② Suchman, Mark. Managing legitimacy: Strategic and Institutional Approaches［J］. Academy of Management Review, 1995, 20: 571-610.

③ 周雪光. 组织社会学十讲［M］. 北京：社会科学文献出版社，2003：74-75.

他们还指出，制度环境造成的组织同构性产生了多方面的后果：一是改变了组织的正式结构；二是迫使组织引入外部评估标准；三是受到了稳定的环境影响；四是提升了组织的合法性，也增强了组织的生存能力。所谓弱意义是指这样一种情形：制度通过影响资源分配或激励方式来影响组织的行为。制度不是一开始就塑造了人们的思维方式和行为，而是通过激励的机制来影响组织或个人的行为选择，这种影响不是决定性的。

迪玛奇奥和鲍威尔主要是从弱意义层面上讨论"合法性"机制。他们进一步提出了导致组织形式和行为趋同的三个机制。一是强迫机制，来源于所依赖的其他组织，比如政府的规制与社会文化方面的期待施加于组织的正式或非正式压力。由于组织对它们有较强的依赖性，因此这些因素把标准化强加于组织。二是模仿机制。在面临不确定问题时（这种不确定性归结为三个来源：对组织技术的把握不够全面，目标模糊以及环境造成的象征性不确定性），组织往往采取同一组织领域中其他组织在面对类似不确定时所采用的解决方式。三是规范机制，主要产生于专业化。专业化是一种职业中的成员为了明确其工作条件和方式，控制"生产者的产品"，为自身职业自主权确立认知基础和合法性而进行的集体斗争。专业化包括主要来源于专业培训、组织领域内专业网络的发展和复杂化。在组织成员，尤其是管理人员朝着专业化方向发展时，这种机制的作用力不断增强。在这种制度下，同一组织领域管理人员之间甚至没有什么区别。[①]

因此，组织社会学新制度主义理论强调组织运行的"制度环境"，包括社会的共享观念及规范因素等支撑社会生活稳定化、秩序化的被普遍接受的符号体系及其共同意义。在制度环境下运行的组织受到"合法

---

① DiMaggio, Paul J., and Powell Walter W. The Ironcage Revisited: Institutional Isomorphism and Collective Rationality in Organization Field [J]. American Sociological Review, 1983 (48): 147-160.

性机制"的作用——当社会的法律制度、社会规范、文化观念或某种特定的组织形式成为"广为接受"的社会事实后，就成为规范人的行为与观念的一种制度力量，将诱使组织采纳与这种共享观念相符的组织结构和制度。正是由于组织对制度理性的遵从导致了场域中出现了"制度性同形"。这一现象是组织寻求合法性的结果。

"学术漂移"与"制度同构"两者内涵极为相似。在"学术漂移"被提及之前，"制度同构"理论已被直接或间接在美国高等教育研究中广泛应用，而后来的学术著作或论文常互换使用"学术漂移"和"制度同构"两个术语。根据组织社会学新制度主义理论关于组织的划分，学校应属于制度性组织，因为学校在发展过程中会尝试将自身的组织结构与外界进行有机整合，它们使用认证、授权、仪式等手段，试图将技术性工作从自身组织结构中"去耦"，以便与外界的制度性框架更紧密地匹配起来，进而实现与外界环境的"同构"。此外，与技术性组织严格控制生产过程并借此提高生产效率不同，学校并未能很好地掌控它们的"生产"过程，而且学校对内部各种活动的协调与互动并不热衷。① 因此，高等教育领域中的"学术漂移"可视为高校这类制度性组织形塑制度同形性的演进过程，可以运用组织社会学新制度主义理论的观点来解释。

四、声誉、地位等级制度理论

声誉现象在经济社会活动中经常出现，如品牌、信誉、名望、地位和形象等。韦伯曾提出，如果人们的活动受到他人行为的影响并且受到行动者主观意义的影响，那么这些行为就是社会行为。而一个人或一个

---

① Meyer J. W., Scott W. R., Deal T. E. Conference on Human Service Organizations, Center for Advanced Study in the Behavioral Sciences [C]. Stanford: Stanford University, 1979: 2-31.

组织的声誉恰恰是在不同群体和个人相互作用的过程和共同承认的基础之上建立起来的。因此，声誉制度是一种社会现象，是一种社会制度。近半个世纪以来，声誉现象引起了经济学、社会学界的关注并被大量研究。

经济学的解释逻辑是声誉等于信息。信息不对称诱发投机行为，而声誉成为解决信息不对称问题的一种有效手段，这是经济学关于声誉研究的基本思路。在不同质量产品并存的市场上，生产高质量产品的公司必须发出信号表明自己产品质量，以帮助顾客区别不同类型的产品。真正的质量与被客户所感知的质量之间存在区别，由于产品真正的质量难以被知晓，或者需要花费很大的成本（包括时间），所以人们不得不借助于一些相对廉价的信号（包括产品广告、产品性能说明、产品的市场份额、企业形象）和指示器（厂家的历史、地理位置、规模）去主观地感知产品的质量。对于一般产品而言，其质量既取决于厂商的生产技术，也取决于公众对其市场地位的看法。而公众如何评价厂商的市场地位，在很大程度上受厂商过去行为表现的影响。长期形成的企业声誉是质量的重要信号。在消费者眼中，一个产品的质量与生产该种产品企业的声誉具有较高的相关性，因此声誉就成为人们评价该产品质量的替代性指标。例如，一个知名厂家比一个不知名厂家生产一种高质量产品的可能性要大，因此前者更容易推出一种新产品，并打开其市场销路。出于对消费者这种心理的回应，企业在重视产品质量的同时，也重视树立企业在消费者心目中的形象，有时甚至需要以牺牲眼前的利益为代价去保全影响企业长远利益的声誉。

社会网络理论的解释逻辑是地位等于信息。社会网络理论从社会网络结构，以及个人或组织在网络结构中的位置来解释社会现象，该理论在组织学领域逐渐发展成为经济社会学的核心理论。该理论认为，社会网络结构，以及个人或组织在网络结构中位置，与其资源获取和成长紧密相关。在一个社会或行业中常常有大家公认的、稳定的社会等级制度，不同的公司通过与高地位的公司建立关系，发出信号表明自己产品的质量。由于一家公司致力于高质量产品的行为常常无法直接观察到，这些与其他高地位公司相关联的做法间接地发出了有关产品质量的信号，而这些追求地位、发出信号的做法又强化了社会网络结构和等级地位的稳定性和重要性。在市场竞争中，一家公司的社会网络地位反映了同一领域中人们公认的等级制度，有重要的信号功能。因此，社会关系网络以及人们在这一网络中的地位成为市场竞争的一个优势。其原因包括：第一，一个组织的网络地位提高了它的知名度，从而降低了广告费用；第二，一个组织的高地位使得企业愿意与之发生关系，促进了它与其他组织的资源交往，从而提高竞争优势，而这种竞争优势又进一步固化了行业的等级制度。根据上述理论，社会网络地位有利于克服信息的不对称性，不同的社会网络地位为不同组织提供了不同的竞争优势。①

经济学家弗雷德·赫希（Fred Hirsch）于1976年首先提出了地位竞争的观点。地位是一个相对的或位置的概念："某位生产者的产品的感知质量是与其竞争对手的产品的感知质量相对而言的。"② 地位竞争中的产品是地位产品，地位产品具有三个特征：一是等级性；二是绝对稀缺，这是与资源稀缺相对而言的，这类产品由于绝对稀缺被称为"寡头财富"；三是相互依赖，指一个人对地位产品的投资，会减少其他人地位投资的价值。地位竞争由位置结构来决定。生产者在市场中的位置影响了它和它的竞争对手所能获得的相对机会。以博弈论的语言来说，地位竞争是一种零和游戏，赢家全拿，输者一无所获。

上述产品声誉、地位信号原理不仅适合于普通产品，同样也适用于高等教育产品（教学、研究成果和社会服务）。而且，高等教育产品由于其专业属性（高深学问）比普通产品更难以测量，测量成本更高，信

---

① 周雪光. 组织社会学十讲 [M]. 北京：社会科学文献出版社，2003：260 - 263.
② Podolny J. A Status-based Model of Market Competition [J]. American Journal of Sociology, 1993, 98 (4)：830.

息不对称更严重，所以声誉、地位信号机制对于高等院校系统将会发挥更显著的作用。有研究文献指出，如同其他许多产品一样，高等教育是一种"经历性产品"，即只有经历过大学教育的人才能对此做出可靠的判断，事前的判断都是基于其他信号做出的，所以对于高等教育质量的评价和事前决策更需要借助于其他信号，特别是大学的声誉。与之略有不同的另外一种观点是，高等教育是一种"连带产品"，人们在消费它时，不仅要看产品本身的质量，而且还要参考其他消费者的信息。① 总之，由于信息成本以及认知理性局限，人们难以对高等院校办学质量做出准确的直接判断，不得不借助于一些信号（包括声誉、地位、等级）进行间接估计，于是造成高等院校办学质量本身与人们感知其质量之间的差别。高等院校办学质量是内隐的，而能够被人们所感知的声誉和地位是外显的。因此，高等教育机构之间的竞争很大程度上表现为地位竞争。布林特（S. Brint）指出："大学既是文化机构也是经济机构……它们不仅以经济的理由，更以象征性的（地位的）理由互相竞争。"② 因此，最重要的因素是参与者的身份和它们的地位等级的排序，而不是它们的输出标准。③

在借鉴赫希理论的基础上，西蒙·马金森（Simon Marginson）指出，教育中的地位产品是高等院校的主要产品，它是在教育中取得的学位，其获得往往通过教育证书来表示。高等院校所授予学位的价值与其地位、声望直接关联：地位、声望越高，其授予学位的价值就越高。高等教育的地位竞争有四个特点。第一，地位市场由生产者竞争以及为进入顶尖院校而开展的学生竞争两部分组成。高质量学生会给精英院校带

---

① 亨利·汉斯曼. 具有连带产品属性的高等教育 [J]. 王菊译. 北京大学教育评论, 2004（03）: 67-73.

② Brint S. Higher Education in "The Age of Money" [D]. Paper to a Ford Foundation Meeting on Markets in Higher Education, Tampa, June. Riverside: University of California（Riverside）, 2002: 2.

③ Aspers, P. Knowledge and Valuation in Markets [J]. Theory and Society, 2009（38）: 111-131.

来地位,反过来他们自身的地位又得到巩固和增强。第二,精英院校并不通过扩充规模来满足所有可能的需求,否则将会降低其品牌价值。第三,像高等教育这样的排序产品不仅仅是像所有经济资源一样稀缺,而且是绝对意义上稀缺。第四,关于精英地位的竞争对新进入者几乎是封闭的。大学地位通过学生和毕业生的社会地位、学生选拔(超需求的供给抬高了准入分数,高分强化了其所带来的高价值,进一步刺激了学生需求)以及由地位和资源带来的优质科研产出得以再生产。非精英院校不能像在其他领域那样通过降低服务价格来吸引精英消费者,顶尖院校能够轻易地阻拦局外人。因此,对毕业率、生师比、图书馆资源和基于学生调查的评级等比较性指标的公开,并不改变地位竞争的动力,真正攸关的比较是排行榜,排序可以解决所有价值的问题。① 而且,"大学地位通过学生和毕业生的社会地位、学生选拔以及由地位和资源带来的优质科研产出得以再生产。"②

同时,这种地位信号对高等院校在劳动力市场上的竞争产生了显著影响。筛选假设理论(screening hypothesis)认为,教育的主要经济价值不在于提高个人的能力,从而提高生产率,而是对求职者的能力进行鉴别和筛选,以便雇主适当地为具有不同能力的人安排不同的职业岗位,以便人尽其才、各得其所。高等教育不仅仅具有提高人力资本的作用,同时具有筛选功能。接受过高等教育的人往往被视为具有更高的能力水平,因而更易被劳动力市场接受,这也是人们乐意接受高等教育的重要原因之一。"在劳动力输出中,通常总是精英大学主导市场,即使它们的教学投入不足,在通行技能培养上也表现一般,但他们依旧在毕业生就业上显示出稳固的竞争优势。由于雇主往往青

---

① 西蒙·马金森. 为什么高等教育市场不遵循经济学教科书[J]. 北京大学教育评论,2014(01):17-35.

② Aspers, P. Knowledge and Valuation in Markets [J]. Theory and Society, 2009 (38): 116.

睐的是大学的声誉,其结果是以满足消费者服务和质量要求的策略,在这种市场中往往难以奏效。"① 劳动力市场上的竞争机制反过来又强化了高等院校地位竞争。因此,高等教育系统中的"地位优势"是产生"学术漂移"的内在动力。②

五、"社会流动"理论

克维恩(Kivinen)和里尼(Rinne)于1996年在研究芬兰的高等教育多元化问题中,提出了与"学术漂移"相关的"社会流动"理论,以解释学术漂移现象,挖掘学术漂移的实质。③

对"社会流动"理论的研究始于19世纪末,与社会分层的研究同时进行。1927年,美国社会学家索罗金(Sorokin)出版了《社会流动》一书,将"社会流动"理论界定为社会成员或社会群体从一个社会阶级或阶层转到另一个社会阶级或阶层,从一种社会地位流向另一种社会地位的过程,它是社会结构自我调节的机制之一。第二次世界大战以后,社会变迁的速度加快,社会流动率提高,社会流动理论引起了更多社会学家的广泛关注。在西方社会学界,尤其在美国,社会流动已成为社会学的一个重要研究领域。

"社会流动"理论对"学术漂移"现象具有一定的解释力。"社会流动"理论指出,既然社会成员在财富、权力和声望等方面存在高低之分,而且处于社会高层者更可能实现自己的愿望,"人往高处走"就自

---

①② Ransden, P. Predicting Institutional Research Performance from Published Indicators: A Test of a Classification of American University Types [J]. Higher Education, 1999, (4): 341 - 358.

③ Kivinen O., Rinne R. The Problem of Diversification in Higher Education: Countertendencies between Divergence and Convergence in the Finnish Higher Education System Since the 1950s [A]. In: L. Meek et al., eds. The Mockers and Mocked: Comparative Perspectives on Differentiation, Convergence and Diversity in Higher Education [C]. Oxford: Pergamon, 1996: 95 - 116.

然成为社会成员普遍的价值观念。"学术漂移"的表现形态也是一种社会流动,是高等教育机构内部之间的流动,从较低层级流向较高层级。如果具备流动的条件,任何高等教育机构均会向上流动。为了流动成功,各高等教育机构将不断发展壮大自己,更加重视科研与学术,最终产生"学术漂移"。

六、"经济收敛"理论

在经济学中,发展中国家在经济水平上能否最终赶上发达国家一直是发展经济学领域的重要课题,而"经济收敛"(convergence hypothesis)理论则是对这一问题的经济学表述。在发展经济学中,人均 GDP 代表一个国家的经济水平,人均 GDP 的增长率代表一个国家的经济增长水平。在此意义下,所谓"经济收敛"理论是指,初始人均 GDP 水平低的国家比初始人均 GDP 水平高的国家有更高的人均 GDP 增长率,从而使得两国间以人均 GDP 计算的经济差距有不断缩小的趋势。

1979 年,尼夫注意到可以用"经济收敛"理论来解释"学术漂移"现象。处于较低层级的高等教育机构与较高层级的高等教育机构相比,具有更多的提升空间,包括扩大规模、扩充专业、升格层次等。较低层级高等教育机构与较高层级高等教育机构间的差距有不断缩小趋势,而这一过程的实质也即"学术漂移"。

以上各种理论分别从不同视角对"学术漂移"现象的形成提出了不同的解释。其中,组织社会学新制度主义理论不仅为分析组织结构和行为提供了新的理论框架,也为探究"学术漂移"的成因提供了新的视角,对我国学界产生了较大的影响。当然,结合各种理论的观点,可以突破单一视角的局限,有助于我们更加全面地认识和理解"学术漂移"现象。

第三章 改革开放以来的中国特色高职教育发展之路

改革开放以来,我国高职教育经历了初步创立、规范发展、规模扩张和内涵发展四个发展阶段。在发展历程中,我国高职教育始终坚持党的领导、坚持政府推动、坚持育人为本、坚持服务大局、坚持就业导向、坚持深化改革、坚持示范引领、坚持对外开放,从无到有、由弱变强,取得了举世瞩目的成就。

第一节 我国高职教育的发展历程

改革开放以来,我国高职教育在改革开放的过程中,从无到有、由弱变强,不断迎来发展机遇期,不断经历各种问题与挑战,取得了举世瞩目的巨大成就,积累了中国高职教育发展的宝贵经验。从历史的粗线条上来观察,我国高职教育大致经历了初步创立、规范发展、规模发展、内涵发展四个发展阶段。

一、高职教育的初步创立(1978~1984年)

1978年,党的十一届三中全会召开,标志着我国党和政府的工作重心转移到社会主义现代化建设上来，社会主义现代化建设对技术技能人才的需求，促使我国高职教育的全面恢复和发展。

改革开放带来的现代化建设，科技的不断进步，大量新技术、新工艺、新设备的采用和引进，在资金技术密集的行业及经济发达地区，对生产第一线的从业人员的技术水平、能力结构提出了更高的要求。这些行业及地区亟需通过发展高职教育，大量培养既掌握较高技术技能又有一定理论知识的高层次技术人才。为适应社会和经济发展的需要，自1980年开始，我国东南沿海和一些中心城市率先创办了一批新型地方大学——短期职业大学，这是我国最早具有高职教育性质的学校。据不完全统计，1980年我国共有7所这样的职业大学。① 这种职业大学的目的是培养专门的高素质的人才，带有高等职业教育性质，被认为是我国高职教育的兴起。1982年，第五届人大二次会议批准的《中华人民共和国经济和社会发展第六个五年计划（1981-1985年）》中指出，提高大学专科的比重，试办一批花钱少、见效快、酌收学费、学生尽可能走读、毕业生择优录用的专科学校和短期职业大学。根据这一精神，原国家教委在1983年又批准成立了33所职业大学。同年，国务院批准教育部等部委制订的《关于利用世界银行贷款促进广播电视大学、短期职业大学发展的请示》中进一步明确："这些短期职业大学都是由大中城市利用地方财力、物力举办的""由于举办这类学校比较经济、充分调动地方的积极性，可为发展高等教育开创一条新的路子"。自此开始，短期职业大学的发展有了政策的保障，其发展具有了自己的特色。大中城市利用地方财力、物力举办；宗旨是为地方培养急需的各种专门人才；办学方针是短期（一、二、三年制）、职业性、实行收费走读、毕业生不包分配，择优推荐给用人单位录用。据统计，从1980年至1984年，全国

---

① 刘英杰. 中国教育大事典（1949-1990）[M]. 杭州：浙江教育出版社，1993：1808.

共兴办82所短期职业大学,在校生规模达到1万~2万人。① 为现代高等职业教育的诞生和发展奠定了坚实的物质和人才基础。

二、高职教育的规范发展(1985~1998年)

(一)高职教育体系的建立

1985年,《中共中央关于教育体制改革的决定》对我国教育事业的发展起到了重要的指导作用,高等职业教育被正式提及,并得到政策的大力支持,纳入国民教育体系。该决定首次提出:"积极发展高等职业技术院校……逐步建立起一个从初到高级、行业配套、结构合理又能与普通教育相互沟通的职业术教育体系。"当年7月,原国家教委下发的《关于同意试办三所五年制技术专科学校的通知》同意在西安航空工业学校、国家地震局地震学校、上海电机制造学校三所中等专业学校的基础上,试办五年制技术专科学校。实践证明,五年制高职教育便于统筹安排教学计划,实现了中职教育与高职教育的有机衔接,并且由于学生年龄小、可塑性强、有效教学时间长,为学生职业意识和职业能力的养成创造了良好条件。1986年,原国家教委主任李鹏在全国职业教育工作会议上指出:"高等职业学校、一部分广播电视大学、高等专科学校,应该划入高等职业教育。"从此,"高等职业教育"正式开始在官方文件中使用。② 1987年颁布的《关于改革和发展成人教育的决定》要求,"职工大学、职工业余大学、管理干部学院要结合需要举办高等职业教育"。据统计,到1989年,专科类型的学校数从1982年的190所增加到458所;招生数从1982年的8.4万人增加到29.7万人,占高校招生总数的比例从27%上升到近50%;在校生数从1982年的22.5万人增加到76

---

① 李蔺田. 中国职业技术教育史[M]. 北京:高等教育出版社,1994:554.
② 王明伦. 高等职业教育发展论[M]. 北京:教育科学出版社,2004:2.

万人，占高校在校生总数的比例从19%上升到36%。①

20世纪90年代初，优先发展教育战略得到确立，职业教育的发展越来越受到国家的重视。1990年，我国首次由国家教育行政部门召开的全面研究高等专科教育的座谈会在广州举行，会后《关于加强普通高等专科教育工作的意见》正式印发，该意见指出，"普通高等专科教育是在普通高中教育基础上进行的专业教育，培养能够坚持社会主义道路、适应基层部门和企事业单位生产工作第一线需要的、德智体诸方面都得到发展的高等应用性专门人才。它同本科教育一样，都是我国普通高等教育体系中不可缺少的重要组成部分。"除此之外，该意见还对高等专科教育办学方向、培养目标、培养规格、学校设置、专业建设、修业年限、理论教学、教材使用、科学研究等进行了详细阐述。该意见的出台，比较全面地规定了高等专科教育的性质和内容，符合高职教育的特性，反映了国家教育行政部门对高职教育的重视以及办好高职教育的决心。同年，《国务院关于大力发展职业技术教育的决定》从顶层设计的角度提出："初步建立起有中国特色的，从初级到高级、行业配套、结构合理、形式多样，又能与其他教育相互沟通、协调发展的职业技术教育体系的基本框架。"这为我国今后高等专科教育的培养目标指明了方向，为培养面向生产工作第一线的高等应用性专门人才，即高等技能性专门人才，引领了以后的高等专科教育的发展。1991年1月，经原国家教委和总后勤部共同批准，在中国人民解放军军需工业学校基础上，建立邢台高等职业技术学校，率先在全国试办高中起点的高职教育。

1993年，中共中央、国务院印发的《中国教育改革和发展纲要》指出，各级政府要高度重视，统筹规划，贯彻积极发展的方针，充分调动各部门、企事业单位和社会各界的积极性，形成全社会兴办多形式、

---

① 中国教育年鉴编辑部.中国教育年鉴1991 [M].北京：人民教育出版社，1992：164.

多层次职业技术教育的局面。为解决我国高等教育结构失衡问题，优化高职教育的资源配置，1994 年 6 月，全国第二次教育工作会议提出："通过现有的职业大学、部分高等专科学校和独立设置的成人高校改革办学模式，调整培养目标来发展高等职业教育。仍不满足时，经批准利用少数具备条件的重点中等专业学校改制或举办高职班等方式作为补充来发展高等职业教育"的"三改一补"基本方针。"三改一补"是"三教统筹"（普通教育、职业教育、成人教育）的延续和深化，完善了我国高职教育人才培养的结构，奠定了我国高职教育发展的基础格局。1994 年 7 月，国务院下发的《关于〈中国教育改革和发展纲要〉的实施意见》，进一步明确了高等专科学校、职业大学、成人高校、重点中专举办高职教育的主体地位。这是在整合现有高等教育资源基础上，根据我国国情发展高职教育的重要举措，是我国高职教育发展过程中的重大政策转变，也是高职教育界认识更加深入的体现。1994 年和 1996 年，原国家教委先后批准 18 所重点中专学校通过举办五年制高职班的形式，继续探索五年制高职教育。1995 年，原国家教委决定在一部分有条件的成人高校试办高职教育，并逐步开展试点，至 1999 年试点的学校达到 563 所。[①] 至此，我国高职教育体系自成体系并逐步完善发展。

（二）高职教育法律地位的确立

1996 年 5 月颁布的《中华人民共和国职业教育法》（以下简称《职业教育法》）规定，"职业学校教育分为初等、中等、高等职业学校教育。初等、中等职业学校教育分别由初等、中等职业学校实施；高等职业学校教育根据需要和条件由高等职业学校实施，或者由普通高等学校实施。其他学校按照教育行政部门的统筹规划，可以实施同层次的职业学校教育。"

---

① 郭俊朝，张婧，徐平. 改革开放 30 年中国高等职业教育的发展 [J]. 教育理论与实践，2009（03）：24-26.

国家教委1997年工作要点提出通过"改革、改制、改组"积极推进高职教育的发展，并在部分省市开展高职教育的试点工作。为了促进中、高等职业教育的衔接，推动建立职业教育体系，1997年5月，国家教委办印发《关于招收应届中等职业学校毕业生举办高等职业教育试点工作的通知》指出，从1997年起，在北京等10个省份进行应届中等职业学校毕业生举办高职教育的沟通和衔接问题试点。同年，国家教委颁发了《关于高等职业学校设置问题的几点意见》，结合高职教育特点，明确了设置高职学校的基本标准和程序，就学校名称、招生规模、专业数量、师资情况、实训条件和教学仪器设备等方面提出了最低条件和要求，对于规范高职教育的发展起到了十分重要的作用。

1998年，国家教育委员会更名为教育部，并进行机构改革和调整，将普通高等教育和高职高专教育人才的培养和质量监控等职能归高等教育司，高等教育司下设置高职高专处，统一规划和管理全国的高职教育，高职教育从行政管理上成为高等教育的一份子。这样我国的高职教育既是职业教育体系又是高等教育体系中的重要组成部分。同年，教育部在"三改一补"的基础上又提出了"三多一改"的方针，即办学形式多样化、人才培养模式多样化、高职教育办学主体多样化、通过改革来提高人才培养质量。"三多一改"政策作为一项探索性的制度创新，进一步深化了高职教育改革的力度。

1998年9月，《中华人民共和国高等教育法》（以下简称《高等教育法》）颁布，规定"高等学校是指大学、独立设置的学院和高等专科学校，其中包括高等职业学校和成人高等学校"，以法律形式明确了高职教育是我国高等教育结构的一个重要组成部分，进一步夯实了高职教育的法律地位。

1996年《职业教育法》和1998年《高等教育法》的颁布，使高职学校和高职教育在法律上得以确立，明确了高职学校和高职教育的地位、设立的规范，明确了高职教育的法律地位，标志着我国职业教育建设迈上法制化的轨道，使高职教育有了法律的保障，高职教育的发展得以迈向新的台阶，其发展也进入了大发展时期。截至 1998 年，我国独立设置的高职院校已有 101 所，招生 6.28 万人，在校生 11.86 万人，分别比 1985 年增长了 52% 和 58%。①

三、高职教育的规模扩张（1999~2005 年）

在我国高职教育发展史上，1999 年是非常重要的一年，是经历重大转折的一年。在这一年，我国高职教育从法律地位确立后，转入名副其实的大发展，从过去更多强调改革与调整，转化为以规模扩大与内涵提升相并重的大发展。而且也是在这一年，"四个一"，即"一个计划、一个决定、一个意见、一个委员会"，把我国高职教育送入快速发展的轨道。"一个计划"是国务院在 1999 年 1 月份批转教育部制定的《面向 21 世纪教育振兴计划》（以下简称《计划》），进一步强调发展高职教育的重要性，规划了跨世纪教育改革和发展的蓝图。《计划》指出，积极发展高职教育，是提高国民科技文化素质，推动就业以及发展国民经济的迫切需要。对于高职教育，除对现有高等专科学校、职业大学和独立设置的成人高校进行改革、改组和改制，并选择部分符合条件的中专改办（简称"三改一补"）发展高职教育之外，部分本科院校可以设立高职学院，基本不搞新建。挑选 30 所现有学校建设示范性职业技术学院。发展非学历高职教育，主要进行职业资格证书教育。要逐步研究建立普通高等教育与职业技术教育之间的立交桥，允许职业技术院校的毕业生经过考试接受高一级学历教育。要求把 20 世纪最后两年的招生计

---

① 李梦卿. 我国职业教育 150 年的局变与势况 [J]. 中国职业技术教育，2016 (34): 71-76.

划的增量主要用于地方发展高职教育。与此同时，《计划》要求，逐步把高职教育招生计划、入学考试和文凭发放等权限下放给省级地方政府和办学院校。还指出，高职教育必须面向地区经济建设和社会发展，适应就业市场的实际需要，培养生产、服务、管理第一线需要的实用人才，真正办出特色，主动适应农村工作需要的各类人才。"一个决定"是国务院在1999年6月召开了第三次全国教育工作会议，颁布了《中共中央国务院关于深化教育改革全面推进素质教育的决定》（以下简称《决定》），《决定》明确提出，要大力发展高职教育。"一个意见"是教育部和国家计委联合印发的《试行按新的管理模式和运行机制举办高等职业技术教育的实施意见》，《意见》决定在当年的普通高等教育年度招生计划中，安排10万人指标专门用于高等职业技术人才培养，鼓励我国高职教育在更大的规模上进行多渠道办学。此外，《意见》还对高职教育的层次、办学主体、收费、办学条件、招生等进行了明确规定，这为高职教育规模发展提供了政策依据，标志着我国高职教育发展进入"扩招、扩地、扩建"为主要特征的阶段。"一个委员会"是为了推动高职教育的规范化发展，教育部成立了"全国高职高专教育人才培养工作委员会"，专门负责研究制定高职人才培养的基本教学文件、规划全国性的高职教育教学改革计划，以及组织全国性的高职教育科学研究工作等。从1999年开始，国家计划发展委员会和教育部的联合通知，拉开了高等教育三年大扩招的序幕。

　　进入21世纪，高职教育重新定位，培养目标和培养模式的逐渐清晰，高职教育作为一种新的高等教育类型得以确立。扩大办学规模，提高教育质量，是这个阶段的主要内容。2000年后，我国高职教育的规模获得了迅猛发展。2000年1月，教育部颁发《关于加强高职高专教育人才培养工作的意见》，明确了人才培养目标的内涵和培养模式的基本特征，指出了加强教学基本建设、专业建设、课程和教学内容体系改革、教学方法改革，建立相对独立的实践教学体系，提高教育教学质量的重要性。这份文件是教育部对高职高专教育10多年来试点、改革与发展成功经验的总结与推广，是我国高职教育史上第一个里程碑性质的文件。同时，它也是此后一段时间高职高专教育人才培养工作的指导性文件。从2000年6月开始，教育部在全国高职高专院校中开展了专业教学改革试点工作。截至2002年9月，27个省、市的415个专业被评为国家级教育改革试点专业，此项改革促进了高职院校的专业建设。2000~2003年，教育部先后共批准建设31所重点建设示范性职业技术学院、33所重点支持高职学院和35所示范性软件职业技术学院，改善了它们的基础教学条件，提高了教育教学质量。[①]

2000年9月和2001年6月，教育部先后启动了国家首批15所和第二批16所示范性职业技术学院建设项目，推动了高职教育的建设和发展。2002年7月，第四次全国职业教育工作会议提出，要建立并逐步完善"在国务院领导下，分级管理、地方为主、政府统筹、社会参与"的管理体制；要形成政府主导，依靠企业、充分发挥行业作用、社会力量积极参与的多元办学格局。这次职教会议与其后颁发的配套文件，构成了21世纪初我国高职教育发展的基本政策思路和总体改革方向。会后，教育部指导各高职院校从人才培养模式和教学内容体系改革、专业试点、实训基地、产学研结合等方面进行了探索和实践。为了加强对高职教育的质量监控工作，在26所高职院校试点评估的基础上，教育部决定从2003年开始，在高等学校中建立5年一轮的高校教学工作评估制度，2004~2008年为高职高专院校人才培养工作水平评估的第一个周期。从2003年下半年开始进行的高职高专人才培养工作水平评估，主要从基础设施上促进了高职教育质量的提高。

2003年4月，教育部启动了全国高等教育精品课程建设工作，促进

---

① 郭俊朝.建国60年来我国高职教育的回顾与展望［J］.唐山职业技术学院学报，2009（04）：1-5.

了高职院校课程建设。该年12月，教育部部长周济在第二次全国高职教育产学研结合经验交流会上指出："高等职业院校如果定位在高技能人才培养上，就会有很大的发展空间"①，这是高职教育"高技能人才"培养目标的首次提出。2004年4月，教育部颁发《关于以就业为导向深化高等职业教育改革的若干意见》，针对高职院校在办学中出现的定位不准确、办学方向不明确的问题，提出"以服务为宗旨，以就业为导向，走产学研结合的发展道路"的要求，促进了高职教育的健康发展。

2005年10月，为适应全面建设小康社会对高素质劳动者和技能型人才的迫切要求，《国务院关于大力发展职业教育的决定》提出，国家在"十一五"期间重点建设100所高职院校的计划，正式拉开了高职教育质量提高工程的序幕。据统计，2005年，全国高等职业院校已达1091所，招生268.09万人，在校生712.96万人，毕业生160.22万人，专任教师26.79万人②，高职教育成为高等教育的"半壁江山"，实现了跨越式发展。

四、高职教育的内涵发展（2006年至今）

从2006年开始，我国高职教育开始从规模扩张发展转向以提高质量为中心的内涵式发展。2006年11月，教育部颁发《关于全面提高高等职业教育教学质量的若干意见》，总结了"十五"期间高职教育改革的经验和成果，提出要认真贯彻国务院关于提高高职教育质量的指示精神，适当控制高职教育招生增长幅度，相对稳定招生规模，切实把工作重点放在提高质量上来。该意见从八个方面对高职教育可持续发展提出了具体措施，并从顶层设计的角度明确高职教育必须坚持内涵发展的方

---

① 中华人民共和国教育部高等教育司. 高职高专教育改革与建设——2003～2004年高职高专教育文件资料汇编 [M]. 北京：高等教育出版社，2004：32-73.

② 中国教育统计年鉴（2005-2010）[M]. 北京：人民教育出版社，1981.

式,可谓是高职教育内涵式发展的纲领性文件。为示范引领高职教育的发展,带动高职院校整体办学质量的提升,同月,教育部、财政部联合印发《关于实施国家示范性高等职业院校建设计划加快发展职业教育改革与发展的意见》,正式启动了国家示范性高职院校建设计划,决定重点支持建设100所高职院校。这项计划被誉为我国高水平高等职业院校建设的"211工程"。2006~2008年,教育部、财政部先后分三批评选出100所"国家示范性高等职业院校建设计划"立项建设院校。与此同时,各民间组织,如全国高职高专校长联席会议、国家示范性高职院校建设协作委员会、各专业教学指导委员会等,纷纷行动起来,积极配合国家示范性高职院校建设工作开展合作和交流。各地政府也实施了省市级示范性高职院校建设工程。2010年6月,为贯彻落实《国家中长期教育改革和发展规划纲要(2010－2020年)》,在原有已建设的100所国家示范性高职院校基础上,教育部、财政部下发《关于进一步推进国家示范性高等职业院校建设计划实施工作的通知》,决定继续推进"国家示范性高等职业院校建设计划"实施工作,扩大国家重点建设院校数量,新增100所左右骨干高职建设院校,2015年完成验收工作。示范性高职院校建设工程,大大提高了我国高职教育整体的教育教学质量,带动和影响了全国高职院校的改革和发展。

从2010年开始,我国职业教育的发展迎来一个全新的时期,最根本的变化是建设现代职业教育体系成为我国职业教育的发展目标。以往的政策文件强调"加快发展职业教育",但2010年后政府的政策文件开始改用"加快发展现代职业教育"。《国家中长期教育改革与发展规划纲要(2010－2020年)》提出,到2020年,形成适应经济发展方式转变和产业结构调整要求、体现终身教育理念、中等和高等职业教育协调发展的现代职业教育体系。2012年,党的十八大再次强调要发展现代职业教育。2014年6月,时隔9年之后,在历史发展的关键时刻,国务院再次召开全国职业教育工作会议,期间出台了《国务院关于加快发展现代职业教育的决定》和《现代职业教育体系建设规划（2014－2020 年）》两个重要文件。该决定明确指出，"创新发展高等职业教育""探索发展本科层次职业教育""建立专业学位研究生培养模式""研究建立符合职业教育特点的学位制度""形成定位清晰、科学合理的职业教育层次结构"。该规划对现代职业教育体系框架做出总体描述，提出了"按照终身教育的理念，形成服务需求、开放融合、纵向流动、双向沟通的现代职业教育的体系框架和总体布局"，突出"完备性"，实现从中职到高职专科、本科、专业学位研究生的贯通。这次全国职业教育工作会议的召开和相关政策文件的出台，被认为是职业教育领域发展的一次重大"顶层设计"，极大地推动我国高职教育的改革步伐，具有里程碑式的意义，预示着打造"中国现代职业教育升级版"大幕拉开。

为贯彻落实《国务院关于加快发展现代职业教育的决定》要求，2015 年，教育部又印发《高等职业教育创新发展行动计划（2015－2018年）》，以"创新发展"为主题，指出了高职教育创新发展的六个方面：发展动力由政府主导向院校自主转变；发展模式从注重扩张向内涵建设转变；办学状态从相对封闭向全面开放转变；评价体系向内涵指标为主转变；教师队伍向注重"双师"结构转变；社会服务向教学培训与应用研发并重转变。该行动计划对于提升高等职业教育办学质量，推动高职教育朝高质量发展轨道迈进具有重要意义。

2019 年 1 月，国务院发布《国家职业教育改革实施方案》，其主导思想是深化改革，主要目标是高质量发展，价值导向是强化服务，构成了新时代职业教育改革发展的基本方略。该方案明确指出："职业教育与普通教育是两种不同教育类型，具有同等重要地位""到2022 年，职业院校教学条件基本达标，一大批普通本科高等学校向应用型转变，建设50 所高水平高等职业学校和 150 个骨干专业（群）。"该方案把党中央、国务院奋力办好新时代职业教育的决策部署细化为若干具体行动，提出了 7 个方面 20 项政策举措。其中，"深化改革"的重点是完善国家职业教育制度体系，强化标准体系建设，推进产教融合机制创新，深化办学体制和职业培训改革，建立健全职业教育质量评价、督导评估制度以及决策咨询制度。"高质量发展"的重点是按照职业教育类型教育的规律办学，全面落实"三个转变"和2022年职教改革发展的具体指标，加强各级政府财政投入力度和政策支持保障。"强化服务"的重点是服务我国现代化经济体系建设，服务社会更高质量更充分就业，服务全民学习终身学习的学习化社会建设，全面释放职业教育的社会功能。为贯彻落实《国家职业教育改革实施方案》，2019年4月，教育部、财政部印发了《中国特色高水平高职学校和专业建设计划项目遴选管理办法（试行）》（简称"双高计划"）。"双高计划"遴选坚持质量为先、改革导向、扶优扶强，面向独立设置的专科高职学校，分高水平学校和高水平专业群两类布局，重点支持建设50所左右高水平高职学校和150个左右高水平专业群。

从示范（骨干）校建设，到优质校建设，再到"双高计划"，并不是简单的优中选优，而是以持续的政策供给，有计划、有步骤、有重点地推动高职教育发展，是在"后示范"时期明确优秀学校群体的发展方向。

第二节 我国高职教育取得的巨大成就

改革开放40年是我国经济社会发展取得重大历史成就的40年，是我国教育事业实现历史性跨越的40年，也是我国高职教育实现重大发展和突破的40年。

一、在国家社会经济发展中的地位不断突出

从国家法律政策角度上来看，我国高职教育已经由高等教育的补充

部分提升为重要组成部分。1991年国务院颁布的《关于大力发展职业教育的决定》，提出了积极发展高职教育，建立初等、中等、高等职业教育体系的问题。1996年颁布的《职业教育法》和1998年颁布的《高等教育法》，确立了高职教育的法律地位。1999年，中共中央、国务院颁布的《关于深化教育改革全面推进素质教育的决定》明确提出"高等职业教育是高等教育的重要组成部分""要大力发展高等职业教育"。2006年，教育部颁发的《关于全面提高高等职业教育教学质量的若干意见》明确指出，高职教育是我国高等教育的一种新类型，从而确立了高职教育在高等教育中的重要地位。

从经济社会发展来看，发展高职教育对于我国走新型工业化道路，推进产业结构调整和经济增长方式转变，加快发展制造业和现代服务业，建设社会主义新农村，促进就业与再就业，构建社会主义和谐社会至关重要。因此，我国适应经济社会发展的迫切需要，确立了高职教育在国家社会发展中的战略重点地位。1991年、2002年、2005年和2014年国务院四次做出关于大力发展职业教育的决定，特别是2019年1月国务院发布《国家职业教育改革实施方案》明确指出："职业教育与普通教育是两种不同教育类型，具有同等重要地位"，把发展现代职业教育放在更加突出的位置，确立了高职教育的战略地位。

二、人才培养能力大幅度提高

2018年，全国共有独立设置高职（专科）院校1418所，年招生368.83万人，在校生1133.70万人，毕业生366.47万人[①]，我国高等职业教育已占整个高等教育规模的"半壁江山"，形成了世界上最大规模

---

① 2018年全国教育事业发展统计公报［EB/OL］. http://www.moe.gov.cn/jyb_sjzl/sjzl_fztjgb/201907/t20190724_392041.html.

的专科层次人才培育体系，具备了大规模培养技术技能人才的能力，为我国经济社会发展提供了强有力的人才和智力支撑。同时，高职教育的快速发展极大地推进了我国高等教育大众化的进程。全国各类高等教育在校学生总规模从 1978 年的 228 万人增加到 2018 年的 2831.03 万人，增长了 11.4 倍；高等教育毛入学率从 1978 年的 2.7% 增加到 2018 年的 48.1%，增长了 16.8 倍。

三、办学条件得到极大改善

2011 年，财政部、教育部下发文件规定，各地高职院校年生均拨款水平应当不低于 1.2 万元，2015 年全国 31 个省（市、自治区）已经全部建立了高职院校生均拨款制度，这为稳定我国高职院校办学经费提供了制度保障。到 2018 年，全国已有 26 个省份的生均拨款水平达标。据统计，2012~2015 年，高职院校的财政性教育经费年均增长达 10%。[①] 随着政府对高职教育投入力度加大，高职院校办学条件不断改善。数据显示，2017 年，全国高职（专科）院校生均教学辅助及行政用房面积 15.4 平方米；生均教学仪器设备值明显增加，生均教学科研仪器设备值为 0.92 万元，生均教学仪器设备值超过 0.4 万元的院校比例超过 92%，近 400 所院校超过 1 万元；教育信息化建设成效突出，每百名学生拥有教学用计算机 26.8 台，带宽在 100Mbps 及以上的院校比例为 93.5%，校均上网课程为 84.3 门；高等职业院校的校内实践教学基地超过 5.6 万个，校均 45 个，促进了学生实践能力的培养。[②] 办学条件不断改善有利支撑了高水平学科专业建设和人才培育质量的提升。

---

① 陈工孟. 中国职业教育统计年鉴 [M]. 北京：经济管理出版社，2016：32.
② 教育部. 中国教育概况——2017 年全国教育事业发展情况 [EB/OL]. http://www.moe.gov.cn/jyb_sjzl/s5990/201810/t20181018_352057.html.

四、体制机制改革不断深入推进

在办学体制上,我国不断引导支持社会力量兴办高职教育,健全企业参与制度,鼓励多元主体组建职业教育集团和强化职业教育的技术技能积累作用。集团化办学、校企合作办学、行业办学、个人资本办学、校企政合作办学、股份制办学等多元化办学的机制逐渐形成。在管理体制机制改革上,强化省、市、县三级统筹,建立了政府主导、行业指导、企业参与的管理运行原则,建立了以学校理事会董事会、教职工代表大会等为核心的内部治理结构。在人才培养模式上,实行工学结合、校企合作、顶岗实习的人才培养模式,深化教学和课程改革,通过订单培养、现代学徒制等方式探索建立符合应用型人才和技术技能型人才培养的模式。

五、专业建设不断适应产业发展需求

2015年,教育部印发新修订的《普通高等学校高等职业教育(专科)专业目录(2015年)》,主要根据产业分类进行专业划分,第一产业主要涉及农林牧渔大类,设专业51个;第二产业涉及资源环境与安全、能源动力与材料等8个专业大类,设专业295个;第三产业涉及交通运输、电子信息等11个专业大类,设专业401个。[①] 三大产业相关专业数比例为6.8∶39.1∶53.8,更加符合我国产业结构调整要求。[②] 统计数据显示,2015年我国高等职业教育开设各类专业1010种,涉及19个学科大类,专业点数超过3.4万个,60.7%的专业点与当地支柱产业密

---

① 2016年增补专业13个,2017年增补专业6个,2018年增补专业3个。
② 万玉凤. 我国高等职业教育专业总数减少423个 [EB/OL]. (2015-11-10) [2017-08-10]. http://zhiyao.jyb.cn/zyjxw/201511/t20151110_642561.html.

切相关[1]，基本覆盖各产业领域，专业设置动态调整机制趋于完善，有利于技术技能人才系统培养，有力支撑了现代产业的转型发展。

六、产教融合校企合作特色初步彰显

为推进产教融合、校企合作，2015年，教育部联合有关部门和企业组建了59个行业职业教育指导委员会，统筹推动举办了几十次职业教育与行业对话活动，指导组建了职业教育校企一体化办学联盟等协作组织，产教融合发展的工作格局基本形成。2018年，全国共建成职业教育集团1400多个，密切联系企业3万多家。其中，全国有行业性职业教育集团1095个，区域性职业教育集团311个，分别占集团总量的77.88%和22.12%。全国参与职业教育集团化办学的企业总数已达24369个（含10家境外企业）。在全国500强企业中，参与职业教育集团化办学的企业已有147个。随着职业教育集团化办学的发展，职业院校参与职业教育集团化办学的比例日益提高，在983个职业教育集团中参与职业院校达到5827所。其中，全日制中职学校4591所，占全国全日制中职学校数的47.58%；高职院校1236所，占全国高职院校总数的90.95%。基本形成产教协同发展和校企共同育人的格局。[2] 近1000所高等职业院校和企业联合开展订单培养，覆盖专业点近10000个，订单培养学生规模接近70万人。高等职业院校累计从企业获得的实践教学设备总值达亿元，超过"百万元"的院校456所、"千万元"及以上的院校123所[3]。2017年，29个省份投入11.51亿元推动优势企业与学校共建共享1933个生产性实训基地；投入2.39亿元建设以市场为导向多方共建应

---

[1][3] 教育部.2016年全国高等职业院校适应社会需求能力评估报告[EB/OL]. http://www.moe.gov.cn/jyb_xwfb/gzdt_gzdt/s5987/201712/t20171207_320819.html.

[2] 教育部.教育部对十三届全国人大一次会议第4215号建议的答复[EB/OL]. http://www.moe.gov.cn/jyb_xxgk/xxgk_jyta/jyta_zcs/201812/t20181219_364051.html.

用技术协同创新中心415个,有力地支撑了职业院校实践教学和社会服务与技术成果转化能力的提升。①

七、师资队伍建设持续加强

在师资数量上,2017年全国高职(专科)院校教职工人数为66.95万人,专任教师数量为48.21万人,比2005年的26.79万人增加了79.96%;② 在生师比上,2017年高职院校为17.7:1,比2005年的26.6:1下降了8.9%;在教师研究生学位层次上,2017年高职(专科)院校为48.1%,比上年提高2.2%;在高级专业技术职务上,2017年高职(专科)院校为30.1%,比上年提高0.6%。③ 在"双师型"教师队伍建设上,"双师素质"教师占专任教师比例达到52.0%,企业兼职教师总量达15.9万人,专业点兼职教师授课总量占专业课学时总量的25%以上。④ 由此反映出,高职院校教师队伍建设无论是在数量上还是在质量和结构上,都取得了较大成效。

八、服务社会能力显著增强

在宏观上,高职院校积极落实党中央提出的东西部扶贫协作要求,逐步形成"跨省互助+省内自助"的全新态势;服务中国制造,根据工

---

① 教育部.关于政协十三届全国委员会第一次会议第1555号(教育类171号)提案答复的函[EB/OL]. http://www.moe.gov.cn/jyb_xxgk/xxgk_jyta/jyta_zcs/201901/t20190118_367361.html.

② 教育部.各级各类学校校数、教职工、专任教师情况[EB/OL]. http://www.moe.gov.cn/s78/A03/moe_560/jytjsj_2017/qg/201808/t20180808_344699.html.

③ 教育部.中国教育概况——2017年全国教育事业发展情况[EB/OL]. http://www.moe.gov.cn/jyb_sjzl/s5990/201810/t20181018_352057.html.

④ 陈工孟.中国职业教育统计年鉴[M].北京:经济管理出版社,2016:34-39.

业战略性产业需求，高职院校积极融合行业先进要素、标准、管理和发展要求，为中国制造发展注入内生动力；服务乡村振兴战略，2017年，250余所高职院校的近1000个涉农专业点，为乡村振兴培养了4万名技术技能人才，高职院校成为乡村振兴人才培养的主阵地。① 在院校服务区域覆盖面上，广泛覆盖中小城市，分布更加均衡的高职院校为地区发展提供了有力支撑。据统计，截至2015年，615所高等职业院校布点在地级及以下城市办学，240所院校在160个县级城市办学，为城乡居民"在家门口上大学"提供了极大便利，成为服务区域、推动城乡均衡发展的重要力量。② 在技术和培训服务上，高职院校开展技术服务和培训，也已经成为高等职业院校服务社会和企业的特色。2015年高等职业院校技术服务到款额超过23亿元，较2013年增长31.5%。社会培训服务到款额超过28亿元，较2013年增长18.4%。③

九、对外开放进一步扩大

对外开放是我国教育发展的重要一环，高职教育是我国教育对外开放合作交流取得丰硕成果的领域之一。一是高职院校留学生规模持续增长。2017年，共招收全日制国（境）外留学生1.15万人，比2016年增长了65.2%。二是高职院校国（境）外人员培训规模持续扩大。据统计，2017年全国高职院校非全日制国（境）外人员培训量超过85万人，是2016年的2.2倍。三是高职院校合作办学呈现多样化发展态势。合作办学之初，合作国别以德国、美国、英国、澳大利亚为主，但是随着职业教育中外合作办学的不断发展，发展中国家也越来越多地进入我国市

---

① 平和光，程宇，李孝更.40年来我国高等职业教育发展回顾与展望[J].职业技术教育，2018（15）：6-17.

②③ 教育部.2016年全国高等职业院校适应社会需求能力评估报告[EB/OL]. http://www.moe.gov.cn/jyb_xwfb/gzdt_gzdt/s5987/201712/t20171207_320819.html.

场,并且与"一带一路"沿线国家的合作逐渐增加。2003年之前,有16个国家的高校来华合作办学,2003～2010年,来华合作办学增至19个,2011～2014年,外方合作者国别扩展至28个国家(地区)。截至2015年,有30个国家(地区)的高校来华合作举办了中外合作办学机构或项目,遍布五大洲。① 合作国家数量增加,合作国别逐步多元化;截至2016年4月,我国大陆27个省(直辖市、自治区)的386所高职院校与全球27个国家及我国港澳台地区共321个教育机构合作举办了908个机构和项目(机构33个,项目875个),其中与"一带一路"沿线的8个国家开展合作办学机构和项目83个(机构6个、项目77个)。② 四是对外合作交流日益频繁。2017年专任教师在国(境)外组织担任职务人数为876人,专任教师服务走出去企业国(境)外指导时间超过10人的高职院校达到353所,178所高职院校的学生在国(境)外技能大赛中获得735个奖项。③ 五是政府为高等职业教育发展提供了平台,比如举办第三届国际职业技术教育大会、中国—东盟职业教育国际论坛、助力上海获得2021年第46届世界技能大赛举办权等。

---

① 李阳,陈丽梅.中外合作办学外方合作者国别(地区)分布特点及发展趋势[J].山东高等教育,2015(09):26.

② 孙爱武.愿景与行动:"一带一路"视域下高职国际化的战略思考[J].职教论坛,2017(15):6.

③ 平和光,程宇,李孝更.40年来我国高等职业教育发展回顾与展望[J].职业技术教育,2018(15):6-17.

第四章 我国高职院校的"学术漂移":特点、表征、形成机制及其影响

改革开放以来,我国高等职业教育从无到有、由弱变强,取得了举世瞩目的成就,走出了一条初具中国特色的高职教育发展之路。然而,近年来,我国高职院校"学术漂移"现象日益凸显,给高职教育的发展带来了深刻影响,也引起了社会和学界的关注。

第一节 国家工业化与高等教育制度变迁

美国教育学家约翰·布鲁贝克指出:"大学作为历史和环境的产物,其地位的确立主要有两种途径,即存在着两种主要的高等教育哲学,一种哲学是以认识论为基础,另一种哲学则以政治论为基础。"① 我国高等职业教育是经济发展和科技革新的产物,是国家工业化的直接推动力量。新中国成立以来高等职业教育的制度变迁,经历了从计划经济时代高等职业教育与普通高等教育一体化、改革开放初期高等职业教育与普

---

① [美]约翰·布鲁贝克. 高等教育哲学[M]. 王承绪等译. 杭州:浙江教育出版社,2001:13.

通高等教育双轨并行、新型工业化时期高等职业教育与高等教育立体交叉三个阶段，呈现出明显的"政经关联"逻辑。

一、计划性的工业化阶段（1949~1978年）：高职教育与普通高等教育的一体化

我国职业教育源于"洋务运动"时期的实业教育，但直到20世纪30年代才建立起相对完善的中等职业教育制度，而高等职业教育制度到新中国成立都没能建立起来。新中国成立后，中国选择了"以俄为师"的建国策略，实行有计划的赶超型经济发展战略。以第一个五年计划为起点，中国开始了传统的社会主义国家工业化征程。经过建国17年的探索，这种有计划的工业化逐步完善成型。在高度集权的计划体制下，高等教育与社会经济是一种紧密耦合的关系。因此，如何调整教育结构以满足国家工业化的需要成为当时教育改革的首要问题。

新中国教育结构改革深受苏联教育的影响。20世纪50年代初，在全面贯彻"以俄为师"的方针下，中国提出了第一个五年计划，并由此导致国家对各种专业技术人才的需求激增。为了支撑第一个五年计划，我国把教育改革的重点放在高等教育发展上。根据苏联模式，高等教育应该是一种面向国家工业化的专业教育，是一种高等职业教育。然而，新中国成立之前留下的205所高等院校，主要是以英美大学为样板，实行的是一种与国家工业化相脱节的博雅教育或"普通教育"。为了适应整个国家"以俄为师"的政治、经济和文化建设的需要，高等教育结构变革势在必行。在这种背景下进行了以"院系调整"为核心的高教变革，以改变大学教育游离于国家工业化之外的弊端，确保第一个五年计划的实现。这次改革的结果是综合大学的数目大幅度减少，单科院校尤其是工科院校的数量大幅度上升，形成了单科性的工科院校占主体的格局。其主要原因是我国不但将综合性大学进行分散调整，而且将工程学

与基础学科分离，造成"文理分家""理工分家"。据统计，1947年，全国有综合性大学55所、工科院校18所，到1957年综合性大学减少到17所，工科院校则增加到44所。在专业的设置上，由于以国家工业化为中心，工科专业的比重急剧上升，文、法、商等专业的比重急剧下降。1947年，文、法、商科在校大学生的占比为47.6%，1957年则降至9.6%。1953年，在总数为215种专业目录中，工科占107种，而文科仅占19种。①

从职业教育变革与转型的历史来看，这个阶段的主要特点是普通教育与职业教育一体化。中等教育统一于普通教育，高等教育统一于专业教育。紧密耦合的结果是高等教育失去了自主性和相对独立性，高校办学不符合教育规律，培养的人才社会适应性差，无法支撑国家工业化发展的需要。

二、市场导向的工业化阶段（1978~2002年）：高职教育与普通高等教育的双轨并行

经过近30年的发展，中国初步奠定了工业化的基础，形成了相对完整的现代工业体系，工业化水平有了很大提高。改革开放后，随着市场因素的引入，中国进入了快速工业化阶段。由于这次工业化是由中国社会消费结构升级、城市化进程加速、交通和基础设施投资加大带动的，是中国工业化进入中期阶段以后工业结构的自然演变。从行业工业化走向区域工业化是中国工业化进程中的一个重大转变。

由于一体化的人才培养模式导致学生知识结构不合理、知识面窄，高等院校专业化的教育模式遭到越来越多的批评。在英美通识教育的鼓舞下，中国高等教育的"精英情节"越来越浓厚，高等教育体系全面

---

① 周光礼. 以俄为师与中国高等教育现代化[J]. 煤炭高等教育，2003（03）：34-36.

"去专业化",以学科建设为核心的高校办学理念成为时尚,高等教育与社会需求严重脱节,高等职业教育出现空白,仅有的少量高等专业教育几乎是普通本科教育的压缩版,未能形成独特的人才培养模式。

随着国家工业化从初级阶段进入中级阶段,中等职业教育培养的人才越来越不能适应高科技产业发展的需要,社会经济发展呼唤高等职业教育。1980年,国家教委为满足区域经济社会发展对一线应用型技术技能人才的迫切需要,批准设立金陵职业大学等7所职业大学,到1981年,中国职业大学达到82所。与此同时,高等专科学校和成人高校也得到了快速发展。1990年,职业大学的数量达到126所。[①] 经过10年探索,1991年,《国务院关于大力发展职业技术教育的决定》颁布,明确提出要积极发展高等职业技术教育。1991年,第二次全国教育工作会议提出了"三改一补"的高等职业教育发展战略,在短期内解决了高等职业教育不足的问题,满足了快速工业化对高端技术技能型人才的需求。1996年,《中华人民共和国职业教育法》正式颁布实施。1997年,第一所以职业技术学院命名的高职学院(邢台职业技术学院)挂牌成立,标志着中国的新高职走上了历史舞台。为了推动区域经济社会发展,2000年,教育部决定将设立高职院校的审批权下放到省级人民政府。权力下放大大激发了地方发展高等职业教育的积极性,大批高职院校被建立起来。2002年,全国第四次职业教育工作会议提出要大力发展高等职业教育规模,要形成政府主导、依靠企业、充分发挥行业作用、社会力量积极参与的多元办学格局。2006年,国务院启动在全国范围内建设100所示范性高等职业院校计划。通过多年的发展,中国终于形成了高等职业教育发展的共识:以服务为宗旨、以就业为导向,走产学研相结合之路。

---

① 张慧青. 改革开放以来我国高等职业教育发展研究 [D]. 首都师范大学硕士学位论文, 2008.

在该阶段，高等教育与社会经济的耦合系统通过解耦，两者呈现非耦合状态，具体表现为高等教育与社会经济发展严重脱节，我国高等教育逐步走上了以学科为中心的办学模式，其结果是培养的学生理论知识扎实，但动手能力差；培养的学生"素质很高"，但无一技之长。在高等教育与社会经济的非耦合阶段，我国高等教育的最大特点是建立了普通高等教育与高等职业教育双轨并行的高等教育结构。这是因为普通高等教育已无法满足国家工业化对技术技能型人才的需要，大力发展高职教育才成了中国的战略选择。

三、新型工业化阶段（2002年以后）：高职教育与普通高等教育的立体交叉

经过市场导向的快速工业化发展阶段，我国经济在20世纪90年代进入了一个基本适应居民消费结构升级需要、以市场为基础、技术含量和附加价值逐步提高的新的重化工业发展阶段。由于重化工业资本有机构成较高、投资需求大、能源消耗大、环境污染严重，可持续发展问题日益凸显。在这种背景下，2002年，党的十六大在总结中国工业化经验的基础上，提出走新型工业化之路，即"坚持以信息化带动工业化，以工业化促进信息化，走出一条科技含量高、经济效益好、资源消耗低、环境污染少、人力资源优势得到充分发挥"的工业化道路。"数字化革命时代"的到来为新型工业化注入了新的动力，科技创新成为各国经济结构调整和持续健康发展的决定性力量，许多国家都将建设创新型社会提升到国家发展的战略核心层面。在这种背景下，2012年，党的十八大明确提出要实施创新驱动发展战略，强调科技创新是提高社会生产力和综合国力的战略支撑。这预示着中国国家工业化战略的又一次重大转型：从"追赶战略"转向"创新驱动发展战略"，使中国尽快进入创新型国家行列。创新驱动发展战略大大丰富了新型工业化道路的内涵，为

中国职业教育的改革与发展提供了难得的机遇。构建国家创新体系，建设创新型国家，需要教育机构培养和造就更多富有创新精神的高层次技术技能人才。

实施创新驱动发展战略、走新型工业化发展道路需要建立现代职业教育体系。作为培养产业所需的技术技能人才的一种教育类型，职业教育的发展动力源于经济技术的发展。许多中等职业学校升格为高等职业教育，就是经济技术发展水平提升的结果。新工业革命的到来，产业对人才需求的层次将进一步提高。新工业革命需要本科甚至研究生层次的职业教育，高等职业教育层次上移成为全球趋势。如德国本科层次职业教育的学生占比超过1/3，芬兰为45%，荷兰高达60%。[1] 中国经济长期处于世界产业链的低端，技术升级和产业转型困难重重的一个重要原因是缺乏高端技术技能型人才。技术技能型人才培养弱化源于中国高职的分层体制：对高职做分层处理而不是分类处理。破解问题的关键是加快构建现代职业教育体系。《国家中长期教育改革和发展规划纲要（2010－2020年）》《国务院关于加快发展现代职业教育的决定》及《现代职业教育体系建设规划（2014－2020年）》等政策都明确提出，到2020年形成适应经济社会发展方式转变和产业结构调整要求，体现终身教育理念，中等和高等职业教育协调发展的现代职业教育体系，满足人民群众接受职业教育的需求，满足经济社会对高素质劳动者和技能型人才的需要。

在这个阶段，高等教育与社会经济处于松散耦合阶段。根据松散耦合的原理，普通教育与职业教育应该是一种立体交叉的关系。专业性是现代高等教育的本质属性，正因如此，普通高等教育和高等职业教育具有融合的基础。这个阶段高等教育的特点是普通高等教育和高等职业教

---

[1] 查建中. 面向职场的工程教育改革战略［J］. 高等工程教育研究，2013（06）：22－32.

育的立体交叉,通过建立独立的职业教育体系,形成普通高等教育与高等职业教育"二元制"。

总之,我国高等教育发展一直受制于"适应论"思想的支配,突出强调高等教育发展必须与社会发展需求相一致的高等教育发展观,高等教育结构的三次重大调整都呈现出类似的"政经关联"逻辑。①

第二节 我国高职院校"学术漂移"的特点及表征

相比较而言,我国与欧美国家高等教育系统的特征存在较大的差异,因而我国高职院校的"学术漂移"呈现出有别于欧美高等院校"学术漂移"的特点。

一、我国高职院校"学术漂移"的特点

就宏观管理体制而言,我国与欧洲具有相似的特点。以公立高等教育为主,政府在高等教育发展中发挥了主导作用。就高等教育扩张的轨迹而言,我国始于20世纪90年代末,节奏大约晚于欧洲20世纪60~70年代出现扩张后的10~20年。不过,两地高等教育系统特征之间也存在一些明显的差异,欧洲在扩招之前以综合性大学为主;而从我国高等教育制度变迁的历史轨迹分析,20世纪90年代以前主要以专业化的行业院校为主,大批高校的综合化只是发生于晚近。在此必须特别强调的是,这一差异对于理解我国高职院校"学术漂移"问题非常关键。

---

① 姚荣,李战国,崔鹤. 国家工业化与高等教育结构调整——政策变迁的制度逻辑[J]. 教育学术月刊,2015(08):3-12.

在 20 世纪 90 年代以前，我国高等院校主要是以行业院校为主，90年代以后，尤其是 1998 年高等教育扩招后，大批高校的综合化、升格逐渐形成了高潮。

我国传统的专业化行业高等教育人才培养规格与性质较为特殊，它们既非纯学术取向也有别于职业取向，而是介于两者之间的窄口径、符合行业需求的应用型人才培养模式，甚至包括大批的"211"和"985"工程建设高校，因其传统的行业特色，向来较为重视应用与技术能力培养，包括清华大学、天津大学、浙江大学、同济大学等这些传统工科院校，都与欧美传统大学存在明显的区别。尽管近年来在全面综合化过程中，重文理交叉、宽口径和综合素质培养渐成趋势，但是传统应用型人才培养特征依旧突出。因此，就现实而言，至少在本科层次上，简单地把我国高校区分为学术与理论取向、应用与职业取向可能失之偏颇。

如今大量新升格的本科院校，其前身多为专科院校。这些专科院校无论从办学模式还是从人才培养性质上看，更多接近于低于本科院校的"层次"概念。随后为满足规模扩张的需要，这些院校纷纷设立了大量成本相对低廉的一般文理学科和专业。即便如此，各校传统行业性质的学科专业依旧构成其骨干并代表其特色。

而现在占据"半壁江山"的高职院校绝大部分是在 1996 年"三改一补"政策下逐渐发展起来的（"三改"是将高等专科学校、职业大学、成人高校改革为高职院校，"一补"是中等专科学校办高职班作为补充，到 1999 年之后大部分中等专科学校也升格为高职院校），尽管在经历了多年的"层次论"与"类型论"论证后最终明确为"一种类型"，但"类"的特征其实并不突出。

如前所述，欧洲大多数国家的传统大学基本上是带有典型学术取向和偏好的单一性大学，20 世纪六七十年代，欧洲各国政府创立非大学机构的初衷就是区别于传统大学的一种全新的"类型"。美国则形成了由大学、学院和社区学院构成的三级高等教育结构，以及由副学士、学士、硕士、第一专业学位、博士构成的完整的学位制度,其高等教育系统更多带有分工的混合性、联结性、层次性和等级分布的结构性特征。相比较而言,我国与欧美国家的高等教育系统特征之间存在较大的差异,无论在高等教育发展规划和办学观念上,还是在政策设计和制度安排上,都体现了明显的"政经关联"逻辑,缺乏明显的"类"的概念,更多的只是"层次"上的差别而已。目前,我国对于高等学校的归类有各种习惯说法,譬如按招生批次分为"一本""二本""三本"等;按研究水平和实力分为"985"建设工程高校、"211"建设工程高校、老普通本科院校、新升本科院校等;根据功能定位分为研究型、研究教学型、教学研究型和教学型高校等;按照学校学科分布格局分为综合性、多科性和单科性高校等。除此之外,还有很多其他区分方式,林林总总,不一而足。事实上,上述所有区分都是习惯性的说法,缺乏严格的区分标准。概而言之,其背后更多隐含了一种办学水平、实力、功能和目标定位的区分,而在内涵上并无类别的差异。

因此,我国高职院校的"学术漂移"主要是指低层次的高职院校简单照搬、模仿本科高等院校、追求更高层次的趋势。本质上更类似于"垂直漂移"或"向上漂移"。

二、我国高职院校"学术漂移"的现实表征

近年来,我国高职院校的"学术漂移"现象逐渐显现,结合第二章关于"学术漂移"的具体层次和形态分析,我国高职院校"学术漂移"最为突出的体现是"办学定位漂移"。另外,在办学体制机制、课程、教师、学生等层面也都存在不同程度的"漂移"现象。

(一)院校层面的漂移

院校漂移主要是指高职院校偏离办学定位,不断谋求升格,偏离政

府所要求的机构目标和公众期待的现象。

我国高校的更名升格之风始于20世纪90年代,2000年之后即已开始盛行,2010年之后愈演愈烈。据统计,从1991年开始到2004年,专科升格为本科的院校有82所,中专升格为大专的学校有138所,成人高校改制为普通高校的学校有51所,仅2003年升格、更名的高校就多达64所。① 近6年来,我国共有472所大学更名,占高校总数的23%。② 进入21世纪后,中国高校的改名则出现了几个主要动向:一是将涉及的地域越改越大。较为典型的案例是,1978年"泸州医学院"由原校名"泸州医学专科学校"更名而来,2015年该校更名为"四川医科大学",同年年底再度更名为"西南医科大学"。二是改变学校的性质类别,实现了高等专科学校到学院到大学的更迭,看上去"办学层次"越来越"高端",这种情形最为普遍。三是界定学科类型的用词越来越时尚、综合。比如,用"金融"取代"财政税务",用"工学院"取代"机电",用"交通"取代"铁道""铁路",用"工程"取代"地质",用"科技"取代"钢铁"等。四是摘掉"职业"的帽子,去掉校名中的"职业"或"职业技术"字样。③ 从历年高等院校更名升格的实际情况分析,普通本科学院和高职高专院校是其中的主体。

高职院校办学定位漂移最为普遍的情形是改变学校的性质、层次,摘掉"职业"或"职业技术"的帽子,实现从高等职业专科学校到本科学院的更迭,即上述第四种情形。在20世纪90年代中后期,由于高职教育"类型论"的提出顺应了高职院校的想法,得到了广大高职院校的支持,主张升格和提高办学层次的呼声渐起。为了刹住这股风,2005年印发的《国务院关于大力发展职业教育的决定》中明确规定:"2010年以前原则上专科层次的职业院校不升格为本科院校。"该决定

---

① 吴慧平. 大学组织变革趋同的社会学思考 [J]. 高教探索, 2007 (02): 28-30.
② 晋浩天, 等. 高校更名, 怎样立规矩 [N]. 光明日报, 2016-02-17 (5).
③ 田文生. 高校更名去"职业"趋势调查 [N]. 中国青年报, 2018-02-05 (10).

中同时提出了国家示范性高职院校建设项目，吸引了很多高职院校暂时把"升本"的目光转移到提高办学水平上来。这一政策很大程度上使这股"升格风"暂时得以平息。

此后，尽管政府相关文件，如《国务院关于加快发展现代职业教育的决定》《现代职业教育体系建设规划（2014－2020 年）》以及《关于"十三五"时期高等学校设置工作的意见》等多次强调："原则上中等职业学校不升格为或并入高等职业院校，现有专科高等职业院校不升格为或并入本科高等学校，但高职院校不安其位的"升格"冲动和态势依然不减。资料显示，近 10 年来，高职院校出现了三波"升格"高潮。2008 年，至少有 12 所高职院校去掉了校名中的"职业"或"职业技术"字样，均升格为本科院校；2011 年，18 所高职院校将校名中的"职业"或"职业技术"字样"抠掉"，升格为普通本科院校；2014 年，24 所高职院校在校名中"摘掉"了"职业"或"职业技术"的"帽子"，升格为普通本科院校。2018 年初，教育部发布《关于 2017 年度申报设置列入专家考察高等学校的公示》中，又有 21 所高职院校拟"新设本科学校"。[①] 高职发展智库根据教育部网站提供的数据统计，2012～2017 年，共有超过 100 所高职高专院校升本，其中 2012 年正式批准的有 12 所，2013 年 14 所，2014 年 24 所，2015 年 13 所，2016 年 13 所，2017 年正式批准的有 8 所，列入专家考察的共有 19 所。[②]

（二）办学体制机制层面的漂移

办学体制机制漂移主要是指高职院校简单模仿、照搬普通本科院校办学体制机制的现象。

协同理论认为，在任何系统中，各子系统之间并不是孤立存在或

---

① 田文生. 高校更名去"职业"趋势调查 [N]. 中国青年报，2018－02－05（10）.
② 高职升本趋势调查：近五年超过 100 所高职升本 [EB/OL]. http：//www.sohu.com/a/225337112_451178.

被动发生关系的，各子系统能够在目的一致的基础上通过自身调节机制产生协同作用，从而形成新的稳定结构。各子系统之间如何发生协调作用，存在什么样的条件限制和发展特点，外部因素对子系统间的互动产生什么样的影响，这些都成为协同理论研究重点关注的方向所在。"世界科学工业园协会"第九届大会提出了一种在高技术区建设实践中产生的理论——三元参与理论。该理论认为，政府、学校、企业均存在许多通过自身无法解决的问题，需要各方的共同参与、协调方能解决。学校通过和企业合作，在提升科研成果转化效率的同时能够取得一定经济效益，一定程度上弥补了办学资金和科研经费的不足；企业通过合作可以获得产品开发、产业升级所需的技术支撑和人力资源，促进自身健康有序发展；政府通过促进和参与企业、学校合作，使社会资源得以优化配置，为区域经济社会发展和综合实力提升打下良好基础。在合作过程中，政府、学校、企业三方的目的均得到满足。

以该理论为基础，对于高等职业院校来讲，要想提升人才培养质量，推动高职教育持续健康的发展，人才培养主体的多元化是必由之路。2002年颁布的《国务院关于大力推进职业教育改革与发展的决定》中指出："深化职业教育办学体制改革，形成政府主导、依靠企业、充分发挥行业作用、社会力量积极参与的多元办学格局。"2010年颁布的《国家中长期教育改革和发展纲要（2010-2020年）》中指出："加强学校之间、校企之间、学校与科研机构之间合作以及中外合作等多种联合培养方式以推进政府统筹、校企合作、集团化办学为重点，探索部门、行业、企业参与办学的机制。"2014年出台的《国务院关于加快发展现代职业教育的决定》和教育部等六部委印发的《现代职业教育体系建设规划》分别指出："推动教育教学改革与产业转型升级衔接配套。突出职业院校办学特色，强化校企协同育人。鼓励多元主体组建职业教育集团"，"建立政府、企业和其他社会力量共同发挥办学主体作用，公办和民办职业院校共同发展的职业教育办学体制。"

总之，在应然构想中，高职院校应该由行业、企业乃至职教集团等合作办学，在管理体制、资金筹措、教育评价等多方面均应该有多元主体参与，形成多元主体协同育人的体制机制。但实践中，大部分高职院校往往参照普通本科教育一元主体办学模式，而且内部部门设置和运作流程也基本上复制普通本科院校，高度相似。[①]

（三）课程层面的漂移

课程漂移主要是指课程开发和编制倾向于学科化、学科式，课程内容与实践工作缺乏紧密联系的现象。高职院校课程层面的"漂移"现象主要表现为两个方面。

1. 课程开发的学科化和课程编排的学科式

从世界范围看，当今各国高等职业教育的课程模式主要有两种，即知识本位（knowledge-based）的课程模式和能力本位（competence-based）的课程模式。知识本位的课程以传授职业知识为中心，能力本位的课程以培养从业能力为中心。就总体而言，我国的高等职业教育课程模式属于知识本位型。

教育领域与职业领域有着不同的运行逻辑，而职业教育课程是连接这两个不同领域的中心环节。不同模式的课程，其开发有着不同的逻辑起点，也有不同的开发方法。有的课程开发从学科的逻辑起点出发，有的则从职业的逻辑起点出发。从理论上说，高职院校以培养技术技能型人才为目标，要求以职业作为逻辑起点，基于工作过程导向，按工作任务的相关性设置课程，并围绕工作任务选组课程内容，从而实现理论知识和实践知识的整合，也即要从职业世界向学科内部辐射。

[①] 张等菊. 我国高等职业教育的身份认同及生存立场研究 [J]. 教育发展研究, 2016 (07): 73–78.

然而，我国现行高职教育课程开发方法的基本特征是从学科的逻辑起点出发，把学科体系作为课程开发的基础，从教育内部向职业世界辐射。参与我国职教课程开发的主要是来自教育界的专家和学者，来自企业界的人士很少。因此，就总体而言，我国高职教育课程开发方法具有浓厚的思辨色彩，采用的主要还是理论依据法和内省法。理论依据法就是根据国家制定的培养目标以及有关的教育理论，按照学科知识的逻辑体系来开发课程。内省法就是由职业院校的教师在检查回顾自己的教育经历后提出个人所认为的最合适的课程内容，通常先由几个教师提出有关课程内容的想法，经讨论后决定该采用什么样的课程。由于教师的职业所限，他们设计的课程往往只从学校内部着眼，缺乏与职业实际需求的联系。职教课程的这种"漂移"现象，致使我国高职教育课程重理论、重基础、重系统，而轻实践、轻应用；课程的目标侧重于关注学生共性与知识的增长，而较少关注学生个性和能力的发展。

从课程编排的方式来看，主要有两种：模块式和学科式。从当前的实际情况看，我国高职课程编排的方式基本还是采用学科式的编排方式，即采用学科课程，较少采用符合职教特点的模块式方式。学科课程通常把教学内容划分为若干个教学科目，每个科目都以严密的逻辑关系为构架，全面、系统地阐述整个学科的知识，学科的逻辑也就是这些专门知识内容的内在联系。学科课程的目标是使学生明确学科的基本逻辑结构，掌握学科的基本概念、原理和定律等。课程内容的编排从其开始出现起，一直以学科课程为其主要形式，体系化的学科课程至今在学术性课程中占主导地位。我国的高等职业教育由于起步晚，课程主要从普通高等教育课程中移植部分内容和编排方式，以学科为中心，将各类课程按序排列为分阶段的相关课程，组成一个各门课程既相互衔接又相对独立、结构庞大的学科体系，强调学科的完整性。严密有序的学科课程便于开展集体教学，便于学生掌握系统的学科知识，但其缺陷是过分强调学科的系统性和完整性导致在课程编排上出现重理论课、轻实践课的倾向，使高职教育课程失去特色；过分强调各学科的分段和独立造成各门课程之间缺乏有机的联系与呼应。

2. 教学方法与内容层面的漂移

就知识的内容而言，主要包括两个方面：知识的种类与结构、什么知识最有价值。根据知识的内化程度和知识的功能，可把知识划分为两类：陈述性知识（prepositional or declarative or conceptual knowledge）和程序性知识（procedural knowledge）。陈述性知识是指个人具有有意识的提取线索、能直接陈述关于"是什么"的知识，也即关于事物是什么的信息。信息单元越大、组织程度越高，需要的理解程度也就越深，对于思考和行为的指导价值也就越大；这类知识来源于外部世界，是客观事物及其联系在人脑中的反映；这类知识的学习主要依靠理解和记忆。而程序性知识是指个人不具有有意识的提取线索、因而只能借助某种活动形式间接推测出来关于"怎么做"的知识，也就是关于完成某项任务的过程和方法的信息；这类知识主要来源于主体的活动，是多次实践的结果。程序性知识的学习主要通过实际的活动。

我国高职教育发展的历史较短，无论在课程设置或是课程的目的与价值取向上，都基本遵循普通教育的工具理性主义理念，课程内容以已有的成熟的技术和规范的管理为主，重视可言明的技术知识，对未言明的个体知识、本土知识拒之于外。其实，科学研究的"本体规定"决定了各个学科的基本研究对象以及这些基本对象之间的一般关系，高职教育的"本体规定"决定了它最注重的应该是程序性知识，因为陈述性知识与传统的学术领域最为接近，而程序性知识与职业领域更为接近。但我国现行的高职教育还存在一些偏差，往往更强调陈述性知识，认为陈述性知识是最基本的知识，是关于基本概念、基本事实、基本原理的知识，从这些基本知识中可以演绎推导出其他一系列知识；认为陈述性知识虽然与职业培训的相关性很难确定，但它有助于提高理解能力和分析能力，因而是学习和掌握程序性知识的基础，也是发展能力的基础。而且，由于它的外显性、可编码性，陈述性知识易于被教师教、被学生学，其教学效果也便于被检测。

  然而，学科化的专业基础理论教学究竟对技术工人成长的实际贡献有多大，并没有通过经验性科学研究得出过结论。作为教学内容，基础理论在很大程度上是利用教学论原理，通过对相应工程科学及其相关学科理论的简化而得到的，主观臆定的程度很大，缺乏足够的科学依据。在专业理论教学中，教师大多按照各个相关学科（如数学、工程力学或电学等）的学科系统性，传授与技术工人专业"有关"的科学技术知识，至于这些科学知识与具体的职业行为之间是否真正有直接的联系却少有人问津。理论教学内容倾向于纯自然科学知识，而学生毕业后面对的却是实实在在的技术实践，即具体的职业劳动过程，即使这些自然科学知识真的在实际职业活动中有用，学生也必须得自己去把所学知识的内部逻辑体系打散，再将各知识点逐项归入到职业劳动过程的每一个环节中去，使理论知识与实践经验成为主观意识上的一个整体。而对完成这一活动能力要求之高，几乎已经达到了对工程师和劳动科学研究人员的加合。受普教影响，以"灌输式""教材式"的教学方法不利于学生主体地位的形成和能力的发展，是与职业教育实践导向的技术技能型人才培养要求背道而驰的。有关资料表明，现代管理对人才测定的要求有100多项指标，而凭卷面考试只能考出其中1/3，其余的则很难用传统的考试方法考出，如毅力、合作能力、创造能力、方法能力、组织管理能力、获取信息能力、口才、社会活动能力等。①

  总之，"尽管在学术领域，实践话语占据了主流，但在实践领域，却是学科话语占据主流，课程模式转换仍然非常困难……在课程实践

---

① 肖化移.高等职业教育质量标准研究［D］.华东师范大学博士学位论文，2004：87-90.

中，如教材编写、课堂教学等仍然延续学科话语体系。"① 正如有学者指出，高职院校与普通本科院校的"人才培养定位不同，但课程内容高度趋同。在专业标准及课程结构方面，高职院校除了学制上的差别外，其课程有普通高校的'压缩饼干'之嫌，执行模式也差别不大，没有完全实施校企合作办学体制下所倡导的'基于工作过程'的课程教学"②。"以职教课程和教学改革为例，在 20 世纪 90 年代逐步批判并摈弃了学科导向的'三段式'课程后，在不长的时期内，先后推行了'模块化'课程、项目课程和工作过程系统化课程等系列改革。由于时间短、速度快，加上课程改革固有的复杂性，结果使许多看似声势浩大的课改仅仅流于形式、难以深入。至于教学方式的改革更是名目繁多，有任务驱动法、项目教学法等多达上百种教学方法，还有翻转课堂、有效课堂及慕课、微课等新提法层出不穷，加上教育行政部门及相关机构举办的各种形式的赛事助推，结果使得广大职教一线教师眼花缭乱，对改革的内容囫囵吞枣、不求甚解，在改革的过程中手忙脚乱、莫衷一是。美国学者曾提出'钟表忙碌'的概念，指在短时间内向孩子提出过多的要求，强迫消耗他们储存的能量而出现的一种忙碌现象。其实，对于成人的教师而言，如果短时期内急于推行各种打着'改革'旗号的新事物，又不加甄别、不顾条件地采用'拿来主义'，其结果就会成为教师们忙碌的根源，成为一种新的折腾。"③ "行动体系试图把当代职业教育课程带入一个全新的境界，但它本身似乎先陷入了某种窘境之中。"④

（四）教师层面的漂移

教师漂移主要是指高职院校的教师更注重学历，更渴望取得学术成

---

① 徐国庆. 职业教育原理 [M]. 上海：上海教育出版社，2007：217.
② 张等菊. 我国高等职业教育的身份认同及生存立场研究 [J]. 教育发展研究，2016 (07)：73 – 78.
③ 李德方. 新时代职教改革步伐不妨慢一点 [N]. 中国教育报，2018 – 12 – 04 (11).
④ 李尚群. 当代职业教育课程话语中的学科课程 [J]. 职教论坛，2005 (11 下)：4 – 6.

就，获得更高的职称或头衔的倾向。

高职教育教师无论是职业属性，还是素养内涵，抑或是专业发展，都体现出明显区别于其他类型教师的倾向，并核心地表达为高职教育教师"双师型"身份及标准的结构性制度。可以这样说，伴随着社会生产力发展而衍生出来的社会分工，所导致的高职教育教师发展介乎于经济与教育、职业与教育、企业与学校、工作与学习等不同场域之间的"跨界"属性，构成了"双师型"教师标准的逻辑起点。"双师型"教师无论是在身份角色的表现形式上，还是在职业内涵的表达方式上，都展现了与其他类型教师差别较大的发展规律和内在逻辑。

一是专业性：双师结构。高职教育是高教性与职教性有机统一的高等教育类型，高职教师必须对接产业发展需求，占领知识和技术的制高点，掌握行业、企业信息的前沿动态，具有较强的专业能力。因此，高职院校教师队伍尤其是专业教学团队应是一种"双师结构"，既要有从高等学校招聘的专任教师，又要有从行业企业引进的有丰富工作经验的技术骨干，既有专业课教师又有公共基础课教师，既包括文化理论课程教师，也包括实训指导师等；同时，教师个体尤其是专业核心课程的教师要求具备"双师素质"，即既具有全面系统的专业理论知识和从事高职院校专业教育教学的能力，又有较高的技能和较丰富的相关企业岗位工作经验。这是突出职业教育特色，加强"双师型"队伍建设，实现教师由单一型向复合型转变，提升社会服务能力的特殊要求。

二是开放性：专兼结合。开放性作为职业教育跨界性的延伸，也是专兼结合的逻辑依据。由于受体制机制、个人潜质等方面的影响，客观上要实现完全的"双师型"教师的培养存在较大困难。德国等职业教育发达国家的经验表明，基于开放性的专兼结合，建立固定而又动态优化的兼职教师队伍，能够较好地解决高职院校"双师型"教师队伍建设的困难。聘任行业企业高技能人才作为兼职教师是改善高职院校师资结构、加强实践教学环节的有效途径。同时，高职院校专兼职教师之间加强互动合作，不仅有助于专业发展和能力提升，也有利于校企之间建立深度合作关系，充分整合和利用校企双方的优势资源，深化高职教育教学改革，对提升高职教育人才培养和社会服务能力具有积极的作用。

然而，现实中高职院校教师存在一定程度的"学术漂移"现象，主要体现在以下几个方面：一是大多数高职院校的教师仍然属于"学科型"，他们大多毕业于传统的学术性大学，学科（学术）思维和偏好根深蒂固，不仅缺乏实际工作经历，其本身的技术实践能力不强，而且缺乏对高等职业教育规律的深刻理解。二是长期以来高职教育缺少独立的教师资格标准，虽然早在2006年教育部印发的《关于全面提高高等职业教育教学质量的若干意见》中就要求"逐步建立'双师型'教师资格论证体系，研究制订高等职业院校教师任职标准和准入制度"，但截至目前，高职院校教师任职标准依然参照本科院校执行。在教师招聘上普遍存在重学历、学位、职称和科研，而轻职业能力或教学能力的倾向。尽管也鼓励有相关行业或企业工作经验者应聘，但这往往不是优先考虑的条件，而是附加一些外加的条件，如学历必须是全日制硕士研究生、高级职称等。即使是公开招考，大多倾向于笔试形式，考试内容缺乏专业性，导致部分专业能力较强、有一定实践经历的人才由于笔试成绩不突出而无法入围。三是教师使用过程中的职教性与考核指标上的高教性的不匹配，一方面按照职教性要求进行教师的培养和使用，另一方面却按照高教性要求来完成教师的专业评价和职称晋升，在对教师的考核评价上更注重科研和学术成果，尤其是在教师的专业技术职务晋升政策方面，基本上遵从普通本科院校的"教授制"评价体系。在评审条件方面，没有考虑高职教师的特殊能力要求，很少区分"学术型"与"技能型"教师业绩考评标准，过分强调教师的科研，即以论文、著作、项目、课题等为中心，对建设校内外实训基地、校企合作开发高职特色教材等方面关注不够，本应倡导的应用技术研发与成果转化、技术技能积累与创新、社区教育与终身学习服务、服务企业特别是中小微企业的技术研发和产品升级无一例外地被严重削弱,无形中引导高职教师按照普通本科院校教师的业务发展方向去努力,不少教师为追求职称而被动地从事科研,偏离教学这一中心工作,最终导致教师专业发展的漂移,这实质上是高职教师不能彻底进行"职业标准化"转型的根本原因。

(五) 学生层面的漂移

学生漂移是指学生们更愿意被招录到普通本科院校中而不愿到高职院校就读,以及从高职院校中毕业的学生越来越希望提升个人学历层次的倾向。

第一,时至今日,高职教育依然是一个充满矛盾的集合体。一方面,今天的时代赋予了社会对高职教育从未有过的重视。人们日益增长的工作素质更新需要、教育和培训诉求,产业结构调整与升级带来的高素质技术技能人才短缺的矛盾,大规模城市化进程中社会整合的需求,以及终身教育理念的深入人心,催生了高职教育发展的难得机遇。另一方面,相比普通高等教育,高职教育的价值难以得到社会同样的认可,它的"二流教育""次等教育"形象根深蒂固,地位边缘化,吸引力不足,高职院校成为家长、学生的无奈选择。"在教育观念上,职业教育不是人们喜欢的一种教育;在教育分流上,职业教育不是人们愿意接受的一种教育;在教育预期上,职业教育不是人们主动选择的一种教育。"①

第二,近年来高职院校学生希望通过"专升本"来提升个人学历层次的现象持续升温,不少学生从入校时起即定下了"升本"目标,到大三阶段更是一心只读"升本书"。校方也往往把鼓励学生"专升本"作为重要的办学内容,并积极配合学生的"专升本"需求,不断强化高等数学、英语等应试课程,甚至存在以"专升本率"作为评价教育质量指

---

① 徐健. 职业教育吸引力:解析、描述与生成 [J]. 教育与职业, 2010 (12 下): 8-10.

标的倾向，导致学生学业发展的漂移。笔者通过对浙江省近年来高职院校普通本科院校"专升本"招生计划及报考人数统计结果显示，全省普通本科院校"专升本"招生计划数 2013~2017 年增长了 2.6 倍；报考"专升本"的学生数 2013~2017 年增长了 3 倍。

第三节 我国高职院校"学术漂移"的形成机制

由于不同的作用机制，系统中通常会产生两种类型的组织同形：资源依赖理论、组织生态学等理论认为组织为追求效率会形成竞争性的同形，而新制度主义学派认为组织为追求存在的合法性会形成制度性的同形。

一般说来，组织同形（organizational isomorphism）主要描述同一组织场域内的组织之间在目标、结构、性质、行为等方面的特性趋于一致（同质化）的过程或状态。组织同形既可以认为是一种动态的过程，也可以被看作是一种静态的状态。从动态角度来看，组织同形是指在相同外部环境的影响下，组织朝着同一方向改变其结构、实践等方面的实施过程；从静态角度来看，组织同形则更强调组织受到外部环境的形塑，产生的彼此相似的结果和程度。就本质而言，高职院校的"学术漂移"就是高职院校在竞争性同形机制和制度性同形机制作用下不断模仿普通本科院校的组织特征与行为模式而逐渐趋同的过程或状态。

一、竞争性同形

根据资源依赖理论、组织生态学理论以及地位竞争优势理论的观点，组织在面临相同的环境之下，被迫必须满足环境（资源）的要求才能够得以生存。在这种驱动力之下,会产生限制并强迫在同一群体中的个体单位去模仿其他个体的一种过程。这种观点强调的是组织间竞争、利基改变以及对组织适应性的衡量,这种类型的同形被称为"竞争同形"(competitive isomorphism)。

像其他组织一样,高职院校的生存和持续发展有赖于不断从环境中获得资源。这些资源包括人力资源、物质资源和社会资源。其中,人力资源主要是教师和学生,数量充足、质量优良的教师和学生是学校发展的基本条件;物质资源包括资金、设施和设备等,是学校正常运作的基础和条件;社会资源包括政府政策、学校社会声誉等,是学校不断发展的重要保障。能否持续获得这些资源对高校来说生死攸关。同时,在高等教育场域中,同样遵循着"优胜劣汰、适者生存"的法则。高校之间的竞争使得环境条件与高校的结构特点产生了特定的联系。面对高等教育场域中的资源稀缺问题,高校之间不得不展开激烈的竞争。为了捍卫自身地位,高等院校就像自然界中有机体一样,需要努力保证自己具备与其他院校相当的实力,从而获取足够的资源以求生存和发展。因此,不断加剧的院校竞争导致了院校的"学术漂移",这种院校同形现象的发生机制正是"竞争性机制"。伯恩鲍姆用实证的方法测量并且评价了美国高等教育系统的1960~1980年多样性的变化后发现,尽管美国高等教育系统的规模急剧扩张,但是其多样性水平并未提高,甚至产生了轻微幅度的下降,出现明显的组织同形现象。他进一步分析,认为形成这一出乎预料结果的主要原因之一是美国高等教育系统在规模不断扩大的过程中依赖着大量的资源供给,而这些资源主要是对已经存在的高等学校的形式(比如社区学院)的复制与模仿,并没有创建新的院校类型[①]。墨菲在考察了1972~2002年美国高等教育系统的多样性水平后,得出了

---

① Birnbaum, R. Maintain Diversity in Higher Education, SanFrancisco [M]. CA: Jossey-Bass, 1983: 144–182.

相似的结论。① 罗兹比较了 1960~1980 年英国、法国、瑞典和美国的高等教育系统，其研究表明这些国家高等教育系统呈现趋同化的原因之一是：这些年间 4 个国家内高等学校学生入学人数虽然不断增加，但教育方面的财政资源不断紧缩，高等学校之间竞争持续加剧，最终导致了院校趋同化发展的现象。②

高等教育资源的竞争同样直接影响着我国高职院校的行为选择。

（一）高等教育经费的差异

办学经费是事关高等院校生存与发展的基础性问题。据统计资料分析显示，2007~2016 年的 10 年时间，高职高专与本科院校教育经费支出总量及其占比、各投入主体教育经费收入比例与总生均教育经费、生均公用经费、生均助学金及生均学杂费等均存在较大差距。

1. 教育经费支出总量及其占比差异

2007~2016 年 10 年间，高职高专教育经费占总教育经费的比例维持在 4.86%~6.17%（呈下降趋势），比本科的要低 15.38%~19.17%；高职高专财政教育经费占总财政教育经费的比例维持在 3.25%~3.91%（有 8 年稳定在 3.70% 左右），比本科的要低 11.20%~14.14%；高职高专总教育经费及其财政教育经费的增长均高于本科的（但绝对经费差距仍然非常大）。

2. 各投入主体教育经费收入比例差异

全国高职高专教育经费收入中财政教育经费所占比例从 2007 年的 36.79% 增加到 2016 年的 62.51%，增加了 25.72 个百分点，增长

---

① Morphew, C. C. Conceptualizing Change in the Institutional Diversity of US colleges and universities [M]. Mimeo, Institute of Higher Education, University of Georgia: 2006.

② Rhoades, G. Political Competition and Differentiation in Higher Education [M]. In J. C. Alexander and P. Colony (eds). Differentiation Theory and Social Change, New York: Columbia University Press, 1990: 187-221.

69.91%；比本科的要低0.44%～8.70%。2009年以前，全国高职高专学费是其办学的最大收入来源，当年学费占总收入的43.66%，而国家财政教育经费只占到总收入的43.10%，从2010年起，来自国家的财政投入才成为高职高专的第一大收入来源，在2010年及以前学费所占总收入比例均在40%以上。高职高专教育经费的第二大收入来源均为事业收入。高职高专的占比在32.34%～55.96%，比本科的要高0.70%～11.16%。高职高专教育经费的第三大收入来源均为其他收入，高职高专的占比在3.02%～5.50%，比本科的要低0.76%～2.77%。高职高专的第四、第五大收入来源均为民办学校中举办者投入和社会捐赠收入，这两者比例均低于1%。高职高专的民办学校中举办者投入占比在0.58%～1.92%，比本科的要高0.40%～1.51%。高职高专的社会捐赠收入占比在0.12%～0.41%，比本科的要低0.30%～0.51%。

3. 总生均教育经费、生均公用经费、生均助学金及生均学杂费差异

全国高职高专总生均教育经费从2007年的7209元逐年增加（2014年有所下降除外）到2016年的16085元，增加了8876元，增长了123.12%；比本科低17940～25388元（本科是高职高专的2.48～3.49倍，绝对差距基本呈逐年增加趋势，但相对差距有所减小）。全国高职高专生均公用经费从2007年的3930元增加到2016年的8088元（2012年最高为8236元），增加了4158元，增长了105.80%；比本科低9029～14238元（本科是高职高专的2.45～3.30倍，绝对差距有所增加，但相对差距基本呈逐年下降趋势）。全国高职高专生均助学金从2007年的285元增加到2016年的960元，增加了675元，增长了236.84%；比本科低823～2498元（本科是高职高专的2.45倍～3.89倍，绝对差距呈逐年增加趋势，相对差距基本呈"V"形变化趋势，相对差距2011年最小、2007年最大）。全国高职高专生均学杂费从2007年的3509元增加到2016年的4487元（2013年最高为4781元），增加了978元，增长了27.87%；比本科的低4225～4640元（本科是高职高专的1.92～2.30倍，绝对差距变化不大，但相对差距基本呈"U"形变化趋势）。①

正如 L. 米克所言，"政府政策在一些方面也证明是相互矛盾的。政府希望看到一个更为形式多样的高等教育系统，其中的每一所院校均发展自己独特的任务、目标以及在高等教育'市场'中的地位。同时，政府的拨款模式却又促使各院校在某些方面相互模仿。"②

（二）高等教育社会资源的竞争

在我国，高校从政府获得项目及其经费，从来都不只关乎钱，还关乎高等教育社会资源。所谓社会资源，从广义上说，是社会能够为其成员生存和发展提供的所有物质要素和精神要素，包括有形的，如人力、物力和空间场地等；也包括无形的，如知识、社会关系等。高等院校的社会资源主要指无形资源，尤其是社会关系，如基于政府政策的特别权利、学校社会声誉等。这些社会资源虽不像有形的物质资源那样为高校直接占有，而是镶嵌于其社会关系网络中，但同样是高校得以持续生存和发展的重要甚至不可或缺的条件之一。

社会资源虽然是无形的，但其影响却是直接的。如高等院校的地位竞争。伯顿·克拉克在针对不同国家高等教育系统的跨国研究中，发现了组织同形的痕迹和院校"学术漂移"的现象，即声誉较低的院校总是希望通过模仿声誉较高的院校来提高自身的实力以适应市场的需求，获得存在的合法性地位。于是，它们会不断地向地位较高的院校的学术形式、学术风格、课程设置、教学标准、管理模式等方面的标准靠拢，使得院校之间不断趋同，导致出现组织同形的现象。这可以从美国的四年制公立学院的升格、英国的技术学院的升格以及澳大利亚一些普通高等

---

① 沈有禄. 近十年职业教育经费配置差异分析［J］. 中国职业技术教育，2018（31）：66-75.

② ［美］弗兰斯·F. 范富格特. 国际高等教育政策比较研究［M］. 杭州：浙江教育出版社，2002：51.

院校的升级过程中找到例证。① 米克分析了澳大利亚高等教育系统的结构变化后发现,在高等教育系统中,由于科学研究比教育教学更加受到重视,因此大学所获得的资助普遍高于学院,面对竞争和挑战,地位较低的学院就不得不通过努力成为地位较高的大学,从而有利于争取获得更多的经费和资源,以求得生存和发展。由此就逐渐形成了"学术漂移"的现象,院校之间出现趋同化发展的趋势。②

目前,我国高等院校划分为"985"高校、"211"高校、普通大学、本科学院、高职高专院校五个层级。"985""211"高校位居金字塔的顶层,形成了一种垄断性较强的稳定市场结构,垄断着优质资源,在办学经费、生源与就业竞争等方面均居于优势地位;而高职高专院校则形成了一种竞争性较强的市场结构,竞争激烈且获取的办学资源极为有限,在竞争中明显处于不利地位;普通大学和本科学院介于两者之间。地位高低直接影响各高等院校的招生批次。在我国现行的高校招生制度中,批次涉及录取时间和录取分数两个问题。录取批次分为"提前批""第一批""第二批""第三批"等,其中,"提前批"在录取时间上有所提前,一般针对师范、国防、艺术以及受特别保护的专业。"第一批"则既关乎时间,也关乎分数:在时间上,"提前批"录取结束即开始"第一批"录取;在分数上,"第一批"意味着在政府划定的"重点线"或"一本线"以上录取。"第二批""第三批"像"第一批"一样,均关乎时间和分数。高职高专院校则位于最后的录取批次。在哪个批次录取学生,对一所学校来说显然极为重要。因为"第一批""第二批"录取的学校都是重点高等院校和普通本科院校,且划定了最低录取分数线,这可以使学校获得好的社会声誉。同时,这种地位高低对高等院校在劳动

---

① Clark, B. R. The Higher Education System, Academic Organization in Cross-national Perspective [M]. Berkely: University of California Press, 1983: 258.
② Meek, V. L. The Transformation of Australian Higher Education: From Binary to Unitary System [J]. Higher Education, 1991 (21): 461–494.

力市场上的竞争产生了显著影响。"在劳动力输出中,通常总是精英大学主导市场……在毕业生就业上显示出稳固的竞争优势。"① 招生质量和学校声誉作为重要的社会资源,可以为学校带来其他社会资源,尤其是有利于毕业生就业;而这又有利于学校生源质量的提高,从而使学校发展进入良性循环。

正是那些有价值的、稀缺的、难以复制和不可替代的资源的获得,为高等院校的发展创造了条件,并制造了不同学校间的巨大差异。要获得这些资源,高职院校必须采取积极行动。顺从则成为高职院校处理自身与环境关系最常用的一种策略,"学术漂移"也就成为一种必然选择,尤其是民办高职院校在资源竞争中的劣势,成为助推其升格的巨大动力。

二、制度性同形

组织生态学认为,竞争稀缺资源的一般社会过程影响组织和组织形态的生存与成长。新制度主义理论扩展了这一框架,进一步包括管制、准则和文化力量对于组织、组织群落和组织域的制约与影响。社会学新制度理论观点认为,组织在面对日趋复杂的环境时,为了获取合法性、资源及增加生存的机会,组织会遵循制度仪式,朝向正式化的结构方向发展,形成合理化的制度,而逐渐同形。制度理论视角下的同形,也被称为"制度同形"(institutional isomorphism)。其认为同形是一种同质化的过程,即组织会改变其结构,使其符合一系列制度化的期望与要求。这一现象是组织寻求合法性的结果。制度同形的产生有三种机制:强制性机制、模仿性机制和规范性机制。

---

① Ramsden, P. Predicting Institutional Research Performance from Published Indicators: A Test of a Classification of Australian University Types [J]. Higher Education, 1999, 37 (4): 341-358.

经过40年的探索与改革，我国高职教育取得了巨大成就，已占据高等教育系统的"半壁江山"。但不可否认，高职院校的办学基础依然薄弱，其历史传承、机制体制、人才培养、社会评价等层面均尚未成为"广为接受"的社会事实，面临着"合法性"不足困境。按照新制度主义理论的观点，为获得"合法性"地位，作为制度性组织的高职院校对制度环境的回应，在强制机制、模仿机制和规范机制的驱动下形成了"学术漂移"。

（一）强制性机制的驱动

强制性机制主要源于一个组织所依赖的场域中的权威力量或其他组织向它施加的正式与非正式的压力。这种压力可能被组织感知为要求其加入或共谋的一种强制力量、劝诱或邀请。在一些情况下，通过政府法令或法律制度强迫各个组织接受有关的制度和管制，组织变迁是对政府法令的直接反应。场域内居于核心地位的个体，往往会凭借着自身强大的力量试图去影响其他个体的行为，或者通过其所处社会中的期望压力来迫使其他个体产生同形。强制性机制刻意或者不刻意地设定了一个组织发展的轨道与范围，组织想要在场域内生存就必须在规定的轨道和范围中运行。伯恩·鲍姆用实证的方法测量并且评价了美国高等教育系统1960~1980年多样性的变化后发现，政府对高校进行管理所采取的强制性或规定性的政策限制了高校进行创新的实践活动，会导致权力的集中，带来高等教育形式、价值、结构的趋同，从而引发了组织同形。[①]霍斯曼等人于2007年开展了一项对10国高等教育系统进行的比较研究发现，一些政策法规可能导致高等教育系统的趋同化发展，比如一些由

---

① Birnbaum, R. Maintain Diversity in Higher Education [M]. SanFrancisco. CA: Jossey - Bass, 1983: 144-182.

政府发起的院校合并的政策法律等,往往会引发高等学校的组织同形现象。①

政府的制度配置、政策导向构成了推动高职院校"学术漂移"的强制性力量。我国高等教育的发展是一种政府主导的发展模式,政府制定的法律法规和政策、资源配置制度及方式以及政府关于高等教育发展目标等,都会直接或间接影响高职院校的办学定位、目标与行为方式。在我国,资源主要掌控在政府手中,对公立高等院校来说尤为如此。《中华人民共和国高等教育法》规定,高校有评聘教师的权利,但学校的人员编制规模和人事、工资制度由政府控制;高校有制定本校招生方案的权利,但学校招生名额由政府核定,招生政策和招生过程由政府控制;高校自主管理和使用办学资源,但政府通过生均拨款、设立各种专项并控制专项资金分配,在很大程度上决定了学校资金、设备等办学资源的获得;高校有自主开展教学、科研和国际交流的权利,但政府有对学校办学活动进行评估的权力,评估结果影响学校的办学资源和社会声誉;政府还可以通过"985""211"等工程以及通过确定各高校的招生批次等来确定各高校的层次,从而影响学校的社会声誉,影响学校获得其他资源。②

首先,20 世纪 80 年代以来,为应对外部经济社会变革的诉求,破解劳动力市场中日益增加的技术技能型人才需求,我国开始发展以培养应用性、职业性人才为目标的高职教育。在现实中,高职院校一直"被设定"于专科层次,直接导致高职教育成为"断头"教育,造成"中、高"到"本"科层次教育"阻断",这其实是现实中高职教育"层次论"成因之一。"这一观点,实质上与 1999 年教育部出台的《关于试行

---

① Jeroen Huisman, Lynn Meek, Fiona Wood. Institutional Diversity in Higher Education: A Cross – National and Longitudinal Analysis [J]. Higher Education Quarterly, 2007 (10): 563 – 577.
② 马凤岐. 对高等学校的第二轮放权:基于资源依赖理论的视角 [J]. 高等教育研究, 2015 (10): 37 – 48.

按新的管理模式和运行机制举办高等职业技术教育的实施意见》中的'三不一高'① 政策有着微妙的联系。'三不一高'表面上是将高职教育推向了市场，适应竞争规律自负盈亏，实质上从制度配置方面使高职发展处于劣势地位，这也是为什么几乎所有的高职院校都热衷'升格'为普通大学的根源所在。"②

其次，《现代职业教育体系建设规划（2014－2020年）》中描述的现代职业教育体系，无论是横向上，即职业教育与普通教育之间；还是纵向上，即中、高、本、硕，甚至到博，表面看上去都是四通八达。但从内部分析，实际上存在着"通而不畅""单方向通"甚至"不通"的问题。其中，最大的"堵塞"在现代职业教育体系的"主动脉"，即中、高、本、硕、博衔接中专业学位教育的薄弱，甚至缺失。1981年我国实施的《中华人民共和国学位条例》授予学位的类型是学术型学位，1990年设置第一个专业学位即工商管理硕士，1996年审议通过《专业学位设置审批暂行办法》，2002年发布了《关于加强和改进专业学位教育的若干意见》等，但发展十分缓慢。目前，我国专业学位在学士层次仅建筑学专业1种，这与教育发达国家差距甚远，比如美国专业学士学位招生人数不断增加，已连续3年占全部学士学位授予人数的62%以上。"所有产品必须具有商标才能进入市场，其知名度、美誉度均是来自消费者对商标的社会认同。高职教育也具备'入口—过程—出口'的产品孵化程度，然而在出口时，学生却没有相对应的学位（商标），这种政策性'空心'也是毕业生在待遇、职称、职务等诸方面被边缘化的根源之一。美国早在1899年就设置了'副学士'学位，日本也有对应的'准学士'学位。在

---

① "三不一高"："三不"即对高职毕业生不包分配、不发教育部印制的毕业证内芯、不发普通高等学校毕业生就业派遣报到证；"一高"即教育事业费以学生缴费为主，政府补贴为辅，实质就是按教育成本的高收费。

② 张等菊. 我国高等职业教育的身份认同及生存立场研究［J］. 教育发展研究，2016（07）：73-78.

我国，针对这一学位空白，学术界有'工士''技士''艺士''能士''术士'等预设，但一直悬而未果。"① 由于我国本科层次的学位教育基本缺失，造成了我国现代职业教育体系中"中、高"到"本"科层次教育沟通不畅，甚至阻断，严重影响了职业教育的吸引力。

最后，高考录取档次的划分，更让我们看到了差距和不平等——高职院校居于"末端"位置，"在现行的升学考试制度下，以行政手段按教育类型划分录取分数段的政策，是更为表面化的不公平，它强化了传统的教育偏见和教育类型歧视，进一步促使人们把职业技术教育误认为是低水平的次等教育。"②

这些制度设计与现代高等教育有诸多不相适宜之处，普通本科院校与高职院校这两种不同的身份定位，使两者之间形成了严格的分类，这暗含了等级分明的秩序体系，从制度、资源配置上把我国高等院校分割成了两个世界。"政府主导时期的突发性事件如院系调整、合并、升格和综合化，政府不同时期的评估、有关政策与资源配置导向等等，都是导致这种格局形成的重要原因。"③

（二）模仿性机制的驱动

模仿性机制主要源自不同组织对公认标准的反映和对不确定性的回应，当一个组织的目标模糊不清或当组织环境出现不确定性时，组织不知怎样做才是最佳方案。为了降低失败的风险，组织会对场域中看上去更为成功或更具合法性的类似组织的行为进行模仿。"当组织的技术难以理解时，或目标模糊时，或当环境产生象征性的不确定时，

---

① 张等菊. 我国高等职业教育的身份认同及生存立场研究［J］. 教育发展研究, 2016 (07): 73-78.

② 杨金土. 谈职业技术教育的大众性［J］. 河南职业技术师范学院学报（职业教育版），2003 (05): 5-8.

③ 阎光才. 毕业生就业与高等教育类型结构调整［J］. 北京大学教育评论, 2014 (04): 89-100.

组织就会根据其他组织来塑造自身。人们在经济行动中的模仿行为的优势是相当大的。"① 组织在不断地相互模仿的过程中逐步趋于同形。"新的组织所赖以生存和发展的资源与政策环境，如果没有外部如政府或其他社会力量的强力扶持或者说至少给予与传统大学相均衡的支持，非大学机构面对太多的不确定性，往往更倾向于参照先来者的成功经验以规避风险。"②

长期以来，在高职教育的发展方面，由于缺乏经验，我们曾花大力气学习过德国的"双元制"、加拿大的"能力为本"办学模式、澳大利亚的TAFE模式、英国的"三明治"人才培养模式、新加坡的教学工场模式、美国的社区学院等重要经验，也做过局部的实践探索，但在一些关键性问题上一直处于不断的调节和变化之中。比如：

首先，从20世纪90年代中期开始，现实中一直存在高等职业教育"类型论"与"层次论"的争锋。"类型论"认为高等教育分为学术型和职业型两种类型，二者只是人才培养定位不同而已，没有高低之分；"层次论"则认为，高职教育属于高等教育的"低层次"，属于"二流教育"，且这种观点已经僵化和定型化。

其次，人才培养目标是高职教育的出发点和归宿，它包括高职院校学生培养的基本方向定位，以及由此决定的学生在接受完高职教育之后在知识、能力和素质方面达到的规格要求，是其人才培养模式选择、课程体系建设、教学内容组织以及人才培养评价标准等的基本依据。但是，40多年来，伴随着我国高职教育发展规模的不断壮大，对高职教育人才培养方向的定位始终在处于不断调适之中：从高职教育发展初期（1980~1993年）以"技术型"人才培养为导向——探索发展期（1994~

---

① 张永宏. 组织社会学的新制度主义学派［M］. 上海：上海人民出版社，2007：29-30.

② 阎光才. 毕业生就业与高等教育类型结构调整［J］. 北京大学教育评论，2014（04）：89-100.

1998年）以"实用型"人才培养为导向——稳定发展期（2003～2011年）以"高技能"人才培养为导向——新探索时期（2012年至今）提出"技术技能型"人才培养为导向。

最后，2006年以来，为引领高等职业教育的发展，带动高等职业院校整体办学质量的提升，国家正式启动了"国家示范性高职院校建设计划""国家骨干高职院校建设计划"，10多年来，这些院校的发展体现出较强的生命力，也最具活力和创新精神，在社会上树立了一定的声誉，发挥出了重要的导向和引领作用，在高职院校队伍中真正起到了"领头羊"的示范效应。但在"后示范"阶段，高职院校陷入了"彷徨期""混沌期"，国家的政策导向仍处于一种尴尬的境地，示范、骨干建设院校的未来并没有清晰的道路可循，而且我们对现代职教体系中本科、硕士、博士层次的研究还不够成熟，打通职教发展的"断头路"、构建职教"立交桥"等方面在标准、内容上都尚未确定，很多愿景尚未真正落地生根。因此，在"后示范阶段"，一些高职院校缺乏明确的追求目标，其发展似乎顶到"天花板"，为了摆脱这种发展的"瓶颈"，一些高职院校自然将目光转向了"升本"。与此同时，教育主管部门"高职原则上不升本"的表述只是"原则上"规定，并非是绝对"禁止"，并没有把"高职升本"的大门封死。2015年11月，天津中德职业技术学院的升本无疑在高职界扔下了一个重磅炸弹：首次突破了公办国家示范高职院校升本的红线，成为公办高职升本的案例。一些公办高职院校借助"异源合并"即通过与高专院校或者成人高校的合并实现了"借壳上市"式升本；部分省市的一些条件远不如国家示范、骨干院校的民办高职院校也相继"升本"。因此，这些高职院校的成功"升本"剪断了教育主管部门的警戒线，这无疑打乱了一些高职院校的发展计划，使得一些高职院校也耐不住"寂寞"，蠢蠢欲动。

因此，目标的模糊性以及制度环境的不确定性成为助推我国高职院校"学术漂移"的模仿性力量。

(三) 规范性机制的驱动

规范系统包括了价值观和规范。所谓价值观是指行动者所偏好的观念或者所需要的、有价值的观念，以及用来比较和评价现存结构或行为的各种标准。规范则规定事情应该如何完成，并规定所示所要结果的合法方式或手段。规范系统确定目标，但也指定追求这些目标的适当方式。[①] 规范性机制即社会规范对组织或个人所扮演的角色或行为规范的约束作用。社会学新制度主义认为，社会规范产生一种社会普遍认可的共享观念或共享的思维方式。

首先，社会规范主要产生于专业化。我们把专业化理解为一种职业中的成员为了明确其工作条件和方式、控制"生产者的产品"、为自身职业自主权确立认知基础和合法性而进行的集体斗争。[②] 组织为了适应周围相关专业团体的各种要求，往往不得不通过内部调试机制，使得组织自身符合组织场域内的行为规范，以获得群体的认可和支持。由于该力量来源于专业化的职业规范、专业本身的凝聚力、群体共识和专业团体对组织所带来的压力，所以组织外部的群体价值和信仰对组织规范的决定扮演了极为重要的角色，而让组织产生了同形现象。一般来说，专业化程度越高的组织在结构、制度、文化及管理模式上也会越为相似。其原因在于：一方面，某一专业领域内正规的专业训练造就了该领域中的成员和团体具有相似的专业规范与专业价值；另一方面，这些成员和团体会进一步鼓励、维护并促进这种专业上的相似性。我们可理解为专业规范催生了共享的观念和共享的思维方式，影响着组织的行为；而组织为了适应制度环境的压力，往往不得不通过调试来迫使自己符合场域

---

① ［美］理查德·斯科特. 制度与组织——思想观念与物质利益（第3版）［M］. 姚伟, 王黎芳译. 北京：中国人民大学出版社, 2010：63.
② 张永宏. 组织社会学的新制度主义学派［M］. 上海：上海人民出版社, 2007：31.

内的某种专业行为规范,从而获得专业群体的认可和支持。① 这种社会化的行动可被视作一种促使组织同形的力量。

高等教育场域属于专业化程度较高的场域,呈现出非常明显的源自规范性机制的压力,并由此引发了组织同形的现象。一方面,高等教育场域中的专业人员从管理者到教师往往都接受过较长年限和专业化水平较高的职业准备,本身就具备相似的职业规范;另一方面,院校中的专业人员往往共享着一致的、希望推动院校进一步专业化发展的价值观念,并在行动中共同支持和维护着高等教育场域中的专业规范,这使得院校的专业化程度不断提升。这种源自专业价值与专业规范的群体共识及其凝聚力给高等教育系统带来了一定的压力,潜移默化地推动高等院校朝着趋同化的方向发展。学术专业人员的影响力、学术价值与规范对高等教育系统施加的影响是造成组织同形的原因,而其背后的作用机制正是"规范性机制"。罗兹比较了1960~1980年英国、法国、瑞典和美国的高等教育系统趋同化的原因,认为在这些国家当中,学术专业团体作为影响政策和行政管理制度的主要影响因素,对高等教育场域的多样性产生了非常重要的影响。学术界的专业人士往往规范并垄断了其领域内的专业活动,成功地捍卫了他们自身的学术规范和价值,但是这明显抑制了系统分化的过程,降低了系统的多样性。② 米克分析了澳大利亚高等教育系统的结构变化,也发现学术价值与学术规范对高等教育系统施加的强有力影响,以及由此引起的"学术漂移"的过程均抑制了高等教育系统多样化水平的提升。③ 在

---

① DiMaggio P., Powell W. The Iron Cage Revisited, Institutional Isomorphism and Collective Rationality in Organizational Field [J]. American Sociological Review, 1983, 42 (2): 147-160.

② Rhoades, G. Political Competition and Differentiation in Higher Education [C]. in J. C. Alexander and P. Colony (eds). Differentiation Theory and Social Change, New York: Columbia University Press, 1990: 187-221.

③ Meek, V. L. The Transformation of Australian Higher Education: From Binary to Unitary System [J]. Higher Education, 1991 (21): 461-494.

组织定位与其内部成员个人乃至集体诉求存在偏差的前提下，正如哈曼所言："教师是推动非大学机构学术漂移的主要力量，而学术漂移的结果本身又进一步为机构中教师的构成、态度、取向以及他们的工作角色和兴趣带来明显的影响。"[1] 如此循环往复的结果，使得高职院校与其原初的定位渐行渐远。因此，教师群体的职业化与专业化成为导致高职院校"学术漂移"的规范性力量的重要来源。

其次，新制度主义理论认为，制度规范主要是由认知因素所造成，组织受到规范制度压力的影响，要求组织的行为必须合乎于社会期望，因而必须将制度化特性纳入组织内部，进而形成组织同形现象。[2] 当前，我国高职教育正处于身份解释机制模糊的艰难境地，其身份认同的缺失直接影响着其生存立场及价值品性。主要体现在以下三个方面。

一是高职教育的先附身份认同（本体基础）属性不明确。先附身份可分为两种：一种为代际传递下来的历史身份，另一种为现有本体的特质属性。追踪历史，我国几千年来遵从"技艺为末"，在遗留下来的官方正史中很难找到显性的、系统的职业教育研究史料，"只能通过出土文物，借鉴考古学的研究成果，从中演绎出凝固在历史中'当下'的蕴涵，解读出沉寂的教育话语和内容。"[3] 直到1904年颁布的《癸卯学制》和1922年颁布的《壬戌学制》，职业教育才从隐性形式正式进入国家学制，然而由于历史原因两个学制的实施均被迫中断。因此，职业教育在代际传递中的名分模糊、资源贫乏。在本体特质属性方面，高职教育实施所依托的载体——高职院校的基本属性是其现有身份的重要彰显，而

---

[1] Harman, G. Academic Staff and Academic Drift in Australian Colleges of Advanced Education [J]. Education, 1977, 6 (3): 313-335.

[2] Dacin M. T. Isomorphism is Context, The Power and Prescription of Institutional Norms [J]. Academy of Management Journal, 1997, 40 (1): 46-81.

[3] 王炳照. 中国职业技术教育问题的历史反思 [J]. 教育学报, 2005 (04): 3-8.

目前绝大多数高职院校基本上是在 1996 年"三改一补"① 政策下逐渐建立起来的，存在着以下身份危机：第一，高职院校本身职业性（本质属性）不强。"三改"的院校基本上处于教育系统中办学基础薄弱、边缘化的环节；"一补"的学校层次较低。这就导致现有许多高职院校先天性"贫血"和"营养不良"，职业性不强。第二，教育执行者（教师）授教身份失调导致教育属性不清。世界上许多国家和地区的高等职业教育体系囊括了从专科到博士的各层次学历教育，其高职院校教师基本上由高层次职业教育受教者或企业资深技师组成。而目前我国高职教师主要由转型院校的老教师及毕业于普通高校的新教师组成，高素质的"双师型"师资队伍远远没有建成。教育执行者的授教身份失调对高职教育的教育属性带来了冲击。

二是高职教育结构性身份认同（制度配置的形象塑造）与实践功效不对位。结构性身份认同是指国家在政策、机制等方面给予高职教育的标签化身份，是一种制度配置的形象塑造。在现有的论域中，高职教育有两种结构性身份争议：第一，高职教育属于高等教育的低层次，导致社会误认为高职教育属于"二流教育"，且这种观点已经僵化和定型化。这种"层次"之痛动摇着高职院校的生存立场。第二，高职教育不属于高等教育，而属于职业教育的高级层次。此种说法的依据之一是目前教育部将高职教育管理权限由高教司移交到职成司；依据之二是在教育学学科分类中只有职业技术教育学，没有"高等职业教育学"和"中等职业教育学"之分；依据之三是高职毕业生没有学位称谓，不符合高等教育的属性。由此看来，对高职教育身份鉴别存在着模糊性。②

三是高职教育的建构性身份认同（主动努力生长的身份）动力不

---

① "三改一补"："三改"即对高等专科学校、短期职业大学和独立设置的成人高校改革为高职院校；"一补"即选择部分符合条件的中等专业学校办高职班作为补充。
② 张等菊. 我国高等职业教育的身份认同及生存立场研究 [J]. 教育发展研究，2016 (07)：73-78.

足。在现实中,由于我国高职教育没有形成鲜明的特色,各种院校发展参差不齐、自顾不暇,缺乏建构高职自身身份的动力和主体责任意识,高职教育的自我身份建构依然处于探索阶段。

立场可理解为在社会认知与评价判断时所处的地位和所抱的态度。立场往往依附于身份,身份不同,对事物的感受、评价就不同。身份认同与生存立场是一种互动关系或必然链接体,身份认同的状况往往决定着个体在结构中的地位和生存立场的选择,而多元化的立场反过来又不断地塑造或表征着身份认同的程度,一旦双方中任何一方出现危机都有可能造成本体发展失调。高职教育先附身份认同、结构性身份认同以及建构性身份认同的缺失,深刻影响着人们的观念秩序与认知结构,不自觉地影响人们对高职教育的理解与认同,使得其"二流教育""次等教育"的错误形象一时很难改变,也无法在短期内获得企业、家庭、学生的认可与接纳。"在规范运作的环境中,由于组织的生存主要取决于它的合法性,一类机构的成功其实主要在于人们都认可它,如果无人认可,即使它在教学以及社会化方面很成功,恐怕也难以生存。"① 显然,依照这一逻辑,如果设身处地站在高职院校立场审视,或许不难理解:"学术漂移"现象的发生与特定社会特定时代人们的观念、思维惯性和刻板印象等难脱干系,这种公众与社会的文化共享观念和认知必然影响高职院校的行为选择,也就成为推动高职院校"学术漂移"的"隐形之手"。

综上所述,竞争同形分析的着眼点主要是组织的"技术环境",强调"效率机制"的作用,这种同形强调更多的是被动的状态,同形的原因也较为单一,组织只是为了能够被环境所接受,在环境发生改变时通过发展新的能力得以继续生存而产生趋同;制度同形分析的着眼点是组织面临的"制度环境",强调制度环境、文化观念、社会规范的"合法

---

① Morphew, C. C. Conceptualizing Change in the Institutional Diversity of US Colleges and Universities [J]. The Journal of Higher Education, 2009, 80 (3): 243 - 269.

性机制"的作用,这种同形强调更多的主动状态,认为组织为获取合法性和资源,会主动向同一制度靠拢而变得彼此相似,产生趋同性。两种组织同形理论的比较如表4-1所示。

表4-1 两种组织同形理论的比较

理论视角	组织生态学理论	制度理论
分析的着眼点	技术环境与组织关系	制度环境与组织关系
同形类型	竞争同形	制度同形
同形目的	获取资源以及降低环境的不确定性	增加合法性及生存机会
作用机制	效率机制	合法性机制
同形内容	组织结构、行为、程序、战略等	
静态角度	在相同外部环境下组织之间产生的彼此相似的结果和程度	
动态角度	在相同外部环境的影响下组织朝着同一方向改变其结构、实践等趋同的过程	

虽然两种同形机制的解释逻辑不尽相同,但二者并不冲突矛盾,甚至是一种互补关系。结合两种同形理论的观点,可以突破单一视角的局限,有助于我们更加全面地认识和理解我国高职院校"学术漂移"的形成机制。

第四节 我国高职院校"学术漂移"的影响

面对高等教育领域内的日趋盛行的"学术漂移"现象,一些学者对其产生的影响进行了评估,主要体现在两个方面:一是"学术漂移"对教育体系的影响,主要体现在对教育形式多样化、教育资源、课程设置、教育产出等方面产生影响;二是"学术漂移"对社会的影响,主要体现在对教育产出与现代经济需求的匹配性、社会公平等方面产生影响。当然,任何事物都有两面性,"学术漂移"产生的影响同样如此。

早在 1979 年，尼夫分析了几种"漂移"情况并评估其效果，并指出对待"学术漂移"现象要谨慎。① 丹麦的克里斯腾森（Christensen）等曾分析了"学术漂移"可能带来的益处和缺点。② 而克拉克（Kraak）更是认为"学术漂移"有助于形成一个更能保证教育的外环境。③

一、消极影响

高职院校"学术漂移"带来的消极影响主要体现在以下几个方面：

首先，在结构上，高职院校的"学术漂移"容易使我国高等教育的发展形成结构单一的高等教育系统。多样性是大众化高等教育的一个重要表征，保持高等教育科类结构与层次结构的合理性，充分发挥不同类型和不同层次的高等教育机构特色，是构建高等教育多样生态系统，满足学生多样化需求的关键要素。"学术漂移"的直接后果是导致高等院校办学的同质化，所带来的必定是单一结构的高等教育系统，致使高等教育系统秩序失衡，因而被视为高等教育系统多样性的最大威胁。

其次，在功能上，高职院校的"学术漂移"将会使我国高等教育系统功能长期不能满足社会经济发展对高等教育的多样化需求。社会对高等教育多样化需求，促进了高等教育系统向更加复杂的系统秩序演化。面对社会对高等教育的多样性需求，一个结构复杂、功能多样的高等教育系统才是应对之道。而高职院校的"学术漂移"而引致的高等院校办学同质化，致使高等教育系统功能的单一化，进一步致使高等院校的人

---

① Neave G. Academic Drift: Some Views from Europe [J]. Studies in Higher Education, 1979, 4 (2): 143–159.

② S. H. Christensen and E. Erno-Kjolhede. Academic Drift in Danish Professional Engineering Education: Myth or Reality? Opportunity or Threat? [J]. European Journal of Engineering Education, 2011, 36 (3): 285–299.

③ Kraak, A. "Academic Drift" in South African Universities of Technology: Beneficial or Detrimental? [J]. Perspectives in Education, 2006, 24 (3): 18.

才培养规格趋于单一,难以满足劳动力市场多元化的人才需求。

最后,在资源配置上,高职院校的"学术漂移"引致的同质化会影响了人力资源的有效配置,"一方面是'过度教育',而另一方面是'学非所用',都将造成人才的极大浪费。它的直接后果是用人部门难于获得适用人才,而每年数以百万计的大学毕业生难于找到能施展才能的工作。"[①] 同时,高职院校的"学术漂移"的目的主要不是为了满足学生和社会的实际需求。由此,造成了高等教育资源的浪费,加剧了高等教育系统的低效率问题的严重程度。

二、积极影响

我国的高职教育兴起于 20 世纪 80 年代,大多数高职院校是由"三改一补"学校发展而来的,但由于办学者缺乏成为高等院校的经验和相关理论研究,因而高职学院发展一直面临高等性体现不足的问题。因此,高等性成为当前我国高职教育发展中非常突出且受到普遍关注的问题,也是高职教育受批评率非常高的问题之一。诚然,高职教育作为高等教育的重要组成部分,在体现出职业性的同时还必须体现出高等性;职业性说明了高职教育的类型,高等性则是说明了高职教育的层次。高职教育如果不能充分体现出高等性,那么举办高职教育的初衷就完全无法实现,高职教育的质量也就无从谈起,其存在的合理性难免受到质疑。

对我国来说,普通高等教育的历史要远长于高职教育,其在体现高等性方面已拥有了非常成熟的经验,因此借鉴普通高等教育的办学经验,应当是高职教育实现高等性的捷径。然而遗憾的是,目前多数高职院校尚无向普通高等教育学习办学经验的意识,有些高职院校甚至存在

---

① 潘懋元,吴玫. 高等学校分类与定位问题 [J]. 复旦教育论坛,2003 (01):5-9.

严重的排斥心理，阻碍着普通高等教育珍贵的办学经验向高职教育输入。造成这一状况的原因主要有两个方面：

第一，对办学特色的追求使有些高职学院陷入了狭隘思维。前10年高职教育发展的主要目标是职业性，尽管也有关于高等性的一些呼声，但如何体现出职业性，办出职业教育的特色，是这些年高职教育发展的主要政策导向与发展目标。办学特色自然是与普通高等教育相比较的，当这种比较达到极端状态，以至刻意追求自己的不同时，狭隘也就随之而来。

第二，对办学水平的距离感使有些高职院校否定了经验借鉴的可能性。作为新发展的一种高等教育，在有着长久历史的普通高等教育面前，高职院校感到了与之存在的巨大差距，当这种差距感达到过于强烈的状态时，他们便否定了向普通高等教育学习的一切可能性。

和普通高等教育相比，高职教育的特色必须坚持，差距也的确存在，尤其办学条件的差距非常明显。然而，所有这些都不应当成为高职教育向普通高等教育学习如何体现高等性的成功办学经验的阻碍。要实现高等性，高职教育需要转换视野，认真研究和关注普通高等教育的办学状况，密切关注这类存在于自己身边、和自己关系非常密切的教育，吸收其在体现高等性方面的成功办学经验，这应当是高职教育向高等性迈出的重要一步。因此，"适度"的"学术漂移"可以在一定程度上起到提升高职院校高等性的重要作用。

当然，我们要清醒地认识到，从长期看，高职院校"学术漂移"弊大于利。

第五章 发达国家高职教育发展的历史经验与借鉴

考察发达国家高职教育的变迁历程，总结各国发展高职教育的主要举措和共同经验，比较分析20世纪60~90年代英、美两国高等教育机构间职能分化政策的不同走向，以及高等教育"二元制"代表——德国20世纪90年代以来高等专科学校（应用科学大学）高级化和更名潮两个典型案例，对治理我国高职院校"学术漂移"和发展具有中国特色的高职教育有着宝贵的借鉴价值。

第一节 发达国家高职教育发展的历史经验

20世纪五六十年代以来，高职教育在各国蓬勃发展，成为现代高等教育体系的重要组成部分。在西方主要发达国家，高职教育积极回应现代社会和高等教育的诉求，在各国高等教育大众化进程中扮演了至关重要的角色，培养了一大批经济社会发展急需的中高级职业技术人才。同时，也成为各国高等教育社会服务的重要阵地。高职院校与传统大学的同步发展，进一步完善了现代高等教育的体系架构。发达国家高职教育取得的显著成就，与各国政府和社会对高职教育的高度重视与积极扶持，以及高职教育内部的不断改革创新有着直接关系。

一、以立法确立高职教育在高等教育体系中的地位

与传统大学相比，高职教育不仅出现时间晚，而且由于在很长一段时期内其人才培养规格、层次等均无法堪比前者，因而在高等教育体系中的地位无法得到充分保障。这也在一定程度上导致社会民众对高职教育机构的认可度和接受度较低，影响到高职教育的健康发展。为了赋予高职教育以明确的地位，切实保障其功能的正常发挥，各国在实践中采取了多重举措，其中，最有力的措施就是通过立法形式为高职教育提供制度保障。

美国是最早为高职教育（初级学院）进行专门立法的国家。1907年，加利福尼亚州议会通过了关于授权高中开设高中后课程的法案，这使加州成为美国第一个对初级学院进行立法的州。此后，加州又分别于1917年和1921年再次颁布相关法案，对初级学院的地位、作用、设置标准、经费来源等做出进一步规定。这些法案的颁布和实施极大地推动了加州初级学院的发展，使加州迅速成为美国各州初级学院的旗舰和范本。第二次世界大战后，初级学院向社区学院的转型同样伴随着一系列教育立法的颁布与实施。其中，对社区学院发展最具意义的是1965年颁布的《高等教育法》（美国历史上首部全国性高等教育法案），明确赋予社区学院和传统高等院校同等的地位。在该法案的推动下，社区学院得到蓬勃发展。由于职业教育是社区学院的主要功能，因此和职业教育相关的一系列立法也对社区学院的发展起到了积极的推动作用，如20世纪60年代以来的《职业教育法》及其修正案、《帕金斯职业教育法》及其修正案等，均从不同角度对社区学院开展职业教育提供了有力保障。

在英国，1944年《教育法》确立了继续教育制度，为高职教育的开展奠定了法律基石。1956年《技术教育白皮书》不仅厘清了各类技

术教育机构的地位和作用，还详细规划了技术教育的发展路径，将英国的技术教育以及以技术教育为基础的高职教育提升到一个新阶段。1963年《罗宾斯报告》、1966年《关于多科技术学院以及其他学院的计划》、1972年《詹姆斯报告》等为多科技术学院、开放大学以及各类技术和专业学院承担高职教育提供了法律依据，推动了高职教育在英国高等教育体系中的快速发展。2001年《基础学位计划书》的颁布确立了基础学位制度，该制度为21世纪英国高职教育的快速发展注入了新的活力。

在法国，高职教育的发展同样离不开法律法规的支持。例如大学技术学院的设立和发展都得到了相关法令的保障，1965年《皮埃尔·洛朗报告》的出台明确了大学技术学院的办学定位、专业目标和组织结构框架；1969年颁布的63~69号例外条令进一步保障了大学技术学院的办学自主权。

在德国，1968年《联邦各州统一专科学校的协定》标志着高等专科学校的诞生。该协定规范了高等专科学校的入学条件、学制、学习内容、毕业条件、学位授予及与其他类型学校的关系等内容，并明确其为传统高等教育框架内的新型高校，从而赋予了高等专科学校正式的法律地位；1976年《高等教育总法》以及此后的系列修正案进一步确认了高等专科学校在高等教育中的合法地位，并且规定高等专科学校在法律上享有大学的各项权利。在《高等教育总法》及联邦系列职业教育立法的支持下，高等专科学校开始步入稳健发展的轨道。以立法形式赋予高职教育明确的法律地位，确保高职院校享有与传统大学同等或类似的权利，这种在发达国家普遍存在的举措对高职教育的健康发展起到了不可替代的推动作用。在法律法规和国家政策的积极引导下，高职教育在高等教育舞台上的边缘地位得以改变，社会和民众轻视或者忽视高职教育的观念也得以改观，这为高职教育的迅速崛起及其功能的充分发挥奠定了重要基石。

二、政府与社会共同提供经费保障

是否具有充足的物质保障,是任何国家的任何类型教育能否健康和快速发展的关键要素。对于高职教育而言,来自外部的物质保障特别是经费支持有着特殊的重要性和紧迫性。这是因为,一方面,高职教育作为一种新型的教育类型,由于出现时间较晚,在经费保障的制度构建方面显然无法与传统大学相比;另一方面,与普通教育相比,高职教育具有强烈的实用性、实践性特征,需要更多、更丰富的教学设备和实践场所,因此对教育经费的需求程度和保障力度有着更高的要求。主要发达国家基于各自的教育财政体制和教育发展传统,普遍对构建符合高职教育发展需要的经费保障机制进行了有效探索,相关举措为各国高职教育的健康快速发展提供了有力支持。

就来源来看,各国高职教育的经费构成大致可分为政府拨款、社会(企业)投资或捐助、学生学费三部分。其中,政府拨款和社会投资普遍占据了较大比重,这也反映出各国政府和社会各界对高职教育的重视程度。充足和及时的政府拨款与社会投资为各国高职教育的快速健康发展注入了活力,而高职教育以高效率的人才培养和多样化职能的有效发挥助推了各国经济实力的增强特别是产业经济的繁荣。借助切实的经费保障,各国高职教育和国家经济社会发展实现了共赢。

三、与传统高等教育优势互补和良性互动的关系定位

系统考察发达国家高职教育的发展历程,各国高职教育自出现至今始终在积极探索与传统高等教育的关系定位。在高等教育体系日益呈现多元化趋势的时代背景下,高职教育借助与传统大学形成优势互补的结构样态与良性互动的发展格局,为自身的成长壮大赢得了广阔的空间。

第一，与传统大学形成优势互补的结构关系。高职教育是在传统大学无法全面和充分满足现代社会对高等教育多样化需求的背景下逐步产生并迅速发展起来的。随着技术革命的爆发和产业结构的深刻调整，现代社会各行业领域对中高级技术人才的需求日益旺盛。普通大学即使加倍扩大它们的容量，如1950年起澳大利亚、英国、加拿大、日本和瑞典等国所做的那样，也难以满足这种要求。[①] 高职教育的产生和发展，恰恰是为了弥补传统大学在人才培养方面的职能短板，两者之间从本质上说并非对立或竞争的关系，这为高职院校和传统大学在此后的发展进程中逐步形成互补型的结构关系奠定了历史基础。

积极发掘既能有效满足社会新的教育需求又能充分彰显自身办学优势和特色的教育职能，是各国高职教育健康发展的普遍特征。在高等教育领域，面对大众化所要求的提高民众入学机会、拓展人才培养类型和培养层次、积极对接地方和社区需求、有效服务产业经济发展等现实需要，传统大学显得力有不逮。高职教育正是在时代诉求和传统大学两者无法相互匹配的职能"真空"地带找到了发展的契机，逐步形成并充分发挥出开放招生、学费低廉、学制灵活、课程实用、对接地方、职业导向等办学特色，成为各国推进高等教育大众化的生力军，在极大拓展自身发展空间的同时，也在实际上扮演了缓解传统大学面临的大众化压力的"泄压阀"，为传统大学免受大众化的冲击、保持自身的办学风格、专注于优势领域的职能发挥提供了助力，从而形成了社会、传统大学和高职教育三方共赢的良性发展格局。也正是在这一探索进程中，发达国家现代高等教育体系方得以逐渐形成。可以说，各国高等教育之所以能在大众化的冲击下保持了良好的发展势头，关键原因之一就在于高职教育这一新生力量出现之后能够准确地定位与传统大学的关系，以职能互补的形式丰富和发展了现代高等教育的体系内涵。

---

① 张人杰. 国外短期高等教育的由来和发展 [J]. 外国教育资料, 1979 (01): 1-8.

第二，努力开辟与传统大学的多样化合作渠道。在以差异化的职能分工构建与传统大学的互补性关系的同时，各国高职教育在其发展过程中还努力开辟与传统大学的合作渠道，通过两者之间的良性互动，极大延伸了高职教育的发展空间，并且为接受高职教育的学生提供了多样化的受教育机会，成为高等教育领域实现教育公平的重要路径。这也是各国高职教育得以健康发展的重要经验。

高职教育机构与传统大学之间的互动在形式和内容上都充分体现出多样性特征。以美国社区学院为例，社区学院自产生源头便与四年制大学保持了密切的联系，当时其首要职能是为大学三四年级输送合格生源，因此在课程设置上充分考虑到了与大学相互衔接的问题。在社区学院此后的发展进程中，尽管其职能不断更新和扩充，但向大学输送合格生源的转学教育职能始终得以保留。社区学院和四年制大学之间以转学教育为载体的互动形式是高职教育发展史上的一大创举，它一方面成功地提升了高职教育的社会认可度，吸引到更多的学生选择到高职教育机构就学，从而拓展了高职教育的生存空间；另一方面，对于那些高中毕业时未达到四年制大学录取标准、但经过2年社区学院的学习具备了进一步深造能力的学生来说，社区学院为他们提供了难得的教育桥梁，这一桥梁的存在对在社区学院学习的学生产生了极强的激励作用。在美国很多州的四年制大学中，都有相当比例的学生来自社区学院，如在加利福尼亚州，加州大学的毕业生中约有1/3是以社区学院为起点的。①

实际上，几乎所有国家的高职教育机构都以不同形式和大学保持了密切的合作关系，除最常见的转学教育外，两者还在教学资源共享、课程体系构建、教师专业发展等领域开展多样化的互动。英国自2001年开始实施的"基础学位"制度是近年来高职教育和传统大学开展合作的

---

① 彭跃刚.美国社区学院发展与变革研究[D].华东师范大学博士学位论文，2017：60.

代表性案例。在实践中，基础学位通常是以大学提供基础学位课程并委托继续教育学院负责实施的方式来施行的，学生完成在继续教育学院的学业并获得基础学位后，有机会进入大学继续攻读本科学位，这一比例约占一半左右，例如 2003~2004 学年 54% 获得基础学位的学生选择继续攻读本科学位，其中 71% 的学生最终获得了学位。① 可以说，两者之间的合作，一方面为那些因为各种原因失去了向上一层社会流动的阶梯的人提供了新的机会；另一方面也通过将职业教育和学术教育相结合的方式在一定程度上提升了职业教育在英国教育体系中的地位，充分体现出高职教育的实践价值。

综合而言，高职教育自出现之后选择以优势互补和良性互动的方式处理与传统大学的关系，对高职教育的发展具有重要的现实意义，它使得作为一种新生事物的高职教育在发展过程中不仅没有受到传统大学的抵制，相反还因为扮演了传统大学"防波堤"的角色而得到后者的支持和鼓励，从而为高职教育迅速成长为现代高等教育体系的重要组成部分创造了广阔的空间。

四、以灵活高效的人才培养赢得社会的认可

能否为社会输送大量优质的中高级职业人才，是以人才培养为主要职能的高职教育确立自身在现代高等教育体系中的地位、赢得社会的尊重与认可的关键所在。各国高职教育在发展过程中，始终将人才培养规格和质量置于办学的首要地位，努力探索灵活高效的人才培养机制，形成了具有高职教育特色的人才培养模式。

第一，充分发挥高职教育在职业性和应用型人才培养领域的职能优

---

① Snejana Slantcheva-Durst. The Role of Short-Cycle Higher Education Programs and Qualifications in the Knowledge-based Economies：Emerging Trends from the United States and Europe [EB/OL]．[2017-05-09]．http：//www.accbd.org/articles/index.php/attachments/single/432.

势，积极推行理论与实践相结合的人才培养模式。培养中高级职业性和应用型人才是高职教育最重要的教育使命之一。现代社会对职业性和应用型人才的素质要求较之以往已经发生了重大变化，单纯掌握特定技术技能的职业人才已经无法完全适应现代科技发展和产业结构调整的需求。各国的高职教育机构充分认识到这一变化，并在各自的办学实践中努力探索能够满足上述变化需求的人才培养模式。这种适应现代社会职业人才需求的培养模式最典型的特征是理论与实践的有机融合。以美国社区学院为例，很多专业在课程设置上都充分体现出学科性与职业性相结合的特点，如中缅因州社区学院建筑建造技术专业为学生开设的 23 门课程中，学科性课程有 13 门，职业性课程 8 门，兼具学科性与职业性的课程 2 门。① 学科性与职业性相结合的课程特点为学生未来的职业发展提供了更大的空间，"学生学习结束后，既可以在职业性课程所涉及的岗位或岗位群范围内就业，也可以把学科性课程所涉及的行业内就业作为备选项，因此就业的可能范围得到拓宽。实际上，这种课程结构在一定程度上也符合新职业主义倡导的理念——在开设的职业教育课程中重视学术性教育。"②

  法国的大学技术学院设定的培养目标是为工业和第三产业的活动培养干部和高级技术员，其任务是将抽象的设计或理论研究的结果具体化。该目标要求学院培养的人才"在技术方面应当受到比工程师更高深、更具体的培养，在对事物的一般认识方面应比普通技术员的眼界更开阔"，由此大学技术学院在人才培养方面兼具了传统大学和职业学校两方面的特征，突出了理论与实践的有机结合。

  德国的高职教育机构在培养理论与实践相结合的人才方面的成就尤

---

① 彭跃刚. 美国社区学院发展与变革研究［D］. 华东师范大学博士学位论文，2017：109.

② 彭跃刚. 美国社区学院发展与变革研究［D］. 华东师范大学博士学位论文，2017：109-110.

为显著,其"双元制"专业培养模式对学生的理论学习和实践训练提出了具体要求,如1996年公布的《高等专业学院双元制改革的建议》中,明确规定企业也是学生重要的学习地点,作为实践基地的企业单位,不仅要为每个学生提供1~2个实践学期的实习岗位,还须配备指导人员并支付一定的实习工资、提供毕业设计题目、参与学校项目教学及教学内容的制定等。这种机制确保了高等专业学院的人才培养的理论深度和实践水平,造就了大批能够将理论知识转化为实际应用技术的"桥梁式"职业人才,由此备受社会赞誉。

第二,立足于"双师型"教师队伍建设,为理论与实践相结合人才培养模式的实施提供师资保障。培养理论与实践相结合的中高层次职业性人才,是发达国家高职教育最重要的教育使命之一。为了更好地完成这一使命,各国高职教育普遍在教师队伍建设这一人才培养的关键环节进行了积极探索,并逐渐形成了以理论与实践并重、学术与技术互补、专职与兼职结合为主要特征的"双师型"师资队伍。

美国是较早开展"双师型"教师队伍建设的国家之一,为了让学生接受到更具实践性的课程教学,社区学院从20世纪中期就开始从社会上聘请具有丰富实践经验的各行业的专业人士到校担任兼职教师,由于兼职教师在服务职业人才培养方面具有显著优势,因此广受欢迎,成为社区学院教师队伍中的重要组成部分。据统计,自20世纪中期以来,美国社区学院中兼职教师占全体教师的比例不断攀升,目前已达到60%以上,超过了专职教师的数量。[1]除了广泛聘请兼职教师,社区学院还通过全员性培训的方式,不断提高专职教师的专业水平。以洛杉矶社区学院为例,该校自20世纪90年代中期开始实施综合性教师发展项目,资助教师就近到大学中选修与所从事专业相关的课程或教学项目,此外

---

[1] 王建初. 美国社区学院的师资队伍建设研究[J]. 比较教育研究, 2003 (03): 35 - 40.

还鼓励教师到企业实践,以获取新的知识、技术,更新技能,提高教学能力。①

德国依据不同的高校类型特点对其教职工提出不同的要求。1976年,德国联邦政府颁布的《高校基本法》第44条对于高校教授资格作出规定,其中第4款根据教授职位的不同需求区分为两种情况:(1)大学教授资格认证或同等的成果认证;(2)科研成果或方法在职业实践中至少五年的应用,其中至少三年是在非高校单位工作的职业实践经历。各联邦州在此基础上分别制定《联邦州高校法》。高等专科学校的教授要求具有博士学历(艺术类专业除外)以及五年工作经历,这五年中至少有三年是在所执教的职业领域工作,在高校工作时间最多为两年。德国高等专科学校突出强调师资队伍的企业工作经验,是看重职业知识存在价值的表现。高等专科学校教授在所执教职业领域三年以上的工作经验,能够为培养学生在其职业领域中独立工作的能力而服务。因为拥有企业工作经验的人不仅了解真实的工作环境要求,而且更容易按照行动的逻辑组织课程,把知识融入行动过程中。与此同时,为了获得更多行业人员的指导,高等专科学校经常采取各种措施,尽可能从企业中聘请更多具有行业背景的"客座教师",并鼓励具有理论背景的教师去企业进行实践锻炼。

通过组建"双师型"教师队伍,各国高职教育机构有效确保了教学活动的职业性和实践性,为培养理论与实践相结合的中高级职业人才提供了师资保障。

第三,激发企业对高等职业教育的参与积极性,积极推动校企融合的教育教学模式,为培养理论与实践相结合的人才提供平台保障。为企业输送优质的专业技术人才是各国高职教育的共同目标,因此各国高职

---

① 马健生,郑一丹. 美国洛杉矶社区学院教师的任用、培训经验与启示[J]. 外国教育研究,2004(12):27-31.

教育机构均采取有效措施，充分调动企业的办学热情，使之积极参与到高职教育的教育教学活动之中，形成校企融合的办学模式。

德国的"双元制"是校企融合办学模式的典范。"双元制"是指由企业和学校共同担负人才培养任务。学生一方面在学校接受专业理论知识培养；另一方面在企业接受实践技能培训，注重专业知识和企业实践的结合。2012年4月，德国联邦职业教育研究所公布了不同院校开设的"双元制"大学课程的数量，其中应用科学大学数量居首，远高于其他类型的院校，体现了应用科学大学在实践特色上的明显优势。

美国近年来通过学徒制教育模式的实施，在推动社区学院开展校企融合方面取得了新的进展。2014年，美国将学徒制项目作为振兴美国国家职业技能的重要战略。联邦教育部与劳工部合作成立注册式学徒制学院联合体，投资1亿美元，推动学院与企业间的合作。该联合体具有多重益处，学生在企业学习的经历可换取学分，获得一定的报酬，掌握就业技能；社区学院可以密切与相关企业的关系，提高课程与企业需要之间的契合度；企业可以较为容易招录到符合需要的人才，推广企业文化。这个一举多得的政策出台之后受到普遍欢迎，目前已成为美国社区学院校企合作的主流模式之一。

理论与实践相结合的人才培养导向，加上"双师型"教师队伍的支持和校企融合办学模式的保障，以及按此逻辑构建起的多元化、实用性课程体系和与之相适应的教育教学过程，共同形成了高职教育高质量人才培养的制度与实践支撑，促成各国高职教育充分发挥出为社会输送优质专业化、职业性人才的作用。灵活高效的人才培养为高职教育赢得了公众的普遍认可和社会的广泛支持。

五、通过改革促进自我更新与完善

作为一种全新的高等教育类型，高职教育如何在发展过程中既能够充分满足内在诉求、切实发挥自身职能，同时又能够更好地结合经济社会和高等教育不断变化的发展态势，拓展高职教育的生存和发展空间，是各国高职教育自产生之后便始终面临的历史课题和现实挑战。面对这些问题，各国高职教育坚持以改革为手段，通过设立与完善学位制度，争取并强化办学自主权，确立市场化和个性化发展导向，建立并实施第三方评价机制，努力提升办学层次以获得与传统大学同等地位等改革举措，不断促使高职教育的自我更新与完善，将高职教育的发展水平推向新的阶段。

第一，高职教育学位制度的设立与完善。在高职教育史上，学位制度的设立与完善具有重大的历史意义。传统高等教育在发展过程中逐步形成了学士、硕士和博士三级学位制度，但高职教育产生之后，传统学位制度并未延伸或覆盖到高职教育体系中，由于没有专门的学位制度，最早出现的高职教育机构无法向其毕业生授予得到社会认可的学位，直接影响到民众对高职教育的接受程度。美国初级学院率先引入了"副学士"学位，学位制度的设立特别是副学士学位授予权的获得，不仅是美国初级学院的重要制度创举，而且也开辟了高职教育的"学位时代"，标志着传统三级学位制度向现代四级学位制度的转变，由此从学位制度层面确立了高职教育在高等教育体系中的地位。

美国初级学院学位制度的设立为其他国家高职教育提供了示范，各国根据自身的教育传统和现实需要，普遍为接受高职教育的毕业生设立了多样化的学位。例如，英国于20世纪70年代设立了高等教育文凭，21世纪初设立了基础学位；日本在战后高职教育蓬勃发展的时期陆续开发出专门士、高度专门士、准学士、短期大学士等学位；法国为大学技术学院和高级技术员班设立了高等技术文凭和高级技术员证书两种专门的毕业文凭；德国高等专科学校设立了专科工程师文凭等。借助学位制度的设立，高职教育在扩大高等教育入学机会、提升劳动力技能水平、推动社会公平及促进高等教育与职业教育融合等方面的作用得以有效凸显,特别是在消除高职教育"断头路"弊端方面发挥了积极作用,为高职教育的毕业生继续接受高层次教育开辟了道路。

近年来,很多国家还在提高高职教育的学位级别方面进行了积极尝试,使高职教育不再局限于"副学士"的学位层次,如美国从 2001 年开始允许部分社区学院颁发学士学位,至目前全美约 200 所社区学院开设了学士学位课程。[1] 法国在 2000 年前后创立了职业学士学位;德国在 20 世纪 90 年代赋予了高等专科学校毕业生与大学毕业生同等的学位地位(即允许高等专科学校的毕业生可直接升入大学攻读博士学位);英国于 2013 年启动了技术学士学位计划。这些旨在提高高职教育学位层次和水平的举措进一步拓展了高职教育的发展空间,提升了高职教育在高等教育体系中的地位。

第二,争取和扩大办学自主权,促进高职教育的市场化、个性化发展。争取独立的办学地位,扩大办学自主权,以此促成高职院校的市场化和个性化发展,是各国高职教育改革进程中的另一项重要内容。传统大学基于特定的历史背景而普遍具有独立的办学地位和较强的办学自主权,"大学自治"成为现代大学的制度特征。相对而言,新生的高职教育机构在办学地位的独立性和办学权的自主性方面明显逊于传统大学,例如美国的初级学院最早只是大学一二年级的代称,身份地位完全附属于大学;即便出现独立设置的初级学院后,这些学院仍然不被视为具有独立法人资格的机构,缺乏自主权。这充分反映出初级学院身份和地位的弱化、虚化。作为高等教育的分支,高职教育机构与传统大学一样需要独立的办学地位和一定的办学自主权,特别是在高职教育逐步发展壮大后,为社会输送合格的中高层次职业技术人才已经成为高职教育的重要职能。该职能的有效发挥必然要求高职教育机构能够及时、灵活地应

---

[1] 曹必文,刘青. 欧美高等职业教育的学位授予及其启示——以美国和瑞士为例 [J]. 中国高教研究,2010(09):49-50.

对市场变化，结合各院校自身优势开展个性化、特色化的人才培养。如果不具备独立的办学地位和办学自主权，高职教育机构满足市场需求、寻求个性化发展也就无从谈起。

在这种背景下，各国高职教育机构结合各自的办学传统和管理制度，启动了一系列改革。在美国，源自大学的董事会制度在社区学院的引入和完善，为社区学院扩大办学自主权提供了制度保障，取得显著成效。发展至今，董事会制度已成为美国社区学院治理体系的重要环节。英国的多科技术学院也经历了从地方当局附属机构到独立法人地位的转变。20世纪60年代，作为英国高等教育二元制中的一员，多科技术学院属于地方机构，没有独立的法人地位，学校的经费、校舍和人员雇佣均由地方当局负责。20世纪80年代，主张多科技术学院脱离地方政府的呼声开始高涨，在此背景下，英国政府于1988年以立法形式明确了多科技术学院的独立法人地位，使之脱离了地方当局的管控，并在此基础上逐步获得了与大学同等的地位。在法国，大学技术学院设立之初是由大学区直接进行管理，后经过大学技术学院的积极争取，于20世纪60年代末最终获得了相对的办学自主权，1984年出台的《萨里瓦法案》又进一步明确了大学技术学院的办学地位，从制度层面赋予了大学技术学院更大的自由空间。在德国，高等专科学校最初由于缺乏全国性的立法支持，其办学地位始终得不到明确保障，在高等专科学校的努力和社会各界的呼吁下，联邦政府在1976年颁布的《高等教育总法》中首次明确了高等专科学校在高等教育中的合法地位，并于1985年和1987年进一步确认其法律上享有大学各项权利，由此高等专科学校开始步入稳健发展的轨道，吸引力得以不断增强。

争取独立的办学地位和更大的办学自主权，对高职教育的发展而言具有不可估量的重要影响，特别是对于确保高职教育积极捕捉市场需求的能力，进而发挥出"有求必应、有变必应"的市场化、个性化办学优势，具有极为显著的推动作用。

第三,建立并实施第三方评价机制,确保高职教育人才培养质量的不断提高。在为高职教育争取独立的办学地位和灵活的办学自主权的同时,各国基于确保人才培养质量的考虑,还对教育教学与人才培养活动的评价机制进行了积极探索,促使高职教育在不脱离经济社会发展现实轨道的前提下实现了人才质量的稳步提高。

一般而言,第三方评价能够更准确和客观地反映教育机构人才培养的实际状况,因此引入第三方评价成为各国探索建立高职教育合理、有效的评价机制的共同改革举措。第三方评价制度的引入和实施使高职教育机构的运营状况置于学生、家长和社会公众的监督之下,对学校实现透明和健康运营,赢得社会的信任和政府的支持起到了重要作用。

在美国,第三方介入社区学院评价主要是通过行业机构认证制度的实施来实现的。以制造业职业技能认证体系为例,该体系是由国家制造业者协会和制造业研究中心发起,制造业标准委员会、国家金属制品加工研究中心、国际自动化协会、美国焊接协会等认证机构或行业协会积极参加的认证体系,涵盖国家职业准备证书、制造业技能标准委员会颁发的物流技师等数十种证书。为解决院校课程与企业需要之间不相适应的问题,该认证体系鼓励社区学院和企业合作开发课程,为学生提供最权威的职业技能培训和资格认证。认证制度的实施对社区学院培养适销对路的合格人才产生了积极影响,到2015年2月,全美近40个州均有社区学院参加该认证体系。①

20世纪90年代以来的一系列改革,各国高职教育普遍形成了政府监督、院校自评和第三方评价共同构成的多元化评价机制。第三方评价的引入进一步提升了评估结果的准确性和客观性,使高职教育机构在人才培养上更具有方向性,由此成为高职教育提高办学质量的重要制度保障。

---

① 王辉. 校企协作助推产教融合:美国社区学院校企协作"项目群"的兴起 [J]. 高等教育研究,2015 (03):102-109.

第四，促使高职教育的"高级化"，追求与传统大学的等值地位。近年来，各国高职教育改革的另一重点方向是，在保持应用性和实践性特色的前提下，不断采取措施促使高职教育的"高级化"，积极追求高职教育机构与大学的"等值"。长期以来，高职教育的发展始终受到无法享受与传统大学等值待遇的困扰，无论是在法律地位上，还是民众观念中，高职教育总处于高等教育领域内"二等公民"的尴尬境地，反映到实践中具体表现为：高职教育毕业生虽然有较高的就业率，但在就业覆盖领域、工资薪酬待遇、职业发展前景、接受高层次教育等方面与大学毕业生仍有明显差距，即毕业文凭"含金量"不等值。在有些国家还存在高职教育的教师在社会地位和薪资收入等方面明显低于大学教师的情况。这些现象显然对高职教育的健康发展形成了巨大的制约，也无法与高职教育在现代高等教育体系中的地位及其对现代社会所做的巨大贡献相匹配。

为了切实改变高职教育机构与传统大学"不等值"的格局，各国进行了积极探索，其中尤以德国高等专科学校（应用科学大学）追求与大学等值的改革举措最为典型。在德国，虽然高等专科学校凭借优质和精准的人才培养得到了社会的广泛认可，但在制度设计上，高等专科学校和大学之间仍有显著差距。按照规定，大学可授予学士或硕士学位，但高等专科学校只能授予学士学位，且毕业证书上必须加注"高等专科学校"字样，同时毕业生在接受进一步教育或在国家机构就业上也无法与大学毕业生受到同等待遇；高等专科学校的毕业生如果想攻读博士学位，必须在大学重新学习并获得大学学位；在政府文官职位划分中，大学毕业生可任高级职务，但高等专科学校的毕业生原则上只能担任较高级职务。这种差异显然不利于高等专科学校的发展。因此，从20世纪90年代开始，政府和高等专科学校共同采取措施，寻求与大学的等值化，其代表性举措是修改立法为高等专科学校毕业生消除攻读高级学位的法律障碍。该工作自1992年启动，到1995年底德国所有州都修改了各自的《高等学校法》，从法律上确认高等专科学校毕业生可直升大学攻读博士学位，也可与大学联合培养博士生并由大学授予学位，为其优秀毕业生拓宽攻读博士学位的途径。

高等专科学校还在科研职能领域进行了探索。在德国高等专科学校发展进程中，有关其科研职能一直存有争议。尽管联邦宪法法院曾在1982年和1983年的相关决议中阐明了"研究不是高等专科学校的首要任务"，但各州政府均将科学研究作为高等专科学校的工作任务之一，并明确了综合型高校进行基础性研究，高等专科学校从事应用型研究的规定。多数高等专科学校内部建立了应用技术研究所、产品研究中心、技术推广中心等机构，成为对外合作科研的实施主体。由于高等专科学校和行业企业关系密切，不仅了解企业需求，也能帮助解决企业实际问题，实现技术创新，因而受到行业企业的欢迎。同时，高等专科学校各专业建设具有跨学科属性，相关科研项目也最容易产生成果，实现了科研与教学同步，形成了高等专科学校科研的自身特点。为了增强高等专科学校的科研竞争力，使其能够像综合性大学那样通过竞争获得科研资金（来自欧盟、联邦政府、德国科研联合会），1992年德国联邦教育部启动了针对高等专科学校的科研资助项目，应用型科研及与之相关的技术转让活动逐渐成为高等专科学校重要的工作任务之一。

1998年高等专科学校更名为应用科学大学后，追求与大学等值化、促进自身高级化发展的努力进一步加速，如原在毕业证书上必须加注"高等专科学校"的规定被取消，改为颁发统一的学士、硕士毕业证。由此，在形式上彻底消除了应用科学大学与大学之间的学历鸿沟，实现了等级和水平上的等值。2010年以来，部分应用科学大学开始寻求博士学位授予权，经过积极准备和争取，2014年巴符州宣布州内应用科学大学可以招收博士生并有权授予博士学位，打破了综合性大学垄断博士学位授予权的局面。博士学位授予权的获得，不仅对德国应用科学大学，而且在整个高职教育史上都具有重要的里程碑意义，它意味着高职教育内涵的丰富和角色的转变，是高职教育"高级化"的直接体现。

可以预见，高职教育机构在未来的发展进程中，将会成长为与传统大学"同水平但有差异"的高等教育机构。同水平是指高职教育将不再局限于"中等后初期"或"次高等"阶段，而是逐步覆盖中等后教育的所有层次，部分国家的高职教育可以授予从副学士到博士所有层级的学位；有差异是指高职教育不会向着趋同于传统大学的方向发展，而是始终保持自身的实践性、应用性和职业性特色，形成与传统大学"平行、异轨"的发展格局，共同构建起一个更加完整、全面、合理、高效的现代高等教育体系。

第二节 英、美高等教育系统职能分化政策不同走向的比较分析

高等教育系统的和谐有序发展有赖于一个相对稳定的高等教育职能分化制度。"没有一个近代的高等教育系统历史上根本不进行职能的分化。"① 职能分化一般有两种状况：在各部门或各大学之间分化和在一所大学内部分化，而在各部门或各大学之间分化的做法更普遍，也运作得更好。始于20世纪60年代英国和美国加利福尼亚州高等教育机构间职能分化政策是其中两个比较典型的例子，这两项政策的出台具有相似的背景和相同的目标，然而，二者却有着迥异的发展方向：前者最终于1992年被取消；后者则在1960年美国《加利福尼亚州高等教育总体规划》（以下简称《总体规划》）的引导下稳定运行，并引导加州高等教育向前发展。

---

① ［美］克拉克·克尔.高等教育不能回避历史——21世纪的问题［M］.杭州：浙江教育出版社，2001：110.

一、英、美两国高等教育系统职能分化政策的不同走向

20世纪60~90年代的英国高等教育是一个特殊的"逆流而行"案例：从"分化"走向了"趋同"，即从"一元制"到"二元制"再到"一元制"的循环转变，这部分内容本书第一章已有介绍，这里不再赘述。

20世纪50年代末，美国加利福尼亚州高等教育系统面临着几大困境和压力：一是高等教育各部门职能分化不明确，有些州立学院想成为研究型大学，有些社区学院想成为四年制大学，私立学院感受到公共部门的扩张的威胁；二是面临着高等教育入学高潮的袭击；三是由于1957年苏联人造地球卫星的上天，美国的研究型大学要求比过去任何时候都要有更多和更好的研究成果，高等教育要求为更多的职业培养更高的技能；四是州立法机关正从高等教育本身接管高等教育政策的决策权力。在这种背景下，1959年2月，由来自所有四个部分（加州大学、州立学院、社区学院和私立学院）的代表以及政府代表组成了一个协调委员会，来协调各部门之间的矛盾，经过艰苦的协商和谈判，一份《总体规划》于1960年因得到各方的一致同意而形成，并通过立法机关的表决，规划成为法律。《总体规划》确立了加州大学、州立学院（后改为州立大学）和初级学院（后改为社区学院）三个公立高等教育部门各自的功能定位、生源和管理机构，形成了一个比较明确的职能分化制度，即所谓的"三重制"。该制度后来成为加州高等教育各部门之间共同遵守的一个条约。《总体规划》帮助加州高等教育摆脱了自身所面临的困境和压力，并经受住时间的考验，引导加州高等教育向前发展。由于该规划的成功，世界经济合作和发展组织在进行若干国家教育规划的研究时，规定加利福尼亚州作为一个"国家"进行研究，研究结果是于1990年发表的题为《加利福尼亚的高等教育》的报告。直到

今天，这一规划的若干主要组成部分仍在指导、塑造着加州高等教育。更重要的是，这一规划不仅能解决现实问题，而且意外地产生了高等教育系统职能分化的理论，并与马丁·特罗的高等教育发展阶段理论一起，成为20世纪最具有实践指导意义的高等教育理论之一，对美国和世界产生了广泛和深远的影响。

二、英、美两国高等教育系统职能分化政策不同走向的原因分析

英、美两国高等教育系统职能分化政策走向的差异有着深刻的原因。

（一）政策环境上的差异

1. 传统文化观念和社会结构特点上的差异

首先，对待有用知识的传统观念差异。不同的知识观影响不同类型高校的社会地位，作为《总体规划》的重要参与者，克拉克·克尔认为引导《总体规划》制定的哲学方向之一是"一切知识都是有用的"，"一切有用的知识，不仅仅最理论性的知识；一切有用的知识是值得尊重的；检验的不是知识的类型，而是知识的质量，不关心它的类型。""无论是社区学院，还是州立学院和州立大学，大家都有重要的作用要发挥，重要的是他们要把作用发挥得好。"① 而在英国，传统的精英高等教育长期发展，形成了典型的重理论知识轻实用技能的"学术金本位"价值观。尽管英国高等教育职能分化政策也遵循各部门"平等存异"的原则，但多科技术学院以一种比较复杂的眼光看待它们在高教系统中的

---

① ［美］克拉克·克尔. 高等教育不能回避历史——21世纪的问题［M］. 杭州：浙江教育出版社，2001：110.

作用，力图通过"在学术上的倾斜"过程缩小与传统大学的差别。

其次，对待高校自治的传统态度差异。大学自治一直是英国高等教育引以为豪的重要方面，被称作是英国高等教育的基石之一。政府通过大学拨款委员会对大学的影响是非常有限的，政府为了加强对高等教育的控制，在多科技术学院建立之初将其划归地方教育当局管理。然而，在多科技术学院争取自治的压力下，1988年《教育改革法》实施后，多科技术学院从1989年4月1日起获得独立的法人地位。这样，大学自治的范围扩大了，高校自治也从大学发散到多科技术学院和高等教育学院。① 而在美国加利福尼亚州，受凯恩斯在经济领域"更好在宏观层次实行有引导的经济，在微观层次由个人决定"思想的影响，他们害怕"个人主义的竞争将导致所有院校都寻求把自己均质化，具有作为研究型大学的相似的学术使命，尽管这样符合他们的学术抱负，但其他职能对社会也很重要，包括普遍入学和中层高级技能的训练，这些职能将被忽视"。另外，"自治必须不断地获得，而且通过负责的行为和对社会有效的服务去获得。"② 在这种"有引导的使命框架以内进行分权和竞争的思想"的指导下，适合加州社会各方面需要的《总体规划》，最终能够成为加利福尼亚高等教育各组成部分之间共同遵守的条约。

最后，传统社会结构特点的差异。在"人生而平等"这种思想的影响下，美国形成了一个没有世袭阶级的民主社会。而作为老牌资本主义国家，英国在长期的历史发展过程中形成了以世袭的阶级结构为基础的等级社会。"向上流社会看齐"成为英国人的传统价值观念，而在高等教育领域则表现为各种高等教育机构都向一流大学看齐，大学的头衔本身即表明了高等教育机构之间的区分，而且随着高等教育的规模不断扩大，所有大学将更加坚持大学的地位。一个理想的职能分化高等教育系

---

① 许庆豫. 国别高等教育制度研究[M]. 徐州：中国矿业大学出版社，2004.
② [美]克拉克·克尔. 高等教育不能回避历史——21世纪的问题[M]. 杭州：浙江教育出版社，2001.

统的构建并不是一件容易的事情，"一个没有世袭的阶级的社会，比在一个基本上建立在世袭的阶级结构的基础的社会里，例如英国，相对比较容易。"①

2. 不同院校之间的利益分布上的差异

1960年《总体规划》的制定过程，也就是大学和州立学院、社区学院以及私立学院的代表之间的利益博弈过程。当时全国的州立学院都想成为研究型大学，有些社区学院想成为四年制学院，而且反对有些州立学院授予和他们竞争的两年制学位。尤其在州立学院和大学之间有着较大的冲突。最后，加州大学作出了让步，同意加州大学和州立学院联合授予哲学博士学位，这才使《总体规划》得以产生。而《总体规划》第一次把社区学院界定为高等教育系统的一部分，令其可以继续得到联邦职业教育经费。在把它们的范围扩大到全州和反对有些州立学院授予两年制学位方面，社区学院也取得了胜利。另外，州立学院把一些学生让给了社区学院，它们将原来招收中学毕业生的50%下降到33%，但是结果是更多平均能力稍微高的学生进了州立学院。大学也从招收15%的中学毕业生下降到12.5%，这样也将比较多的学生给了社区学院，稍微多一点儿的学生给了州立学院，而大学的学生具有了较高的学术水平。总之，"在加利福尼亚高等教育系统，每个类型的院校都从分层的三重结构中得到好处。属于精英的研究型大学与社区学院的大众化需求隔离，同时，社区学院所享受的有些公共的支持至少是基于这样的观念，即一个学生能够从在地方学院所获得的学士文凭，进展到伯克莱大学获得一个博士学位。"②

而在英国则正好相反。大学与多科技术学院之间在拨款制度上的差

---

① ［美］克拉克·克尔. 高等教育不能回避历史——21世纪的问题［M］. 杭州：浙江教育出版社，2001.
② ［荷兰］弗兰斯·F. 范富格特. 国际高等教育政策比较研究［M］. 杭州：浙江教育出版社，2001.

异明显。从牛津、剑桥等古典大学,到后来的伦敦、威尔士等现代大学,它们的设置是依照皇家的特许而定的,补助金是由"大学拨款委员会"(UGC)决定的,而多科技术学院则由地方政府机构提供。1988年依照《教育改革法》的建议,大学基金委员会(UFC)取代大学拨款委员会,创立多科技术学院和其他学院基金委员会(PCFC),由它们分别对大学和非大学体系的高等学校进行拨款,由此形成了以 UFC 和 PCFC 为主的"双轨制"的拨款体制,造成了高等教育体系内部的等级分化,英国政府在 1991 年发布的《高等教育新框架》中建议由高等教育基金委员会(HEFC)统一对两部门进行拨款。当然,在"二元制"实施过程中,除了拨款制度带来的财政利益的差别外,大学和多科技术学院之间还存在着有关"大学"头衔所带来的社会利益方面的差别。

3. 不同院校之间界限渗透性的差异

不同院校之间界限的渗透性包含相互联系的三方面的内容:一是学生根据自身的期望和能力,从一个院校层次转向另一个院校层次的流动性;二是不同院校在课程内容和层次上的相似或相异的程度;三是不同类型院校学生来源状况。

加利福尼亚制度在不同类型高校间课程的类型和层次是相对封闭的:加利福尼亚大学必须特别强调研究生教育和专业教育,在公立高等教育中对法律的教学和对医学、牙科和兽医的研究生教学有唯一的管辖权。它在高等教育系统中拥有授予博士学位的唯一的权力,但允许与州立学院联合授予博士学位。州立学院以本科生教学和通过硕士学位的研究生教学作为它们的首要职能,而社区学院被允许提供到 14 级水平但不超出 14 级水平的教学。它们必须提供为转学四年制院校的课程教学、职业和技术教学,以及普通或自由艺术课程的教学。与此同时,《总体规划》增加了学生转学的权利,使得任何在一所社区学院学习适当好的人能够转学到一所州立学院,或者转学到加州大学。另外,《总体规划》为大学和州立学院建立区别招生库。大学必须在加利福尼亚公立中学毕业生中最高的 12.5% 中挑选学生，而州立学院则必须从分数最高的约 33.3% 中招生，而社区学院则实行开放入学，凡能从教学受益的学生可以上社区学院。① 就这样，教学的封闭性与学生的可流动性结合起来，再加上不同院校之间利益各得其所，最终使得不同类型院校之间能在自身的使命范围内力求优秀，整个高等教育系统的职能分化保持相对的稳定。

而在英国的情况则刚好相反，大学和多科技术学院在课程的类型和层次上边界不够明晰，较高课程类型和层次相似程度，而且或多或少从相同的学生来源招生。② 这样，在相对于大学而言得到较少财政和社会的利益的情况下，多科技术学院向大学靠拢既有利益驱动力量，也有了教育资源方面的便利条件，它们反对双重结构也就不足为奇了。

4. 决策程序上的差异

《总体规划》的决策是一个"自下而上"的过程。《总体规划》出台前，州立法机关正式接管决定高等教育政策的决策权，但在整个规划制定过程中，立法机关仍然决定给高等教育部门自身一年的准备时间。为了保证计划在高等教育部门自身控制的范围内，规划制定者们设立了一个由四方代表组成的协调委员会，后来才增加了政府代表。整个规划的制定过程也就是高等教育各部门的协商与谈判过程，《总体规划》在得到高等教育各部门的一致同意后，立法机关才通过表决。

而英国的"二元制"原则是由教育部长在他的两次演讲中提出并加以阐述后，在政府的白皮书《多科技术学院和其他学院发展计划》中正式形成的，在决策前并没有对高等教育系统的实际情况进行充分的论证和调研，也没有与大学和学院进行协商，整个决策过程就是一个由政府发起的"自上而下"的推进过程。而相比而言，"自下而上"的政策决

---

① [美] 克拉克·克尔. 高等教育不能回避历史——21 世纪的问题 [M]. 杭州：浙江教育出版社，2001.

② [荷兰] 弗兰斯·F. 范富格特. 国际高等教育政策比较研究 [M]. 杭州：浙江教育出版社，2001.

策过程无疑更有利于政策的有效执行,"自上而下"的决策过程在政策执行过程中更容易引起政策的走样和失效。

(二) 政策的合法性差异

"合法性"表示某一事物具有被承认、被认可、被接受的基础,至于具体基础是什么,要看实际情况而定。而"合法化"可以理解为在合法性可能被否定的情况下对"合法性"的维护,就是指在"合法性"的客观基础被质疑的时候,为达成关于"合法性"的某种共识的努力。①一项政策能否得到有效的执行,与该项政策的"合法化"程度密切相关,因而政策"合法化"是一项政策活动的必要环节。上述有关政策环境的分析,表明了加州的"三重制"与英国的"二元制"政策发展走向上出现的差异,实质上是二者在合法性上的差异。

比较而言,《总体规划》更具有被承认、被认可、被接受的基础。而从两项政策的制定过程来看,当政策的"合法性"可能被否定时,政策制定者为达成相关利益方面的共识所做的努力程度也有差异。在《总体规划》的制定过程中,在不同类型高等教育机构的职能划分上存在很大的困难,尤其在州立学院和大学之间存在较大的冲突。另外,协调委员会为州立学院做了很多工作:同意州立学院应该有全面的硕士学位专业,不再请求加利福尼亚大学董事会的许可,这安排在州立学院的管辖权范围以内;同意州立大学对州立学院的教学层次——在比较应用的领域——有关的研究进行科研资助;同意州立学院成立自己的董事会;同意州立学院不采用州财政厅的项目预算方法。"合法化"过程更为重要的一环是,在通过立法机关的表决后,《总体规划》变成了一项法律。政策法律化是政策合法化的一种重要而特殊的形式,它使得该项政策在执行过程中能得到法律的保护。加州州立大学(之前的州立学院)能通

---

① 陈振明. 政策科学——公共政策分析导论[M]. 北京:中国人民大学出版社,2003.

过提供博士计划、扩展其研究活动等措施抬高自己的学术声望，但《总体规划》禁止它这么做。社区学院有时提议把自己的范围扩大到提供学士学位，但《总体规划》不允许它这么做。尽管不同类型的院校之间仍存在着紧张关系，特别是某些州立大学与大学之间，但通过这种有意识的立法，加州公共高等教育部门复杂的三重结构仍保持了相对的稳定。

而英国的"二元制"政策在制定过程中即存在"合法性"程度不够的缺陷，这种缺陷最现实和直接的表现是多科技术学院与大学在利益分配上的不平等。而在政策执行过程中，当这种政策的"合法性"基础一再遭到质疑时，在多科技术学院不断努力缩小和大学的差别的时候，中央政府所进行的一系列改革则明显朝着有利于多科技术学院向大学靠拢的方向发展。先是地方教育当局不再控制多科技术学院和多数其他学院，接着多科技术学院获得了大学的地位。

正因为两国（地区）所处政策环境的差异性，所以对于这两项政策的评价不适合用简单的孰优孰劣加以判断。但总体而言，《总体规划》是比较成功的，因为它能被高等教育各系统所接受，同时又能为法律所维护。而英国的"二元制"从建立到取消，也许并不意味着该政策的失败，因为在对传统的老牌大学改革不可能的情况下，"二元制"的建立毕竟突破了英国高等教育即是大学的传统观念，打破了长期以来传统大学重人文学科和理论研究，轻应用科学和技术的状况，同时也为政府加强对高等教育的宏观管理打开了一个缺口。另外，"二元制"取消后，虽然各高校之间没有严格的区别，都提供类似的高等教育，但它们的侧重面仍各不相同，传统"大学"更加侧重于传统学科，而且相当一部分是研究生课程，前身是多科技术学院的大学招收更多不脱产学生，授予更多工读交替的学位，开设更多与职业和就业相关的课程。这种不同高等教育机构之间的职能分化现象都与从前的"二元制"结构有关。英国从通过"二元制"实行政策引导下的各部门之间的职能分化，转向通过市场竞争在一个统一的高教系统内实行职能分化，实际上也就是从一项缺乏"合法性"基础的政策转向另一项更具"合法性"基础的新政策。

第三节 20世纪90年代以来德国应用科学大学更名潮及启示

20世纪六七十年代，随着技术的进步，为满足各行各业对专业人员日益增长的需求，一批区别于传统大学的、以应用型人才为培养目标的新型非大学高等教育机构在欧洲的英国、德国、法国等国家相继出现，高等教育"二元制"逐步形成并快速发展，到20世纪80年代，"二元制"已在欧洲铺展开来。"二元制"的成功使其成为欧洲高等教育的"名片"，为其他国家高等教育改革提供了借鉴经验，也塑造着国际高等教育体系。但20世纪90年代以后，欧洲国家"二元制"的发展方向出现了分野。1992年，英国多科技术学院升格为大学，从"二元制"重新走向"一元制"，成为集中的"学术漂移"的唯一典型案例。以德国为代表的一些欧洲国家仍沿用"二元制"，并视其为保障高等教育系统多样性的一种隔离机制。但在世纪之交，德国的高等专科学校为追求与大学等值化，在市场化和国际化战略驱动下，通过更名、升格等方式促进自身向高级化发展，逐步呈现出与传统大学趋同的态势。

1998年，德国将高等专科学校的英文名称更名为应用科学大学（University of Applied Sciences）。从2005年开始，德国的巴登符腾堡州率先修改该州的《高等教育法》，确定将该州所有应用科学大学的德文名称"Fachhochschulen"中的"Fach"去掉，统一改为"Hochschulen für Angewandte Wissenschaften"（即应用科学高等学校，HAW），而"Hochschulen"原本是只有大学才可使用的名称。随后，在时任该州高校校长联席会议主席、奥芬堡应用科学大学校长利博尔（W. Lieber）的推动下，该州所有的应用科学大学顺利完成了更名。① 自此，德国境内其他地区纷纷效仿，在很短的时间内形成了一股强大的应用科学大学更名潮，其速度之快、范围之广，引起了人们极大的关注。从德国大学校长联席会议2017年发布的数据来看，在所有221所应用科学大学（FH）中，2007年后新建的都采用了"高等学校"（HS）的命名方式，除去部分私立及教会创办的应用科学大学外，其余绝大多数应用科学大学已经完成更名，全德仍保留"应用科学大学"的名称、未更名的仅剩10余所。②

一、德国应用科学大学更名的外在驱动力

德国应用科学大学更名缘于其高等教育制度的改革与发展，更名的外因主要包括以下几个方面。

（一）"博洛尼亚进程"（Bologna Process）

"博洛尼亚进程"基于1999年欧洲理事会（European Commission）签订的"博洛尼亚宣言"（Bologna Declaration），主要致力于建立统一的"欧洲高等教育区"。作为欧洲一体化进程的积极推动者，德国既是博洛尼亚协议的首批签约国之一，也是博洛尼亚进程的发起国，在相关政策的制定阶段就已深度参与。对于德国应用科学大学来说，"博洛尼亚进程"带来的最核心的变化就是欧洲学分转换认可制的引入和"学士—硕士—博士"的三级学位制取代了原来的"文凭"学位制度。在此之前，

---

① Die Geschichte der Rektorenkonferenz. Der Hochschulen für Angewandte Wissenschaften Baden-Württemherge. V（HAW BW e. V）［EB/OL］.（2016 – 08 – 25）［2017 – 12 – 11］. https：//www. hochschulen-bw. de/home/haw – bw/historie. html.

② Hochrektorkonferenz. Hochschulen in Zahlen 2017［EB/OL］.（2017 – 05 – 08）［2017 – 12 – 11］. https：//www. hrk. de/fileadmin/redaktion/hrk/02 – Dokumente/02 – 06 – Hochschulsystem/Statistik/2017 – 05 – 08_ Final_ fuer-Homepage_2017. pdf.

德国综合型大学颁发的理科"文凭"为 Diplom，而应用科学大学颁发的文凭则为 Diplom（FH），前者在国际上等同于硕士学历，后者则等同于学士学历。"博洛尼亚进程"之后，应用科学大学和综合型大学统一采取三级学位制，从法理意义上来说，德国的综合型大学和应用科学大学在学位制度上不再存有区别。在这个背景下，人们对应用科学大学和综合型大学之间认知差异的学位制度载体消失了，不论是前者还是后者，它们都属于高等教育范畴，都是"大学"。

（二）高等教育大众化带来高等教育外延的拓展

20 世纪八九十年代以来，世界高等教育的发展呈现出了扩张态势，许多新型大学迅速发展壮大。人们对高等教育的认知也逐渐发生了改变，高等教育已经褪去了"精英化"的标签，而逐渐向"大众化"和"普及化"靠拢，高等教育的内容、组织方式、生源构成等也在同期发生伴随性的变化。2011 年，联合国教科文组织在国际教育标准分类（international standard classification of education，ISCE）中，将"高等教育"进行了重新定义：建立在中等教育基础之上，在专业化的学科领域提供学习活动，不仅包括了传统意义上的学术教育，还包含了专业教育和职业教育。① 在德国的教育体制中，作为应用科学大学前身和"门脉"的高等专科学校和职业学院，由原来的中等阶段（第二阶段）被调整到了综合型大学所属的第三阶段中。

（三）应用科学大学与综合型大学的趋同发展

近年来，德国应用科学大学与综合型大学呈现出一种彼此趋近的发展态势。

---

① 杨仲山，郑彦.ISCED（2011）：理论发展与分类变化［J］.统计研究，2012（11）：26-30.

在发展规模上，应用科学大学的发展呈现出强大的活力，从 1995 年到 2015 年的 20 年间，所有类型大学的数量从 297 所增加到了 400 所，其中应用科学大学的增幅达到了 58.7%，同期综合型大学却仅增加了 2 所，[①] 增长的主要学校类型就是应用科学大学。到了 2016~2017 年冬季学期，应用科学大学的数量已经占到了德国全部高校的 55.4%，学生人数约为 99 万人，占高等教育学生总数的 35.6%，支撑着德国经济社会发展的"半壁江山"。[②]

在院校治理模式上，自 20 世纪 90 年代开始，在美国出现了"新型公共管理"和"网络化治理"的治理理念，大学逐渐由一个"行政主体"转变成为一个"决策角色"，进入了一个以竞争为导向的市场。这很快对德国也产生了影响，无论是综合型大学还是应用科学大学，都面临着来自国际和国内的资源、生源竞争压力，在网络化治理模式下，质量和效率成为教学目标实现的重点，而学校的声誉和地位成为获得更多发展资源的法宝。

在专业及课程设置上，应用科学大学的专业覆盖逐渐超越了传统，从而扩散至经济学、管理学、社会学、医学、语言学等原来在综合型大学中才有的专业。同时，随着前述"博洛尼亚进程"的推进，综合型大学在人才培养过程中的标准化和系统化逐渐显现，在一定程度上，应用科学大学与综合型大学之间的界线愈发模糊，朝着"单一化高校的方向"发展。

总之，应用科学大学在其创办之初获得的高等教育的"类属定位"，为应用科学大学要求与综合型大学获得同等地位提供了法理依

---

① Autorengruppe Bildungsberichterstattung. Bildung in Deutschland 2016 ［EB/OL］.（2016 - 07 - 21）［2017 - 11 - 15］. http：//www.bildungsbericht.de/de/bildungsberichte-seit-2006/bildungsbericht - 2016/pdf-bildungsbericht - 2016/bildungsbericht - 2016.

② Hochrektorkonferenz. Hochschulen in Zahlen 2017 ［EB/OL］.（2017 - 05 - 08）［2017 - 12 - 11］. https：//www.hrk.de/fileadmin/redaktion/hrk/02 - Dokumente/02 - 06 - Hochschulsystem/Statistik/2017 - 05 - 08_Final_fuer-Homepage_2017.pdf.

据,"博洛尼亚进程"为这一同等地位提供了事实表述,而作为新型大学身份获得快速发展的应用科学大学自然会在社会资源、生源市场、就业市场的竞争中向传统的综合型大学发起挑战。从本质上看,德国应用科学大学更名最直接的出发点就是对自己的"高等教育机构"这一身份的再建构。

二、德国应用科学大学更名的内在原动力

应用科学大学更名受到了大多数此类大学内部,尤其是领导层的欢迎,正如波恩-莱茵-锡根应用科学大学校长哈特姆特·因内(Hartmut Ihne)表示:"时代不同了,应用科学大学再也不是当时的前身'工程师学校'了,就像那些综合型大学也不是当初的教会学校了;唯有'高等学校'或者'应用科学高等学校'才能体现出应用科学大学面临的新形势。"①

(一)谋求更高认可的需要

由于大多数应用科学大学的前身是职业教育性质的专科学校,在诸如研究等领域,应用科学大学一直受到一些"偏见"和"歧视"。许多人认为,应用科学大学不是真正意义上的"大学",只需要培养一些具有特定资质和能力的人才,这类大学的教授只需要专注于教学,不需要从事科学研究,它们也没有获得博士授予权的必要,在应用科学大学和综合型大学之间,需要设定一条严格的界线。在许多人的刻板印象中,综合型大学的学生素质要高于应用科学大学的学生,综合型大学的层次和培养质量也要高于应用科学大学。事实上,随着越来

---

① Henning Hochrinner. Alles Unis oder was? Neue Namen für Fachhochschulen [EB/OL]. (2010-05-17) [2017-11-17]. http://www.sueddeutsche.de/karriere/neue-namen-fuer-fachhochschulen-alles-unis-oder-was-1.383219.

越多的应用科学大学毕业生想要获得博士学位,在这类大学中设置博士授予点,就成为许多应用科学大学的迫切需求。另外,应用科学大学的毕业生在就业市场上受到用人单位的欢迎,从1980年以来,这类大学毕业生的失业率均低于综合型大学,而其就业率也通常都高于后者。对于应用科学大学来说,更名是消除上述偏见、获得社会更高认可的题中之义。

(二) 推进国际化战略、争夺生源市场的需要

"博洛尼亚进程"以及"伊拉斯谟项目"等计划的推进,大大带动了德国高等教育国际化的进程,高校积极投入到国际高等教育市场中,吸引国际留学生。随着三级学位制的统一实施,应用科学大学在一定程度上具备了与综合型大学争夺国际学生的竞争资本。然而,由于其德文名称"Fachhochschule"中"Fach"含有"专科、专业"的意思,在翻译成其他语言时,通常会丢失"大学"的含义,也与其英文名称"University of Applied Sciences"不能完全契合,这对应用科学大学的声誉带来一定的损失。因此,将"应用科学大学"改为"高等学校"或者"应用科学高等学校"等,更能准确地反映应用科学大学在德国高等教育体系中的地位和现状,从而帮助其在国际教育市场竞争中获得与综合型大学"同等的地位"。

(三)"羊群效应"的驱动

如前所述,从更名的态势来看,各地(包括相邻的联邦)的学校往往是集中进行改名,而且更名的方式也具有同步性,这与各联邦州政府的积极推动密不可分。但不能忽视更名对许多应用科学大学形成的"羊群效应":应用科学大学国内生源的区域性很强,一旦邻近有应用科学大学进行更名,由于很难作出更名对未来生源影响的合理预期,其他的学校就会像羊群一样跟风而上进行更名,这种行为符合经

济学中"羊群效应"的表现；对于那些尚未更名的学校来说，这种效应依然存在。这种扎堆更名的现象多多少少反映了一些应用科学大学的"非理性"。

三、几点启示

（一）更名的象征意义大于实质意义

更名后的德国《高等教育框架法》以及各联邦州的《高等教育法》中仍然保留了应用科学大学的类属，对其培养特色的说明也没有发生变化。各个学校在更名后的学校性质、专业特色、课程设置等方面也一切照旧，社会上对于应用科学大学更名的争论也并未超越更名现象本身。从这个意义上讲，应用科学大学的更名并不能被看作是一场"改革"。前文提及"Fachhochschule"这一概念逐渐消失的态势目前显然还不成众，应用科学大学这一高等教育类型更不会就此消失，它将以"Hochschule"的名称继续存在于德国高等教育体系中。

一般来说，大学更名的主要出发点乃是基于社会（国际）认同的需要，目的是降低在教育市场竞争中的交易成本。通过更名，这样一种社会组织行为，德国的应用科学大学在更广泛的意义上与"大学"这个概念体系建立了归属关系，通过专业认证、院校认证等行为更是从规范性的角度强化了这种同质性关系。在与国内综合型大学获得财政支持和争夺生源的竞争方面，以及在参与国际教育市场竞争和合作方面，应用科学大学将会获得更多的话语权和主动权。应用科学大学通过更名，更多的是表达出一种渴望与综合型大学获得同等对待的诉求，同时也展示出与后者竞争资源的姿态。

（二）应用科学大学未来发展的不确定性

随着德国应用科学大学的更名，其与综合型大学之间的界线将更为模糊，彼此趋近的发展态势将进一步加剧，这对于应用科学大学未来的发展不全是好处。正如乌尔斯·齐纳（Urs Kiener）所言，应用科学大学将自己置身于与综合型大学同等的地位，这将导致应用科学大学身份认同的销蚀[1]，从而造成自身特色和传统的弱化与丢失。许多学校在更名过程中并未进行严谨的论证和考量，而是选择"从众"或标新立异，如法兰克福应用科学大学直接将原德语校名"Fachhochschule Frankfurt"改为英文的"Frankfurt University of Applied Sciences"，这在一定程度上反映出应用科学大学对其未来发展的盲目性。

"泛学术化"是德国应用科学大学更名过程中出现的另一个争议性问题。由于学生在应用科学大学内只学习如何运用那些"已出炉"的研究结果和研究方法，难以对理论本身开展独立的研究；而应用科学大学里的教授在科研方面的水平也明显弱于综合型大学。因此，有学者认为，对于应用科学大学而言，泛学术化只能带来名义上的"能力提升"，而这种能力对他们来说是"异质的能力"。[2]

在推动应用科学大学更名的背景下，德国各州政府纷纷出台扶持政策，要求加强应用科学大学的应用型研究。与此相关联的是，如何对"应用型研究"进行界定，目前似乎仍是个悬而未决的问题。[3] 在"应用型研究"这一上位概念尚未明确的情况下，应用科学大学在科学领域的功能逻辑也不能得到明晰和界定，而只能在缝隙中寻找参与的切入点。与此同时，在应用科学大学内部，教授们出现了分化：年轻教授对此表示欢迎，希望获得更多的科研机会；年长一些的教授则认为他们的教学工作量已经足够多，再被要求参与科研简直就是强人所难。目前看

---

[1] Kiener U. Die Fachhochschule als Missverständnis. Reform, Identität, Selbstbeschreibung [J]. Swiss Journal of Sociology, 2013, 39 (2): 341–360.

[2] Littv T. Die Fachhochschule im Licht der vetfassungsrechtlichen Garantie der WiSSenschaftsfreiheit [M]. Bonn: Deutscher Hochschulverband, 2006: 318–319.

[3] 王建华. 高等教育的应用性 [J]. 教育研究, 2013 (04): 51–57.

来，这种内部的分化将会持续相当长一段时间，最终在组织机能上导致应用科学大学与其传统和特色的割裂。

（三）跨越"高等学校"与"综合型大学"间的语义藩篱

《瓦里希德语词典》如此解释"高等学校"词条：即综合型大学，以文理中学毕业证书为入学条件的教学、研究机构，可以培养博士生。[①] 而对"综合型大学"（UNI）词条则如此解释：全知识领域的教学、科研机构，高等学校（Lehr-und Forschungsstätte für alle Wissensgebiete, Hochschule）。[②] 这种互为解释的方法显然不能从语义上对两者进行辨析，更不符合原先对两者"不同但等值"的定位现状。从德语的用词习惯来说，"高等学校"显然是一个更为宽泛的上行概念，自然也包括了应用科学大学和综合型大学等所有高等教育机构。因此，从语义角度来看，将 Fachhochschule 更名为 Hochschule 是不太合适的。从同源来看，"Universität"源于拉丁文中的"Universitas"，意为学者的共同体，带有古典色彩；而"Hochschule"则是一个地道的德语词。基于此，我们不妨将"Universität"，称为德国高等教育体系中的"经典大学"，抑或是诞生于德国经典大学理念的大学，而"Hochschule"则可以被称为"新型大学"，两者的发展历程大致符合"经典大学"与"新型大学"的分类。

（四）大学理念的嬗变

承前所述，作为新型大学的应用科学大学通过更名、获得博士授予权等方式进入了作为经典大学的综合型大学的"场域"。虽然在当下尚未对综合型大学构成太多实质性的威胁，但应用科学大学始终扮演着一

---

① GerhardWahrig. 瓦里希德语词典［M］. 北京：商务印书馆，2005：651.
② GerhardWahrig. 瓦里希德语词典［M］. 北京：商务印书馆，2005：1303.

种"搅局式"的竞争者——它试图进入综合型大学任何一处原本"独享的空间",从学生、财政拨款到科研项目;出于其资源条件的先天不足,也许它们分不了多少"羹",但是综合型大学对此始终"如鲠在喉、如芒在背"。竞争法则的变化以及两者的趋近发展,一定程度上催化了德国高等教育理念从"教学、利学、自由、寂寞"的古典模式向注重"公平、效率、标准和质量"的新型大学模式嬗变。

第六章 从"漂移"到"回归":治理高职院校"学术漂移"现象的系统思考

从世界范围看,多样性是大众化高等教育的一个重要表征,并已成为构建当代高等教育系统的一个重要政策问题。保持高等教育科类结构与层次结构的合理性,充分发挥不同类型和不同层次的高等教育机构特色,是构建高等教育多样生态系统,满足学生多样化需求的关键要素。面对"学术漂移"在高等教育领域内的日趋泛滥及其带来的消极影响,各国政府出台了诸多政策和措施,力图遏制甚至扭转这种趋势。在迈入高等教育大众化过程中,我国高职院校的"学术漂移"现象日益凸显,随之产生的趋同化问题逐渐突出。因此,如何遏制甚至扭转这一现象成为当前我国高职教育领域研究的重要议题。当然,治理高职院校"学术漂移"现象是一项涉及多领域、多层次、多部门的系统工程,需要以综合改革的思路进行统筹安排,系统推进,多措并举。

第一节 高职院校"学术漂移"现象的治理:框架分析

一、我国高等教育的定位:"二元"发展

开放系统论与制度学派的复杂系统理论认为,高等教育系统是开放、复杂、多样且富有活力的系统,分层、分化是高等教育发展的内在规律。世界高等教育系统变革的趋势也同样表明了这种规律:"一是高等教育系统不断分化而呈现多层次化和多样化;二是高等教育管理过程中权力趋于分散和下移。"[①]

(一)高等教育多样化

在生态学中,多样性指的是系统内种类增加的过程,是一个动态的过程。霍斯曼(Jeroen Hisman)借鉴了生态学多样性概念对高等教育多样性的界定是:在高等教育领域,多样性指的是产生新的高等教育机构或者扩大大学之间的差异,以形成一个多样化的高等教育系统的过程。[②]

第二次世界大战以后,随着高等教育大众化与普及化,高等教育系统的分化与重组开始突显为一个重要的社会问题,引起各国学者与决策者的普遍关注。因此,多样化便成为世界范围内高等教育改革的一个关键词,其意图就在于通过多样化促进高等教育系统的分化与重组,或者说通过高等教育系统的分化与重组来达到多样化的目的。正如联合国教

---

① 项贤明. 大众化与高等教育体制变革的理论观察 [J]. 北京师范大学学报(社会科学版),2003(03):42-43.

② Huisman, J. Meek, L., Wood, F. Institutional Diversity in Higher Education: a Cross-National and Longitudinal Analysis [J]. Higher Education Quarterly, 2007, 61 (4): 564.

科文组织在 1995 年《关于高等教育的变革与发展的政策性文件》中明确指出，各国政府和高等院校本身都已经或者正在对高等院校的结构与形式以及教学、训练和学习方法等进行深刻的改革。这样做的直接结果之一是世界各地的高等教育都几乎趋向多样化，虽然有些学校尤其是珍视悠久传统的大学对变革有一定程度的抵触，但从总体来说，高等教育已经在较短时期内进行了意义深远的改革。

1. 高等教育机构类型多样化

由于受民主化、全球化、地区化、多极化、边缘化等思潮的影响，高等教育机构的多样化已处在过程之中。高等教育机构区分为：大学与非大学类型的高等院校；大型、中型、小型高等教育机构；不同科类、不同层次的高等院校；全日制与非全日制高等院校；读学位与不读学位的高等院校；国家的、私立的和混合的高等院校。而事实上，随着高等教育多样化改革的进一步推进，高等学校类型将不断增多。客观来讲，目前高等教育机构的类型已经非常之多，而且彼此之间本质性差别正在减少，整个系统开始呈现光谱状，任何一个单一的指标已难以准确地对其进行分类。

2. 高等教育质量标准多样化

高等教育质量标准多样化问题是高等教育多样化的又一关键问题。1998 年世界高等教育大会在《二十一世纪的高等教育：展望和行动世界宣言》中明确指出，高等教育的质量是一个多层面的概念，对学校、国家和地区的具体情况应予以应有的重视，以考虑多样性和避免用一个统一的尺度来衡量。但事实上，关于高等教育质量标准，认识是一个问题，操作又是另一个问题。在高等教育的实践中，以精英的标准来评估大众型院校，或说以学术性标准来要求职业性学校的事情常有发生。客观来讲，质量标准的多样化问题是高等教育多样化的核心所在。因为它上承高等教育机构类型的多样化，下接高等教育职能的多样化，只有正确地处理不同类型高校的不同质量标准问题，才便于不同高校发挥不同的职能。

3. 高等教育职能多样化

高等教育多样化的最终目的在于高等教育职能分化制度的形成，因为高等教育职能的多样化是高等教育发展与社会需要是否匹配的唯一"试金石"。根据克拉克·克尔的研究，高等教育职能分化的前提是，通过平等与优秀将学术性、职业性、精英性与大众性相区分。在他的论述中，承担职业培训职能的院校应更强调平等，而承担学术性任务的大学则应更强调优秀。

教育改革的多元理论强调教育改革的民主化和多样化。斯塔德特曼（V. A. Stadtman）为高等院校的分类多元化列举了六点好处：（1）增加学习者享受选择学习的范围；（2）使每个人都真正地享受高等教育；（3）使教育和各个学生的需要和能力相配；（4）使院校能够选择它们自己的使命并限制它们的活动；（5）回应一个复杂、多样的社会压力；（6）成为学院和大学自由和自主权的一个先决条件。[①] 伯恩鲍姆（R. Birnbaum）从制度多元化、社会多元化和系统多元化3个维度共11方面阐述了多元化的重要性。[②] 多元化是克拉克高等教育系统变革的核心思想。他认为，高等教育多元化是不可逆转的时代潮流，因为多元化的高等教育结构能立即对集中不同的需求同时做出较好的反应；在出现未能预料到的情况以后能够做出相应的调整；提供较大的回旋余地，以便分别以正义、能力、自由和忠诚的名义采取的不同行动都有用武之地。[③]

---

① R. Birnbaum. Maintaining Diversity in Higher Education ［M］. San Francisco：Jossey-Bass，1983：1 – 2.

② R. Birnbaum. Maintaining Diversity in Higher Education ［M］. San Francisco：Jossey-Bass，1983：1 – 15.

③ 徐超. 走向多元化——高等教育的变革趋势——读伯顿·R. 克拉克.《高等教育系统学术组织的跨国研究》［J］. 教育与教学研究，2011（03）：76 – 78.

(二) 我国高等教育"二元"发展框架的形成

我国高等职业教育起步于20世纪80年代,发展的道路并不平坦。从20世纪90年代中期至今,在教育界一直存在围绕"高等职业教育是属于高等教育的层次,还是属于一种新的高等教育类型"这个问题展开的讨论和争论。

1. "类型论"与"层次论"之争

从20世纪80年代至90年代中期,经过10多年的试点,高等职业教育发展仍然困难重重,高职院校为走出办学困境纷纷要求从提高办学层次上来解决这些难题。在1996年召开的第三次全国职业教育工作会议上,时任国家教委副主任的王明达在发言中指出:"高等职业教育是属于高等层次的职业教育,是高等教育的一部分,是一种特殊类型的高等教育。高等教育是指在高中阶段文化、技术教育基础上实施的专业教育。当然,不能把高中后接受的所有教育都算是高等教育。国际上对高等教育层次的界定,在认识上基本一致。但对职业教育的界定,各国的认识和做法就不一致了。我国对职业教育的界定应根据这类教育培养人才的特点,以有利于加强这类教育的管理,更好地办出特色,满足社会需要为原则。"[①] 这一论述最早提出"我国高等职业教育是一种特殊类型的高等教育"的论断。高等职业教育的层次和类型问题的论争由此开始。1997年,原国家教委主任张天宝在高等职业技术教育研究会第五届第一次理事会上指出:高等职业学校"必须坚持高等职业教育的办学方向……要把高等职业教育当作高等教育的一个类型来办……发展高职是高等教育结构调整的很重要的一方面(这个结构是不同类型人才结构,

---

① 中国高等职业技术教育研究会. 中国高等职业技术教育研究会史料汇编[M]. 北京:高等教育出版社,2002:151.

笔者注），如果没有这样一个认识基础，其他事情就不好办。① 这种把高等职业教育当作高等教育的一个新类型来对待的认识，属"类型论"。

与"类型论"对立的是"层次论"。"层次论"认为，高等职业教育属于高等教育的"低层次"。这一观点实质上与1999年教育部出台的《关于试行新的管理模式和运行机制举办高等职业技术教育的实施意见》中提出"三不一高"政策有着微妙的联系。"三不一高"表面上是将高等职业教育推向了市场，适应竞争规律自负盈亏，实质上从制度配置方面使高等职业教育发展处于劣势地位。后来国家实施的国家示范、骨干院校建设项目中，高职院校必须承诺不升本才能通过验收。2002年10月，原教育部部长周济在全国高职高专教育产学研结合经验交流会上指出："高等职业教育要快速超常规发展，前提是找准正确方向，科学准确定位。国家的高等教育体系应包括'两个系列，三个层次'，两个系列是普通教育和继续教育，在每个系列里都有'三个层次'，也就是高等职业教育、本科生教育和研究生教育三个层次。"② 这是我国高等职业教育"层次论"在公开场合的首次明确提出。2005年，国务院在《关于大力发展职业教育的决定》中明确提出："2010年以前，原则上……专科层次的职业院校不升格为本科院校。"2010年9月，教育部时任副部长在全国高等职业教育改革与发展工作会议上指出："纵向与中等职业教育相比，横向与普通高等教育比，高等职业教育如果不能找到独特的服务领域，凸显不了不可替代作用的话，存在的依据就会受到质疑，发展的空间就会受到挤压……质量是教育的生命线与永恒的主题。有的高职院校质量意识淡薄；有的高职院校虽然重视质量，但没有把规律转化为具体措施；还有的院校把学生升学作为标准，盲目攀高，追求学校

---

① 中国高等职业技术教育研究会.中国高等职业技术教育研究会史料汇编[M].北京：高等教育出版社，2002：168-169.

② 中华人民共和国教育部高等教育司.全国高职高专教育产学研结合经验交流会论文集[M].北京：高等教育出版社，2003：4-5.

的升格。这些都是不正确的倾向,需要调整、纠正。否则,这会导致职业教育培养目标模糊,质量不能得到很好的保障。"① 时任教育部高教司司长张大良在此次会议总结发言中,对全国高职院校跃跃欲试升本科的现状进行回应:"部分高职院校片面、盲目追求升本科的倾向,严重影响办学质量……这个问题现阶段不争论,不动摇。"②

高等职业教育"层次论"与"类型论"问题的论争,本质上是两种高等职业教育发展观之间的争论。

2. 定型:"不同类型但等值"

早在 20 世纪 80 年代初,我国就提出"建立职业教育体系"的观点。1985 年 5 月,中共中央颁布《关于教育体制改革的决定》,提出要逐步建立职业技术教育体系,并对该体系的结构层次、与行业经济以及其他教育形式的关系做出指导性的规定。1991 年出台的《国务院关于大力发展职业技术教育的决定》提出,要在 10 年内初步建立起有中国特色的职业技术教育体系框架;2002 年、2005 年、2010 年出台的国家有关文件都把未来一个时期职业教育发展目标定位在体系建设上。

伴随着"层次论"与"类型论"的论争,我国对高职教育的认识渐趋统一,定位和发展思路逐渐清晰。2006 年 11 月,教育部颁发的《关于全面提高高等职业教育教学质量的若干意见》就明确指出:"高等职业教育作为高等教育发展中的一个类型,肩负着培养面向生产、建设、服务和管理第一线需要的高技能人才的使命,在我国加快推进社会主义现代化建设进程中具有不可替代的作用。"2014 年《国务院关于加快发展现代职业教育的决定》《现代职业教育体系建设规划(2014-2020 年)》指出:"现代职业教育是服务经济社会发展需要,面向经济社会发展和生产服务一线,培养高素质劳动者和技术技能人才并促进全体劳动者可

---

①② 李剑平. 教育部定调,高职升本科问题现阶段不争论不动摇[N]. 中国青年报,2010-09-17.

持续职业发展的教育类型",并提出了"按照终身教育的理念,形成服务需求、开放融合、纵向流动、双向沟通的现代职业教育的体系框架和总体布局"。至此,我国高等教育"二元"发展框架基本形成。

2019年1月,国务院发布《国家职业教育改革实施方案》(以下简称《方案》)更是开篇明示:"职业教育与普通教育是两种不同教育类型,具有同等重要地位",不仅强调了职业教育的类型性,而且特别强调了其存在的同等地位和重要价值。这是党和国家对职业教育做出的非常重要的新判断,对于办好新时代我国高职教育意义重大。

第一,强调职业教育是类型教育,是基于职业教育改革发展做出的正确判断。改革开放以来,职业教育获得了长足发展,服务经济社会发展能力和社会吸引力不断增强。随着我国进入新的发展阶段,经济结构转型升级,新技术革命和产业变革更新对技术技能型人才的需求越来越迫切,高职教育的地位和作用逐渐凸显,大力发展高职教育变得越来越迫切,在此背景下,党和国家提出把高职教育摆在与普通高等教育同等重要的位置,足以看到对高职教育的更加重视。

第二,强调职业教育是类型教育,有利于深化人们对高职教育的认识。长期以来,高职教育的独立类型地位并未得到广泛认可,大多数人始终把高职教育作为低于普通高等教育的层次,高职教育发展在招生、人才培养、就业等各个环节均受到歧视。这次,国家强调职业教育是类型教育,就是从政策制度层面把高职教育提高到与普通高等教育相同的位置,并通过实施具体措施,促进人们对高职教育类型的认识不断深化。

第三,强调职业教育是类型教育,明确了办好高职教育的方向。作为一种类型,高职教育发展必然有其不同于普通高等教育的特点和规律。高职教育向类型教育转变,势必要求高职教育举办者在院校设置、师资队伍建设、专业设置、人才培养模式改革、教育教学方法创新、管理模式改革、评价方法改革等方面,体现职业教育属性,凝炼职业教育类型特征,这也是《方案》所指明的高职教育办学方向。

二、应用逻辑的制度化：治理高职院校"学术漂移"的核心议题

组织社会学新制度主义理论认为，组织域内的所有组织都有其正式和非正式的价值观、规则、习俗和利益，它们在一个共同的生活空间中进行互动，最终导致组织域发展出一套制度来管控不同组织之间的交流，① 进而形成制度逻辑。所谓制度逻辑，既是在特定组织域内发展孕育出来的一套共享的符号意义系统，为组织域内的组织提供如何解释各种行为和现象的认知模板与符号概念；② 也是一套控制着组织域内各种行为的信念系统和规则系统，指导组织域内的各方参与者如何开展具体行动。③ 换言之，制度逻辑就是关于如何解释组织现实，什么构成了合适的行为，以及如何获取成功含蓄的假定和价值标准的集合。

（一）学科逻辑的"神话"与应用逻辑的边缘化

高校作为社会组织，存在于一个由政府管理部门、社会公众、高校、教师群体、各类学术团体等组织所构成的特定组织域中。制度逻辑作为高等教育场域中一种特殊的"组织原则"，赋予场域中各个利益行动主体"合法性"身份，影响和支配着场域中各个行动主体的行为。高等教育制度变迁总是存在于一定的制度环境中，其背后负载着一套稳定的意义系统，这套系统就决定了哪些行为被解读以及如何被解读，可以说高等教育制度变迁的背后隐含着一套"神秘"的制度逻辑。

制度逻辑一旦形成，即具有极强的稳定性，这可以从两个层面来予

---

① Scott W. R., et al. Institutional Change and Healthcare Organization [M]. Chicago: University of Chicago Press, 2000: 25 – 27.
② 柯政. 学校变革困难的新制度主义解释 [J]. 北京大学教育评论, 2007 (01): 42 – 52.
③ Scott W. R. Institutions and Organizations (2nded.) [M]. London: Sage Publications Inc., 2001: 47 – 141.

以阐释。第一,从单个组织层面来分析,制度逻辑首先赋予了组织域内各个组织相应的"身份",各组织都在对彼此身份达成共识的基础上进行交往与互动,并逐步构建起彼此间错综复杂的关系以及相互交错的制度网络,个体组织也会发展出一套"行为法则"来使自身行为结构化和模块化,以维持自身的稳定性和合法性。以高校为例,"身份"一经被确定,就潜在地规定了高校应该如何行动,组织域内的各方在与高校交互的过程中也会对高校在何种情况下采取何种行动有所预期。为了保障自身的合法性以及提高自己的生存概率,高校就会发展出一套相应的"法则",以便对学校的各种行为和要素进行结构化的控制,并使之呈现某种可预期与可识别的稳定模式。[①]可见,如果高校自身要发生变革,本来就殊为不易。即便高校发生了变革,由于受到了这些"法则"的羁绊和管制,变革也只能是小范围、渐进式的。第二,从整个组织域层面来看,一方面,制度逻辑是组织域内各方不断交互和妥协而形成的,它是集体行动的结果,很难由于某个组织单方面的变革而发生较大的改变。即使高校只是开展小范围、探索式的改革,一旦改革威胁到了制度逻辑,那么该行为立刻就会被组织域内的各方视作单方面的"毁约行为",组织域内已有的生态系统就会产生一种自然的"排异反应"。[②] 实行改革的高校也会马上感受到一个类似韦伯(Max Weber)所说的"铁笼"(iron cage)一样的强大力场来努力将其拉回原位。[③] 另一方面,制度逻辑作为控制特定组织域内各种行为的信念系统,有效地将组织域内的组织紧密地捆绑在一起,各组织作为一个集体,也会产生各种保护机制来确保自己的核心信念不受威胁,譬如某些制度逻辑通过成为例行习惯和仪式(ritual)的方式来实现"自我神化",以避免受到理性质疑的冲击[④]。

英国多科技术学院"学术漂移"的产生,显然与当时英国社会弥漫

[①②③④] 柯政. 学校变革困难的新制度主义解释[J]. 北京大学教育评论,2007(01): 42-52.

的精英教育与通识教育传统等"学科逻辑"特征密切相关，公众与社会的思维惯性与刻板印象等对其产生重要影响。"学科逻辑"对合法性资源的垄断及其特定的道德模板与意义框架功能，使新兴的多科技术学院难以从政府与社会获得稳定的资源支持，其毕业生也难以在短期内获得劳动力市场的认可。作为制度化的组织，多科技术学院对制度环境的回应，必然是倾向于模仿占据合法性主导地位的传统大学。在模仿性同构与规范性同构机制的共同影响下，多科技术学院产生了鲜明的"学术漂移"现象。

与英国相类似，就深层次而言，"学科逻辑"神话依旧是当前我国高等教育场域的支配逻辑，新兴的"应用逻辑"受到占优势的"学科逻辑"的压制与排斥，处于边缘地位。我国高职教育的兴起与发展，可以看作是制度变化的一种形式，强调制度化过程中规范、价值观和信念的有力的适应性作用。高职教育的"合法性"困局，显然是两种制度逻辑博弈和冲突的结果。

（二）应用逻辑的制度化

从长远而言，遏制高职院校的"学术漂移"现象，亟待"应用逻辑"的制度化，亟待高等教育与经济社会系统的整体性变革，以建构和巩固高等职业教育的合法性基础，破除政府、市场与大学等权力中心对应用逻辑的"系统性歧视"。当然，制度逻辑的变迁并非自发的，它受到外部环境和更为宏大的权力与社会结构的影响。"制度化既是一种过程，又是一种历时性状态或属性变量。也就是说，制度化既指一种历时性过程，也指已获得某种确定状态或属性的一套社会安排；当社会模式逐渐再生产时，会把它们自己的存在归因于相对自我激发的社会过程。"[①] 无论是作为过程

---

① ［美］W. 理查德·斯科特. 制度与组织——思想观念与物质利益（第3版）[M]. 姚伟等译. 北京：中国人民大学出版社，2010：129.

的制度化，抑或作为一种属性、状态或结构的制度化，都要求特定组织行动及其背后的制度逻辑具备合法性。

W. 理查德·斯科特指出，社会系统的制度化过程包括三种具有基础性作用的竞争性机制。一是基于回报递增的制度化，二是基于承诺递增的制度化，三是随着日益客观化而出现的制度化。基于回报递增的制度化观，强调的是物质激励的作用；基于承诺递增的制度化观，强调的是身份的作用；随着日益客观化而出现的制度化观，则强调的是思想观念的作用，文化-认知制度理论家们强调思想观念——信念、图式和各种预设——在制度化过程中发挥着重要的作用。尽管这些观点强调不同的制度层面、借用不同的机制，但这些主张之间并非必然是冲突性的。富有生命力的制度化，常常是这些相互作用并相互强化机制的共同产物。①"制度逻辑可能有历史局限和因之具备的变革潜能，如此一种新逻辑开始处于支配地位，或渐进或突变地补充、接替旧有的逻辑。"② 我国高职教育的制度化过程同样需要通过回报递增、承诺递增、日益客观化以及跨越各个层次的"自上而下"与"自下而上"相结合，来实现应用制度逻辑的"合法性"重构，进而推动高职教育走向"浓"的制度化。

"学科逻辑"与"应用逻辑"代表了高等教育系统变革的"理想类型"，它们分别代表高等教育与经济社会发展之间的"非耦合"与"紧密耦合"关系。任何一种变革逻辑对高等教育系统的垄断与支配都可能引发"意外后果"，理想的状态是"学科逻辑"与"应用逻辑"在高等院校组织乃至高等教育系统中相互平衡。"学科逻辑"与"应用逻辑"的平衡，本质上要求高等教育的内部适切性与外部适切性之间从分歧走向融合。高等教育发展的国际趋势表明了"学科逻辑"与"应用逻辑"

---

① ［美］W. 理查德·斯科特. 制度与组织——思想观念与物质利益（第3版）［M］. 姚伟等译. 北京：中国人民大学出版社，2010：130-135.

② ［美］帕特里夏·J. 加姆波特. 大学与知识：重构智力城［J］. 李春萍译. 北京大学教育评论，2004（04）：54-65.

之间相互平衡与包容的关系。

新型工业化时代的到来迫切要求高等教育与社会经济新型关系的建构，政策制定也开始进行理性反思，超越"学科逻辑"与"应用逻辑"二元对立的高等教育哲学观，实现"学科逻辑"与"应用逻辑"的平衡，是未来我国高等教育系统的变革取向。当前"类型教育"议题的兴起尤其是宏观权力对高职教育的"合法性"认定，标志着"应用逻辑"正在逐渐补充和接替传统的学科制度逻辑，昭示着高等院校内部与高等教育系统从学科制度逻辑的"垄断"向学科逻辑与应用逻辑两种制度逻辑包容性发展的转变。

三、制度性利益重构：治理高职院校"学术漂移"的路径

伯顿·克拉克教授提出的"三角协调模型"对高等教育系统的权力结构进行了深入剖析，该模式对传统国家体制和市场体制的连续体模型进行了修正和完善，认为国家、市场与学术权威"三角"分别代表一种模式的极端和另两种模式的最低限度，三角形内部的各个位置代表三种成分不同程度的结合。"三角协调模型"的提出揭示了各国高等教育系统中都包含的三个权力中心，即国家、市场与学术。

治理高职院校的"学术漂移"现象，需要对其权力关系网络即组织变革的情境因素进行分析。当前，我国高职教育的发展受国家、市场与学术三个权力中心的影响，其中政府机构是第一个权力中心。我国中央政府与地方政府都为高职院校提供了诸如拨款、招生计划等大量政策支持。然而，由于高职院校的发展是一项涉及多部门、多领域的系统工程，在我国高等教育资源配置依旧以普通本科院校建设为导向的体制背景下，某项政策的实施并不能真正改变特定的政策系统。与此同时，市场作为第二个权力中心，由院校市场和消费者市场构成。其中，院校市场主要涉及高等教育的竞争系统。理想导向型的高等教

育政策使得建设普通本科院校在很长一段时期内成为国家高等教育事业发展的重点内容。这就使普通本科院校在高等教育竞争系统中享有"典范"和中心地位,高职院校则处于边缘地位。消费者市场主要包括特定区域的行业、企业以及家庭、学生等高校发展的利益相关者和资源获取对象。受传统文化中的"文凭主义""精英主义"等观念以及劳动力市场对传统精英大学的偏好的影响,在短期内高职院校无法得到公众、家长和学生以及劳动力市场的认可与接纳。此外,学术作为第三个权力中心,也深刻支配着高等院校的行动逻辑。当前,研究型、综合性大学依旧是高等教育组织的深层信仰,大学排名、政府资源配置模式的"学术性"导向以及"等级分明"的用人制度更是固化了这一观念。可见,外部环境中三个权力中心对高职教育存在"系统性偏见",致使当前我国高职教育面临应用制度逻辑合法性不足的困局。因此,建构高职教育应用制度逻辑的合法性成为破解高职院校"学术漂移"困局的根本途径。

"生态论认为,竞争稀缺资源的一般社会过程影响组织和组织形态的生存与成长;制度学派扩展了这一框架,进一步包括管制、准则和文化力量对组织、组织群落和组织域的制约和影响。"高职教育作为一种制度,"由文化-认知、准则和管制因素以及相关的活动与资源构成,它为社会生活提供稳定性和意义。"[①] 理解我国高职教育的合法性困局,需要突破生态论的理论束缚,将之置于更为广阔的权力结构与制度环境中进行审视。制度学派认为,考察组织变迁的制度化议题,不仅需要考察组织转型的利益、资源、情境性因素以及权力结构等问题,更需要探析组织结构变迁的合法性机制与制度逻辑。依据制度学派的观点,组织变革往往是在一个更大的社会与权力结构场域中发生的,"要对制度起

---

① [美] W. 理查德·斯科特,杰拉尔德·F. 戴维斯. 组织理论:理性、自然与开放系统的视角 [M]. 高俊山译. 北京:中国人民大学出版社,2011:293-294.

源与变迁进行分析,首先需要对制约组织的权力中心进行分析,需要对这些制约为何存在进行理论研究。"① 这本质上要求应用技术型高等教育作为一套制度逻辑的建构,通过合法性动员促使政府、院校与市场等行动者之间形成共识,并形塑"意义框架"和"道德模版"。

"苏克曼(Suchman)曾对合法性有一个非常经典的分类,即实用合法性、道义合法性和认知合法性;格林伍德等又进一步指出在专业组织的制度化过程当中,合法性的构建其实是最后完成的部分,首先要完成道义合法性,然后是实用合法性,最后才是认知合法性。"② 我国高职教育通过国家供给主导型的制度安排,列入了国家职业教育体系建设框架,并给予高职院校建设以大量政策支持。与此同时,国务院和相关部委领导的讲话、公共话语能量场中政府的宣传和激励,以及教育部、中国教育科学研究院对高职教育国际经验的调查研究和成果发布,也使高职教育获得了道义上的合法性。尽管如此,由于在外部环境中,各权力中心对高职教育存在"系统性偏见",缺乏必要的认知和理解,对高职教育的"实用"性和可行性缺乏信任,使高职教育的发展缺乏动力支持。从本质上而言,治理高职院校"学术漂移"作为一项涉及高等院校变革与高等教育结构功能调整的政策议题,它深嵌于高等教育系统的网络治理格局之中,涉及广泛的政策议程,依托于高等教育系统内部制度逻辑的重构,包含着极其广泛的变革事项。因此,需要政府、高职院校与市场等"自上而下"与"自下而上"改革的有机结合,亟待通过制度性利益以及制度环境的重构,促使各利益相关者观念、行动逻辑与高等教育场域的整体变革,方能促成治理的成功。

根据伯顿·克拉克的"三角协调模型",结合我国高职教育的实际,

---

① [美] 沃尔特·W. 鲍威尔, 保罗·J. 迪马吉奥. 组织分析的新制度主义 [M]. 姚伟译. 上海: 上海人民出版社, 2008: 270.
② 王程嬅, 王路昊. 脱耦中的合法性动员: 对南方某大学孵化器的扎根理论分析 [J]. 社会, 2013 (06): 30-58.

我们提出了治理高职院校"学术漂移",形塑高职教育"合法性"的"五力驱动模型",如图6-1所示。

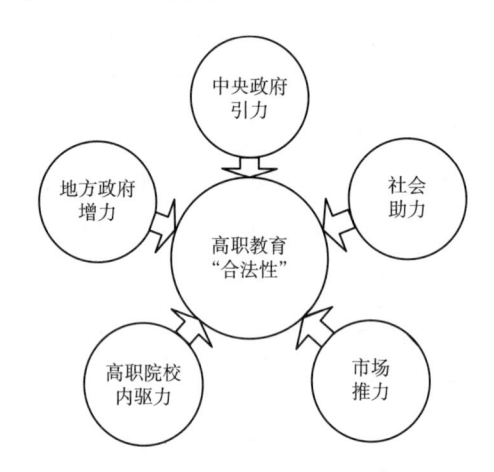

图6-1 治理高职院校"学术漂移"的五力驱动模型

治理高职院校"学术漂移",形塑高职教育"合法性",仅靠单一力量是远远不够的,需要多种力量形成一个类似动车组的复合型动力系统,整体发力方能促成。这个系统包括如下五种力量:

(1) 中央政府高职教育政策的"引力"。中国改革开放后能够取得今日成就的关键,在于中国拥有一个强大的中央政府。中央政府在高等教育发展过程中起主导作用,其高等教育政策能产生强大的引力和凝聚力。

(2) 中央的高等教育政策是面向全国的,所以一般都是宏观的,只是规定了最低的标准。在政策实施过程中,地方政府往往需要出台更高标准的地方高等教育政策,通过这种政策落地手段,形成中央政策的"增力"效应。

(3) 高职院校追求特色发展的"内驱力"。我国高等教育改革既是政府"自上而下"强制性制度变迁所推动的产物,也是高职院校自身追求特色发展的内驱力所激发的结果。我国高职院校之所以产生追求特色发展的内驱力,主要有以下两个因素。一是制度环境的变化。随着办学自主权的逐步落实，每一所高职院校都可以通过更高的目标定位、更好的规划设计、更灵活的体制机制和更强有力的外部公共关系来不断促进自己的发展，从而赢得政府支持和社会认可。二是高职院校系统内部竞争的压力。我国高职院校系统内部的竞争既是政府政策主导的，也是由院校表现决定的。为了实现学校的内涵发展，在竞争中获得先机和优势，各个高职院校就必须不断提升办学质量、专业和师资水平。

（4）市场"看不见的手"的"推力"。我国在从计划经济向社会主义市场经济转型的过程中，高等院校发展的机制也突破了单一的政府驱动模式，市场对高等教育资源配置产生了越来越大的影响，有效地推动了高等院校的改革发展。市场"看不见的手"的推力主要表现为以下四个方面。一是社会资本大量注入高教领域，带来了巨大的高等教育资源增量。二是通过引入市场机制盘活了高等教育资源的存量，提高了资源的利用水平。三是市场的需求对高等院校的办学定位、专业学科设置、人才培养模式和质量评价标准的影响越来越大。四是教师的部门和地区所有制被打破，形成了院校间和地区间的竞争性人力资源市场。

（5）社会文化-认知因素的"助力"。制度的文化-认知因素构成了关于社会实在的性质的共同理解，以及建构意义的认知框架。高职教育的发展深受传统文化中的观念秩序与认知结构的影响，有赖于通过认知一致性来寻求合法性的"助力"。来自文化-认知的合法性是一种"最深层次"的合法性。

第二节　政府主导，健全制度体系，构筑高职院校"学术漂移"的区隔机制

从历史视角看，政府是高职教育制度形成的直接推动者，其行为体现出政策的基本价值。"首先是经济社会发展对高层次的技术应用型人

才提出了强烈需求,然后是政府为满足这种需求对高等教育进行干预。这种干预一方面是对原有本科大学进行局部改造;另一方面也是更主要的方面,是通过大力扶持高职教育来实现,这直接引发了高职教育作为一种独立的高等教育新类型在全球范围内普遍兴起。从这个角度来看,高职教育不是高等教育自身逻辑发展的产物,而是高等教育在应对政府要求其满足社会需求时产生的。"[1] 发达国家高职教育发展的历史经验表明,以立法形式赋予高职教育明确的法律地位,确保高职教育机构享有与传统大学同等或类似的权利,这种在发达国家普遍存在的举措对高职教育的健康发展起到了不可替代的推动作用。在法律法规和国家政策的积极引导下,高职教育在高等教育舞台上的边缘地位得以改变,社会和民众轻视或者忽视高职教育的观念也得以改观,这为高职教育的迅速崛起及其功能的充分发挥奠定了重要基石。

胡斯曼等人于 2007 年开展了一项对 10 国高等教育系统进行的比较研究表明,尽管一些政策法规可能导致高等教育系统的趋同化发展,比如一些由政府发起的院校合并的政策法律等,往往会引发高等学校的组织同形现象,但是,政府的某些政策法规可以在一定程度上帮助系统保持已经存在的多样性水平,比如在高等教育系统中以法律的形式设定的界限,包括一些国家的双轨制等,有利于帮助系统维持其多样性水平;因此,不能够笼统地判断教育管理部门出台的政策法规是促进了高等教育的多样化发展还是趋同化发展,而是要对不同国家不同环境下出台的政策法规进行具体分析。教育管理部门应该赋予高校一定的自治权,但同时有必要对高校进行适当设限和干预,比如通过控制学术保守主义或制定相应的法律法规对高校类型进行明确划分以阻止组织同形现象的发生。[2] 实践也证明,尽管

---

[1] 秦惠民,解水青.高职教育对现代大学功能变革的影响——基于国际视角的新制度学解读[J]. 中国高教研究,2014(02):17-21.

[2] Jeroen Huisman, Lynn Meek, Fiona Wood. Institutional Diversity in Higher Education: A Cross-National and Longitudinal Analysis [J]. Higher Education Quarterly, 2007 (10): 563-577.

市场和高校利益诉求会影响选择,新型高职教育机构具有自发的升格冲动,但这种情况其实只发生在部分国家。20世纪90年代以来,欧洲新建高职教育机构仍沿用"二元制"而不是联合制,说明这些国家的政府仍将"二元制"视为保障高等教育多样性的一种隔离机制。

我国政府在高等教育发展中起着主导作用,因而政府可以从法律或者规则的强制性维度,即通过统一的法律法规和政策、标准、规划、分类体系建设、教育资源配置等一系列政策工具的调控,构筑起防范高职院校"学术漂移"的隔离机制。

一、高校分类设置管理:高等教育多样性发展的重要机制

建立科学的高校分类体系,实行分类管理,对于促进高校多样性发展有着重要的现实意义,也是高等教育发展进入大众化阶段后一个重要的实践课题。《国家中长期教育改革和发展规划纲要(2010 – 2020年)》明确指出:"建立高校分类体系,实行分类管理。发挥政策指导和资源配置的作用,引导高校合理定位,克服同质化倾向,形成各自的办学理念和风格,在不同层次、不同领域办出特色,争创一流。"

20世纪90年代以来,随着我国高等教育大众化进程的加快,高校数量和规模不断扩大,类型与层次日益丰富。与此同时,受高等教育资源分配方式、政策、观念等影响,高校中出现了目标趋同、贪大求全、盲目攀升等问题,尤其是作为高等教育大众化主力的高职院校出现了一味追求升格的现象,"人才培养"的职能被虚化或边缘化。这不仅对高等教育的秩序形成了一定的冲击,也制约了我国高等教育的多样性发展。这些问题产生的根本原因之一在于我国缺乏科学、合理的高校分类及管理机制。因此,构建科学的高校分类体系,实行分类管理已成为当务之急。

（一）构建以人才培养定位为基础的高校分类体系

构建高校分类体系是高校分类设置管理制度设计的首要部分。高校分类是指高校或其利益相关者在一定的目的指引下，根据高校的特征，选择特定的标准对其进行归类。高校分类问题涉及的层面相当广泛，宏观层面包括高等教育的体系、结构、布局等，微观层面则以高校的类型、层次和定位等为主。从发达国家高等教育的发展历程来看，高校分类和高校多样化，与高等教育大众化普及化在进程上基本相一致。

在世界现有的高校分类法中，"卡内基高等教育机构分类法""欧洲高等教育机构分类法"等经验体系，在调查研究、个案研究和聚类分析前后，都贯穿着一组"后验性的"高校概念；而《加州高等教育总体规划方案》和"国际教育标准分类"也并非纯粹的概念体系，而是历经先期数次对现有高等教育现状的多角度深描后的产物。① 当前世界范围内的高校分类体现出"形式分散，本质集中"的特点。"形式分散"是指高校的分类维度呈现多样化特点。由于各国家或者地区高等教育发展历史不同，分类目的、主体、方法不同，分类的维度呈现出多样化的特点。"本质集中"是指当前世界范围内大部分国家、机构或者学者都比较集中地倾向于以高校的职能作为分类维度对高校进行分类，而人才培养的职能更是在高校分类中被放在首要并且优先的地位进行考虑。

参考世界现有的高校分类体系，针对我国现状，笔者认为，在我国高校分类中应注意以下问题。一是分类应考虑我国的国情，不可完全照搬他国的经验。根据我国现行的高等教育管理体制，首次出台的高校分类体系必须是"官方"的，而且应该是规定性的，不能留有过多的"政

---

① 雷家彬. 分类学与类型学：国外高校分类研究的两种范式［J］. 清华大学教育研究，2011（02）：110 - 118.

策空间",这样才有利于各校在高等教育系统中找准自身的坐标,努力在所属的层次、类型中争创一流。二是我国高校分类体系应该充分吸收已有的研究成果,这样的分类才能被社会及高校接受,这样的分类标准也才具有生命力。三是我国目前的分类应更多地强化人才培养的使命,突出高校办学特色。以人才培养为基础的分类体系体现了高等教育人才培养的规格与目标,能够适应并促进大众化普及化时代学生来源的多样化、需求的多样化、人才培养类型和规格的多样化和人才培养模式的多元化,从而促进高等教育由同质化走向多样化、异质化,真正实现高等教育的分类发展、分类管理、分类评价。同时,以人才培养为基础进行高校分类,也有利于促进高校回归人才培养这一根本职能,促使各类高校树立人才培养的中心地位,不断提高人才培养质量。

在面临社会经济发展、科技革命和产业变革迫切需要高等教育不断提升创新能力并发挥引领和支撑作用的新形势下,经过充分的分类理论研讨、实证调研努力与政府设置管理改革,2017年初《教育部关于"十三五"时期高等学校设置工作的意见》明确了我国高校分类体系,提出"以人才培养定位为基础,我国高等教育总体上可分为研究型、应用型和职业技能型三大类型",不同类型高校办学定位和创新要求各异。

(二) 构建基于绩效的高校分类管理机制

2017年明确提出的高校分类体系,成为高校分类管理的前提。分类管理是我国高等教育宏观管理改革的基本原则,重视绩效是目前国际高等教育管理的共同趋势,构建推动绩效提升的资源配置策略是我国高等教育分类管理的现实需要。

1. 以绩效为驱动的管理和资源配置机制创新是高校分类管理目标实现的关键

创新管理和资源配置机制是解决当下我国高校办学同质化问题的关键。长期以来,由于我国在高等教育宏观管理实践中缺乏相应的分类管理和评价机制，众多高校始终难于摆脱"升层次""铺专业""扩规模"的发展冲动，这一状况多年来并没有根本改变，高校办学模式趋同依然是当下的一个实践性难题。从制度主义和制度经济学的视角，一种发展模式的形成具有其特定的制度背景，尤其是围绕资源配置的"激励"和"约束"制度，决定了发展模式的内在运行逻辑，并因此形成相应的利益格局。因此，如何创新管理机制和资源配置策略，切实解决目前高校存在的办学模式同质化问题，也成为当下我国高等教育管理改革迫切需要解决的问题。

重视绩效是当今世界高等教育管理的基本趋势。20 世纪 80 年代以来，一些国家的政府纷纷开始寻求以绩效为驱动对高校做出区别性判断，以形成指导拨款的方向和监督目标实现情况的新机制。绩效评估作为公共行政管理的有效方式，也成为一种强有力的政策工具和手段深入到很多西方发达国家的高等教育系统之中。因此，构建推动绩效提升的资源配置策略无疑是高等教育分类管理的现实需要。分类管理不仅是理论概念，更是行动实践。《关于深化教育体制机制改革的意见》明确提出："研究制定高等学校分类设置标准、制定分类管理办法，促进高等学校科学定位、差异化发展"。

改变原来的"一路纵队向前走"为"多路纵队并排走"，意味着秩序的重构，需要创新高等教育管理机制。资源配置是政府管理教育的杠杆和机制性的制度安排，分类管理最终要落实在政府的资源配置行为和方式上。我国以往以行政为主导的、基于身份的、固化的资源配置方式对高校分类管理很难有实际效果。这种行政主导的管理模式弱化了高等教育市场的竞争和高校的绩效意识，已经不能适应高等学校分类发展的需求。当前，我国迫切需要创新资源配置策略，需要配套的管理机制的创新和政策的引导，在全面提倡绩效管理和市场在资源配置中发挥决定性作用的社会背景下，引入经济的手段，借鉴已存在于市场环境中的绩效激励和规则，转向基于绩效驱动的利益的力量，建立透明的、分类的绩效评估机制并根据绩效来分配资源,从而实现资源的效益和绩效责任最大化。

2. 以法律等制度安排确立高校的资源分配制度和竞争规则,建立基本的分类治理新秩序

分类管理的理念蓝图要在实践中取得切实成效,关键是管理机制的创新和资源配置方式的转换,新的机制,要引入经济的手段,以法律文件、行动纲领等制度安排建立基本的分类治理新秩序,从以行政主导的、基于身份的、固化的资源配置方式转变为基于利益驱动的动态的资源配置方式。

资源配置机制决定高校的组织行为特征。高校分类管理的首要价值在于引导不同类型的高校在多样化的高等教育体系中,各安其位,办出特色,通过构建一个有序竞争的法则,引导同类型的高等学校进行合理竞争,以合理竞争促进办学质量和水平提升。"高等教育多样化发展需要政府积极规划创设一种有利的环境,使高校资源、数目和规模都是可控的。"① 可借鉴美国成功的"加州模式",通过分类设计的制度安排解决各类院校的竞争规则和资源分配制度,采用立法的形式,将相关实践中的做法和期望目标上升到法律层面,通过法律文件和行动纲领等制度安排确立高校稳定的竞争规则和发展模式,包括各类院校使命的分化、招生政策的分化、学科专业的调整、院校设置审批和学位点授予等,以保证分类管理的权威性和规范性。在此基础上,结合相应的绩效评估和拨款政策进行统筹设计,建立起系统完整的政府对高校的基于绩效的资源配置和问责体系。同时,政府的分类管理目标与高校优先事项之间要有很好的融合程度,为高校自主发展创造出最佳的行动空间和制度环境,以激发高校的积极性和创造性。

---

① John Taylor. Institutional Diversity in UK Higher Education: Policy and Outcomes Since the End of the Binary Divide [J]. Higher Education Quarterly, 2003, 57 (3): 285 – 286.

二、健全国家职业教育制度框架：形塑高职教育"规制合法性"的基石

当前，健全国家职业教育制度框架不仅是一种时代必需，是一种历史必然，更是形塑高职教育"规制合法性"的制度保障。

（一）国家职业教育制度框架的内涵

国家职业教育制度框架是从国家层面协调和控制影响职业教育发展的相关制度框架。它主要具有三大典型特征。

一是跨界性。由于广义的职业教育发生在学校、工作场所、社会培训机构等各种场合，是一种"泛在"的教育类型，所以，现代职业教育的发展是国家与市场共同作用的结果，这就意味着职业教育必然会涉及社会、经济、教育等多个领域，具有明显的"跨界"特性。

二是跨部性。职业教育所具有的"跨界"特性决定了职业教育受教育部门、劳动部门、产业部门以及其他有关部门的管理，职业教育的发展需要多部门的协调和参与。因此，国家职业教育制度框架的完善也要着眼于各有关部门作用的发挥，注重凝聚多方力量完善职业教育各方面的保障体系，以形成共同推动职业教育发展的合力。

三是全局性。作为打造中国特色现代职业教育体系的施工蓝图，国家职业教育制度框架必然涉及我国职业教育体系内部和外部的方方面面，因此，国家职业教育制度框架的设计不仅要明确国家与地方、国家与部门、政府与市场的边界，同时还要考虑职业教育利益相关者的诉求与参与热情，使之成为国家职业教育治理体系的重要组成部分。

国家职业教育制度框架是确定职业教育政策的起点。国家介入职业教育的主要手段是制度框架与政策供给。关于制度与政策究竟孰因孰果的问题，有学者认为，制度是政策积淀的结果；也有学者认为，制度为

政策奠定基础。从改革开放以来我国高等职业教育发展历程中的制度与政策关系来看，笔者更倾向于"政策是制度的输出"的观点。我国在很大程度上直接学习了苏联的制度设计，并在此基础上制定了一系列政策。由此，在国家职业教育制度框架与职业教育政策的关系上，可理解为国家制度框架是更为稳定的，是确立职业教育政策的起点，并约束其调节范围。因此，健全国家职业教育制度框架是新时代我国职业教育改革发展的一项顶层制度设计，将有助于确定我国职业教育各项政策制定的起点和调节范围，从而引领和保障我国职业教育实践朝着预期目标发展。

国家职业教育制度框架是一个功能完善、有机联系的系统架构。作为一种准公共产品，职业教育所具有的有限非竞争性决定着其需要一套完善的国家制度框架进行规制，以保障其稳步有序发展。因此，健全国家职业教育制度框架势在必行。然而，国家职业教育制度框架并不是将国家各部门关于职业教育的各项规章制度简单地堆砌在一起，而是一个其框架内部具有逻辑性和关联性的系统工程，包括支持和规范职业教育运行的国家职业教育立法框架，其核心是法律法规体系；涉及职业教育组织管理制度、经费投入制度、责任分担制度的国家职业教育管理框架；确保职业教育系统内部及职业教育与其他类型教育相互沟通衔接的国家资历框架；保障职业教育办学质量和培养质量的国家职业教育质量框架，其核心是标准体系。作为国家职业教育制度框架的核心要素，四大框架各司其职，为我国职业教育的改革与发展提供最根本和最基础的制度保障。

（二）健全国家职业教育制度框架在新的发展阶段中具有举足轻重的作用

在加快推进我国职业教育现代化进程的新发展阶段，健全国家职业教育制度框架具有划时代意义。

第一，有利于服务国家战略需求，充分发挥职业教育在实现更高质量更充分就业和建设现代化经济体系中的作用。国家层面和教育层面最大的差异在于，后者关注更多的是教育内需，而前者更加关注宏观战略需求。从当前的历史性需求来看，稳定就业和产业转型升级中的高质量人力资源是最突出的需求。因此，服务好国家战略需求更需要国家层面的制度保障和政策调控。

当前，我国就业市场上主要存在两大障碍性问题：一是就业质量与劳动者职业期望度不符。在我国核心矛盾转变为"人民日益增长的美好生活需要和不平衡不充分的发展之间的矛盾"的主题下，劳动者越来越注重所从事职业的发展前景、成就感、幸福感以及价值实现，然而当前我国蓝领工人所在的一些就业岗位质量不高是不争的事实。二是就业总量压力和结构性就业矛盾并存。当前，我国就业人口依旧是只增不减，同时，在产业转型升级的背景下，新型岗位招工难和低技术技能从业者就业难并存，这个障碍性问题或将持续存在。以往职业教育制度仅限于教育内部，无法与劳动力市场制度以及薪酬制度等产生连接。因此，必须通过国家职业教育制度框架架起教育与工作之间的桥梁，化解我国结构性就业矛盾，顺利实现从学校到工作的过渡，消解阻碍劳动力及人才社会流动的体制机制，从而满足人们更高质量更充分就业的需要。作为我国社会经济发展主要的人力供给源，职业教育的供给端存在着一些突出问题，如人力资本现状不能满足现代经济转型需求、不同区域职业教育资源配置失衡、职业教育专业设置与市场需求不匹配等。基于此，应将标准化建设作为深化我国职业教育供给侧改革的突破口，完善国家职业教育制度框架的设计，从提升和保障质量的角度为现代服务业、制造业、农业等提供优秀人力资源，从而更好地对接科技发展需要以及服务于我国现代化经济体系建设。

第二，有益于夯实类型教育，从制度层面落实普职之间的"同层不同类"关系及技术技能人才的终身培育。《方案》开篇就旗帜鲜明地提出职业教育是一种类型教育，不得不说它是改革开放以来职业教育经历了跌宕起伏、异军突起式发展的必然结果。与此同时，类型教育的定位符合世界职业教育发展的总体趋势，普职之间的关系正如《国际教育标准分类（2011）》所揭示的，是"同层不同类"的关系。这种关系在许多发达国家是以国家资历框架的方式进行制度确立的。20世纪80年代中期以来，全球150多个国家或地区建立了不同层面的资历框架，典型的如英国的学分与资格框架（QCF）、澳大利亚的国家资格框架（AQF）等。国际上资历框架可分为局部资历框架、国家资历框架、资历框架的跨国对接三个阶段。从当前我国现实来看，现代职业教育体系已经初步建成，普通教育体系日益成熟，终身技能培训体系开始推行。当前我国应构建一个更高层面的符合未来发展定位的国家资历框架，把不同类别的教育与培训统合在一起，并实现职业教育与培训体系的一体化，厘清关系，实现等值与认定累积。从这个意义上讲，健全国家职业教育制度框架是整个"职教二十条"的基础，它是实现例如"1+X"证书制度、"职教高考"等众多改革举措的根本性支撑。与此同时，在当下这个历史时期，建立健全国家资历框架也是整合局部框架、理顺各类教育关系并成就整个大教育改革发展的基石。

第三，有助于转变政府职能，构建更科学合理的国家职业教育治理体系。当前，随着职业教育办学日益成熟，社会多方力量介入办学成为职业教育发展的新趋势和新形态。多元主体参与的职业教育发展态势急需构建科学合理的国家职业教育治理体系。国家不再面面俱到、细致入微地管理，而是创造和保障职业教育发展的良好环境，通过管理制度的改革更加明确国家、企业、行业与办学机构的责任分担，实现协作共赢的精细化专业管理。因此，在政府职能转变的历史节点，健全国家职业教育制度框架是实现国家治理的根本性依托，它不仅是一种时代必需，更是一种历史必然。

（三）健全国家职业教育制度框架的主要举措

1. 完善相互配套、互为支撑的国家职业教育立法框架

从国际比较来看，许多发达国家都已形成较为完备的职业教育立法框架，这是实现依法治教的基础。在我国，职业教育起步较晚，目前已初步形成以《职业教育法》为核心，《教育法》《教师法》《高等教育法》《民办教育促进法》《劳动法》《社会保障法》等为补充的职业教育法规体系。然而，伴随着社会经济的快速转型与变革发展，现有的法律法规体系存在三大突出问题。一是属性偏"软"，原则性规定过多。二是"互耦性"严重缺失，职业教育的跨界性特征需要不同部门法律法规之间的相互支撑和适配。三是约束内容滞后，表现为职业教育的新改革需求难以获得法律法规的依靠与支持。这些"瓶颈"性问题严重制约了我国职业教育的健康持续发展和现代化进程。

根据我国国情，从国家制度层面破除职业教育改革发展的基本法律障碍，稳步推进立法进程，可从三方面着手。

（1）宏观谋划适应职业教育丰富性的法律法规体系，预留法律接口。当前，我国职业教育发展开始从效仿普通教育走向更加多元、更为丰富的形态。这种"去普教化"的丰富样态急需相适配的国家立法予以保障和稳固。建议本次《职业教育法》修订中积极纳入产教融合、校企合作、社会机构举办职业教育与培训、混合所有制等方面的国家立法，为行业企业、社会力量参与职业教育过程、现代学徒制模式、多元运行体制等预留法律接口，以加速我国职业教育法制化进程和应对新问题的适应性。这些立法不仅作为单一立法，而是形成与其他部门法律的匹配性，形成如日本法律那样的"法律法规簇"，共同支撑职业教育的发展。

（2）细化法律法规条文，提升立法的规制性与约束力。例如，1969年德国联邦政府制定了《职业教育法》，首次以法律条文的形式对"双元制"职业教育模式进行了确认，对企业参与职业教育的责任、权利和义务进行了极为明确的规定；1981 年《职业教育促进法》进一步对学校职业教育以外的职业教育各项事宜做出规定，同时明确了德国联邦职业教育研究所的职责、权利、义务等。2005 年，德国联邦政府再次修订和完善《职业教育法》，对其中的学制、国家考试等做出了详细的规约。此外，德国政府还制定了《青少年劳动保护法》《企业基本法》《培训教师资格条例》《手工业法》等作为配套。借鉴德国经验，我国应真正从立法层面明确职业教育利益相关者的责任、权利和义务，真正落实"双元"育人机制。

（3）充分调研论证，及时更新调整，稳步提升立法质量和水平。立法是件极为慎重的事。首先，有必要组建专业团队对现有法律体系中与职业教育相关的法律条文、地方法规等进行细致梳理，对这些法律条文之间的相互关系、实施效果等进行深入研究。其次，提高立法调研层级，关注职业教育利益相关者的诉求。以英国、澳大利亚为例，先由专业团队进行职业教育发展变化的深入调研，而后形成国家层级的调研报告，在此基础上吸纳不同部门、各社会机构、各专业团体以及职业教育利益相关者参与讨论，最终形成法律文本，进入立法程序。我国当前的立法程序有调研，但调研的部门属性较强，尚不能做到形成国家层级的调研结论。因此，有必要学习英、澳等国的做法，提高职业教育调研的层级，同时邀请职业教育利益相关者参与立法讨论，稳步提高我国职业教育立法质量和水平。

2. 明确定位政府角色，形成各司其职的职业教育专业化管理及激励制度

当前，世界职业教育发达国家都形成了各具特色的职业教育管理框架，其共同特点是重视政府和行业在职业教育决策与管理中的重要作用，并明确各自的责任和权利。为了规范我国职业教育管理，2011 年 3 月，教育部对其部分内设机构的职能进行了调整，将高职高专和继续教育的综合管理职能由高等教育司调整到职业教育与成人教育司，由此，中等职业教育和高等职业教育都已归口到教育部职业教育与成人教育司进行管理。2015年6月，在教育部的主导下，我国成立了56个行业职业教育教学指导委员会（以下简称"行指委"）。由此，我国形成了以教育部门、人社部门、行指委为主的职业教育管理框架。尽管如此，职业教育管理中依然存在两大突出问题。一是由于长期形成的多头管理、职能交叉的情况依然普遍存在，且行指委参与度相对较低。二是投入机制的效率和激励作用发挥不充分，近几年国家对职业教育投入巨大，成效显著，但职业教育经费中很大的一部分是以项目经费的形式下拨，如国家的示范校项目、国家级的实训基地建设等，这些项目惠及基础薄弱地区和学校比例极小，在一定程度上加剧了地区和学校间的差异，形成了"马太效应"。基于此，建议从两方面着手。

（1）成立国家职业教育管理局，实施专业化管理。与我国现状相同，英国起初在职业教育管理上也存在教育部门和就业部门职能交叉、权责不清的情况。为改善这种情况，1995年，英国政府将这两个部门合并，改名为"教育与就业部"，实现了教育管理和就业管理的整合；2001年，教育与就业部改名为"教育与技能部"，进一步整合了中央教育行政部门对职业教育的管理职能；2010年，英国政府决定让教育回归本真，再次改名为"教育部"，关注受教育者的学习、就业以及未来发展。由此，建议可从以下几点入手：第一，成立国家职业教育管理局实体机构，使其对有关职业教育的各项具体事务如过程管理、资格认证、质量保障等方方面面进行专业、规范地管理；第二，学习西方半自治管理模式，由国务院职业教育工作部际联席会议对其赋予管理权力，在决策与操作过程中其他部门不干涉其管理事务，只对其年末的绩效进行审计；第三，该机构注重除了政府部门以外的行业企业、社会组织、学校、家庭等职业教育利益相关者的广泛参与，以使有关职业教育管理的各项决策与实践反映现实需要、满足社会需求，为职业教育的科学发展提供指引。

（2）建立公平与绩效兼顾的职业教育经费投入机制。我国目前的投入机制主要是事前投入，无论学校办学实绩如何都能获得相应投入，这在一定程度上挫伤了办学成绩突出学校的积极性。针对这些情况，可进行如下改革：第一，坚持投入机制的激励性原则，建议国家在项目化投入、生均经费投入机制之外尝试建立绩效导向的投入机制，借鉴澳大利亚的经费投入机制，根据证书获得的比例和规模以及地区的差异性，根据毕业生的实际学习成果进行差异性投入，从而激励学校办出质量而非扩大规模；第二，坚持基本保障运行兼顾的原则，建议国家应逐步弱化项目化经费投入的导向，把更多的资金用于职业教育的基础能力建设。

3. 构建终身化、一体化，横向贯通、纵向衔接的国家资历框架

20世纪80年代中期以来，全球150多个国家或地区建立了不同层面的资历框架。为了实现跨国和地方资历框架之间的对接，许多地区还建立了区域资历框架，如欧盟资历框架、太平洋资历框架、南部非洲发展共同体资历框架、东盟资历参照框架、英联邦小国资历框架等。可见，世界各国逐渐达成共识，通过构建一个协调、整合、可比较的资历框架，有利于形成各层次教育的知识、技能和能力的统一评价标准，保证各级各类教育的质量，促进个人的终身学习，进行学分的累积和转换。从国际比较来看，该框架通常具备六大特征：公平性、开放性、衔接性、融通性、终身性和现代性。

我国已经积淀了构建国家资历框架的各种基础。从1995年开始，我国建立了职业资格证书制度，近期教育行政部门也研发了职业技能等级证书。2015年，现代职业教育体系初步形成。学分银行探索日益广泛，截至2016年7月，正式挂牌的学分银行有38家，包括7种类型。2018年，终身职业技能培训体系开始推行。这些基础性、局部性制度的逐步建立持续催化着国家资历框架的出台。然而，要建立和完善国家资历框架，依然有很长的路要走，在这一过程中将实现三方面的对接：一

是教育框架与劳动力市场的跨界对接；二是地方框架与国家框架的对接；三是中国框架与国际框架的对接。这意味着，我国的国家资历框架既要遵循国际标准以保证资历对等性，同时又要基于我国的国情，形成符合我国经济社会发展特征以及产业发展特点的资历框架，为教育包括职业教育现代化提供一个中国方案。

4. 建立具有国际先进水平的职业教育标准体系，完善国家职业教育质量框架

近几年来，我国教育行政部门积极着手开发和建设多项标准，形成了以专业目录、专业教学标准、课程教学标准、顶岗实习标准、专业仪器设备装备规范等具有中国特色、比较系统的职业教育国家教学标准体系框架。目前，这些标准包括：两个专业目录，即《中等职业学校专业目录》《高等职业学校专业目录》及其设置管理办法；230个中职专业教学标准和410个高职专业教学标准；9门中职公共基础课教学大纲，9门中职大类专业基础课教学大纲；70个职业学校专业（类）顶岗实习标准以及9个专业仪器设备装备规范等。这些标准对于规范人才培养全过程具有积极的现实指导和规约价值。然而，从国际比较的视角考察现有的职业教育标准体系和质量框架，不难发现，我国标准化建设刚刚起步，规范的关键节点和质量激励与保障措施还远远没有到位。对照发达国家，至少有如下几方面亟待建立与完善：

（1）建立国家职业教育质量委员会。职业教育的跨界性决定了其质量把控需要更为宏观的机构。因此有必要建立职业教育质量管理的最高机构——国家职业教育质量委员会，专门负责职业教育的宏观质量监控，确保标准的统一和更新以及办学水平的不断提升。对于职业教育的质量管理执行包括课程培训标准的界定、学校设置、专业设置的审批把关和办学水平的评估工作。它是独立于国家最高教育行政部门的一种政府组织，其成员可由行业企业、政府部门、办学机构、教师学员等各方代表组成。

(2) 完善职业教育与培训举办资质的许可认证制度。职业教育供给方具有多样性特征，而这些多元的办学机构都必须符合严格的条件约束。任何院校（包括职业类院校、普通类院校、社区类院校）、企业、行业协会或其他社会机构要举办职业教育与培训必须通过审核，成为注册培训机构，而这种审核制度就是许可认证制度。由此，有必要在全国范围内设立国家职业教育与培训机构注册委员会，专门审核、认证、监管各类型办学机构的办学资质，从而在源头上确保职业教育与培训的底线教育质量，各地还可以根据本地的经济社会发展需要，核定出地方性的许可认证制度，通常地方标准要高于国家标准。

(3) 健全师资准入标准、人事制度及系统化教研与培训制度。师资是办学质量的重中之重。目前，我国对于职业院校师资仅需教师资格证书即可准入，与普通教育完全一致。事实上职业院校师资来自应届高校毕业生的占比相当高。从职业教育发达的国家来看，职业师资的准入标准非常明确。例如，德国从事职业院校的教师通常要经过 6 年以上的学习，5 年左右的企业经历，2 年的相关企业经历，通过 2 次国家考试。这一点特别值得借鉴，我国有必要开发更具鲜明职教特色的职业院校教师资格证书，从证书制度本身来规制师资入口，确保师资的双重经历和能力。对于兼职教师同样也必须具备准入标准。当然，作为配套措施，不得不改革的是人事制度。基于人社部门和教育部门的联手深入调研，有必要建立一套去普教化的专属职称系列和考核方式，有利于无论是来自行业企业还是高等院校的教师都能顺利转换、晋升和双向流动，保证职业生涯发展通道顺畅。与此同时，借鉴普通教育多年积累的宝贵经验，建立和健全职业教育教研和系统化培训体系对于持续提升职业教育师资质量具有极为关键的作用。

(4) 形成国家与地方职业教育质量标准的弹性协同机制。中国由于东中西部产业和经济发展水平不一，对于职业教育质量标准的实施具有较大的挑战性。因此，有必要制定国家与地方职业教育质量标准的弹性协同机制。要在国家统一标准和要求的前提下，允许地方政府根据其职业教育实际情况和社会经济需求来确定地方实施方案，使得地方在办学过程中能较好地发挥其主动性和灵活性。

三、试行本科层次职业教育是打通高职教育发展"瓶颈"和完善现代职业教育体系的突破口

现代职业教育体系是一个由不同层次和不同类型办学机构组成的纵横贯通的有机整体。建设现代职业教育体系有两个难点：一是现代职业教育体系是什么样的体系？二是现代职业教育体系如何运转？对于这两个问题的回答关乎新时期我国职业教育改革与发展的大局。回顾改革开放以来职业教育的发展历程可以看到，职业教育制度体系的建立与完善，已经呈现出从初中后为重点向初中后与高中后并重、中等和高等职业教育都成为职业教育体系主体的运行态势。近年来，随着《国务院关于加快发展现代职业教育的决定》《现代职业教育体系建设规划（2014－2020年）》等一系列标志性文件的颁布，我国现代职业教育体系的顶层设计工作逐渐趋于完善，基本解决了现代职业教育体系"是什么"的问题。而关于现代职业教育体系的运转问题，则始终没有得到有效解决。

当前，试行本科层次职业教育成为打通高职教育发展"瓶颈"和完善我国现代职业教育体系的突破口。2019年1月国务院印发《国家职业教育改革实施方案》，继续把完善职业教育体系作为职业教育改革的主要内容，明确提出"完善国家职业教育体系""完善高层次应用型人才培养体系""推进高等职业教育高质量发展"，并进一步明确提出，在高层次应用型人才培养体系中"试行本科层次职业教育"。把试行本科层次职业教育列为重大改革试点内容，这是完善现代职业教育制度体系的重大突破。

(一) 本科层次职业教育是高层次应用型人才培养体系的有机组成

1. 本科层次职业教育主要培养技术应用型人才

从人才分类看，应用型人才是能将科学原理应用于所从事的专业社会实践、能为社会谋取利益的人才。因从事特定专业领域实践活动目的的差异性，应用型人才又分为主要从事设计、规划和决策的工程应用型人才；主要从事工艺、执行的技术应用型人才；主要从事技艺和操作的技能型人才。在高等教育体系内部，与培养学术性人才的综合性学术性大学（统称普通本科）相对而言，培养应用型人才的办学机构包括应用型本科院校和高职高专院校。而在职业教育体系内部，与中职学校培育技能型人才、高职高专培养高技能人才不同，本科层次职业教育的培养目标主要为技术应用型人才。

以技术应用型人才为育人目标，如果说普通本科（新建本科）向应用本科转型是高等教育分类发展的改革课题，而本科职业教育则成为职业教育层次提升的发展机遇。当然，工程技术型、技术技能型等复合型人才的出现，折射出企业技术实践活动的边界模糊对复合型创新型应用人才的需求，这不仅要求高等教育的类型分化，也要求职业教育不断提升育人层次。

2. 本科层次职业教育是应用型人才培养体系的有机构成

联合国教科文组织所定义的"技术教育"，其培养目标在工业化国家被统称为"技术员类人才"，其中技术员由高中阶段或高等教育初级阶段培养，技术工程师层次由本科层次技术教育培养，后者相对于前者而言属高层次技术应用型人才，具有目标定位的层次高度。由于不同国家或地区的社会经济发展阶段和教育制度体系存在差异，高层次应用型人才培养机构各有特点，具有"双元制"传统的欧洲国家，如德国的应用科学大学（FH）、英国的多科技术学院，实施与普通本科相并列的独立应用型大学人才培养机制；实施综合制教育的美国，在普通大学内实施应用型人才培养。在日本，既有五年制工科类高等专门学校内设置专攻科实施本科层次专业教育，也有独立设置的（面向制造业）技术科学大学以及（面向服务业）专门职大学。

与各国相比较，《方案》提出的我国高层次应用型人才培养体系包括：（1）"推动具备条件的普通本科高校向应用型转变"，即可以理解为作为独立形态的普通本科高校整体转型的欧洲模式；（2）"鼓励有条件的普通高校开办应用技术类型专业或课程"，即在普通高校实施应用类专业或课程的美国模式；（3）"开展本科层次职业教育"，即在日本专科层次高专与本科层次"专攻科"的高职高专学校内部衍生模式，呈现出多样化发展态势。本科层次职业教育作为职业教育体系的高层次阶段，与普通本科转型和普通高校举办应用型教育相比，其培养过程和培养机制延续专科教育的高职传统，具有职业教育制度类型定位的独特优势。因此可以说，在政策层面出现简单禁止升格的偏向不符合应用型本科发展的内涵丰富性和形式多样性的特点。

（二）本科层次职业教育是高等教育大众化的类型选择

1. 探索本科层次职业教育是高等教育大众化的必然选择

按照高等教育精英化、大众化、普及化的阶段划分标准，大众化高等教育虽然仍培养精英，但精英涵盖的范围扩大到社会所有技术和经济组织的领导层，培养更为专业的技术专家；到了普及化阶段的高等教育则关注社会大部分人如何提高对社会发展与技术变革迅猛的适应能力。在我国高等教育从大众化走向普及化的背景下，高等教育的功能在于不仅要培养技术专家，也要培养适应社会和经济变化的能力；既要满足资格（学历）获得的需要，也要关注社会大部分人的受教育权利。因此，大众化高等教育不仅要培养面向生产、建设、服务和管理一线的高技能人才，也需要本科职业教育培养高层次技术应用型人才。我国高等教育已经由精英化教育进入大众化教育，沿海发达地区已经进入高等教育普及化阶段。发展本科层次职业教育是高等教育阶段实施专业技术教育、满足社会大部分人接受更高层次教育的必然选择。

2. 本科层次职业教育实施的是职业与专业教育

《国际教育标准分类法（2011）》（ISCED）对高等教育重新定义，为理解高等教育类型与职业教育完整体系提供了依据。高等教育（ISCED levels5-8）被定义为建立在中等教育之上、在专业化的教育学科领域提供高度复杂和高度专业化的学习活动。高等教育包括通常所理解的学术教育、高层次职业或专业教育在内，职业或专业教育和学术教育具有同样的地位。《方案》关于"职业教育与普通教育是两种不同教育类型，具有同等重要地位"的精辟论断，不仅与国际教育标准分类高度一致，更明确了本科职业教育不仅是专科层次职业教育的升格，也是职业与专业教育类型的高级阶段。这类高层次职业与专业教育类型的特征体现应用型本科教育的共性特点，包括在服务面向的专业定位、应用型人才培育目标、重视实践教学的课程以及实践教育场所等办学条件定位。本科层次职业教育的实施与专科高职一脉相承。因此，本科层次职业教育在本质上是职业教育类型教育，简单地把升格作为摆脱低层次职业教育手段的实践误区，与我国高等教育大众化阶段职业教育高等化要求是不相适应的。

（三）试行本科层次职业教育是教育制度体系变革创新的重要突破

1. 本科层次职业教育意味着教育体系从封闭走向开放

本科层次职业教育命题横向跨界职业教育与高等教育，纵向贯通职业教育高职、本科与硕士研究生层次，《方案》提出"试行本科层次职业教育"成为高等教育结构优化、职业教育完整体系建构的关键举措，一方面，原本封闭的高等教育体系走向开放和融合；另一方面，本科职业教育成为衔接贯通中高职教育的关键层级，打通了学生升学通道、贯通技能技术型人才成长立交桥。

2. 本科层次职业教育意味着职业教育内部贯通与外部联通

在职业教育内部，由于本科层次职业教育的发展，打通了职业教育内部层级，摆脱原有的低层次困境和普通教育偏向，可以防止职业教育通过升格脱离职业教育类型，造成专科断层、优质职业教育资源流失。在职业教育外部，本科职业教育可以通过产学研合作、产教融合，共同培育实用型人才、合作开展技术研发与技术服务，既通过改善高等教育的类型结构，满足产业对高层次技术人才的需求；又为学校办学赢得较好的社会环境，形成学校育人与企业参与之间的良性循环。

总之，本科层次职业教育不仅是职业教育体系专科职业教育升格为本科职业教育的层次升格，更是高等教育体系的职业教育与专业教育类型的升格。围绕高层次应用型人才培养，只有坚持高等性与职业（专业）性统一协调，才能回答为什么探索本科职业教育对于服务经济、提升社会吸引力以及完善职业教育体系具有重要意义。

（四）开展本科层次职业教育试点的重大意义

《方案》关于我国职业教育发展定位和问题的基本判断，为本科职业教育的探索指明了广阔前景，进一步明确了实施本科职业教育的重要意义。作为职业教育的重大改革试点，本科层次职业教育的探索实践，对于服务经济社会发展、促进学生成长和发展以及进一步完善现代职业教育体系具有重要意义。

1. 本科层次职业教育有助于完善服务经济发展的职业教育体系

探索本科层次职业教育的发展，积极回应了产业转型升级对高层次应用型人才的需求。通过发展本科层次职业教育，培育高层次应用型人才，契合产业发展人才需求。这不仅为世界发达国家的成功实践所证明，也是我国一贯政策主张高等职业教育服务经济发展的延续和拓展。

纵观20世纪中后期世界工业化国家和地区职业教育发展的共同趋势，本科层次职业技术教育的产生和发展都是社会经济发展到一定阶段的必然产物。随着科技的迅速发展,社会生产对从业者技能复杂性和综合性的要求不断提高,本科层次职业教育的办学形式在各国纷纷出现。日本为适应技术立国对高层次制造技术人才的需要,与五年制高等专门学校毕业生直接对接,建立技术科学大学;之后在高专内部建立本科层次专攻科制度,形成内部衍生型技术本科发展模式;进入21世纪,日本为满足以服务业为核心的经济新成长的需要,以原有私立专门学校为基础,建立独立的本科层次专门职大学,形成了职业教育办学层次专业结构与产业结构之间高度契合,具有鲜明类型教育特征的日本高层次应用型人才培养,其毕业生的专业能力得到产业界的高度认可。日本的经验表明,以本科层次为核心的高层次应用型人才培养体系为社会经济发展和技术进步提供了高质量的人力资源,推动和引领了产业发展,反过来也为高层次职业教育获得了发展空间。

来自经济界的研究显示,与产业结构转型相比,中国就业结构偏离度较大,劳动力市场对技术技能型人才的需求增加,但高等教育学科比例调整速度缓慢,专业结构与岗位技能需求存在矛盾,导致出现结构性就业问题,支撑未来新兴产业发展的高学历人才缺口极大。[①] 我国高等教育体系结构滞后于产业发展需要。这对本科层次职业教育来说,既是严峻挑战,也是重要的发展机遇。试行本科层次职业教育、是现代职业教育体系的进一步完善,将打破原有长期以初中后为主的格局,向高中后职业教育延伸,成为教育体系积极应对我国产业发展人才需求的有益尝试。

2. 本科层次职业教育有助于建构服务学生成长和发展的职业教育体系

探索本科层次职业教育是一项重要举措,旨在解决职业教育领域的突出矛盾。该矛盾的主要表现形式是当前教育体系难以满足受教育者接

---

① 苏丽锋. 职业教育发展对产业结构升级的支撑作用分析 [J]. 高等工程教育研究, 2017 (03): 192 – 196.

受更高层次多样化教育的迫切需求。我国职业教育长期难以摆脱低层次的困扰,其根源在于劳动力市场的低端就业,为了促进学生的成长与发展、实现更高质量的就业,需要提供满足受教育者需要的多样化教育和优质高等教育。如今,一方面,我国高等教育毛入学率达到48.1%,即将由高等教育大众化阶段进入普及化阶段;[①] 另一方面,生涯教育实践体系不断完善,实施本科层次职业教育对于满足人们多样化高质量教育需求、提高职业教育社会吸引力,其意义尤为凸显。《方案》是国家职业教育政策的延续,更是在原有基础上的突破。一方面,21世纪以来实施的引导普通高校向应用型转型发展的政策导向,由于办学理念的滞后,实践未取得实质性的突破;另一方面,2014年《国务院关于加快发展现代职业教育的决定》提出,今后我国将探索发展本科层次职业教育,沟通职普,构建专、本、研一体的现代职业教育体系,以此为契机,发展本科层次职业教育得到高职院校的积极响应。探索四年制高职教育成为部分高职院校为积极寻找发展空间,解决其生源、人才培养和毕业生出路问题的一种选择。《方案》的颁布,为今后发展满足受教育者接受更高层次教育和更好质量就业的需求以及发展高层次发展职业教育实践指明了方向。随着产业结构的多样化,专业化职业的流动性加快,作为原动力的科学技术发展,必然导致从事不同类型的社会劳动人群发生两种梯度的递进:一是向后迭代,即技术替代迫使传统上充实规则性体能劳动的劳动者进入规则性智能劳动领域;二是向上迭代,即传统上充实规则性智能劳动的劳动者将进入非规则性智能劳动领域。[②] 因此,劳动者为了进入规则性智能劳动和非规则智能劳动,其能力素质要求接受更高层次的技术教育。"专升本"使得高职高专学校的部分学生为满足自身发展需求可以进一步接受本科教育,进一步提升自身的技术

---

① 教育部:我国高等教育即将进入普及化阶段[EB/OL]. http://www.moe.gov.cn/fbh/live/2019/50340/mtbd/201902/t20190227_371425.html.

② 陈宇. 中国就业和教育:2030[J]. 中国就业,2016(05):5-7.

技能水平，但是却进入了普通教育的培养轨道，容易造成学生学习上的障碍、就业困难等问题，反而不利于其自身发展。而本科职业教育则为这类学生提供了继续接受职业教育的路径。本科层次职业教育的发展如果能够及时应对，将有效提高职业教育的社会吸引力，更好地服务于学生成长和职业发展。

3. 本科层次职业教育有助于建构完善职业教育体系和结构的体制和机制

现代职业教育体系是一个包涵各要素的有机整体，因素之间结合越多，系统就越稳定。无论是高职基础上的本科层次衍生，以破解"断头教育"困局；还是普通本科的应用型转型，以优化高等教育类型结构；以及高质量应用型教育的社会认可，都需要建立有利于体系各要素之间有效衔接和贯通的体制和机制。《方案》作为我国职业教育改革的施工蓝图，明确提出试行本科层次职业教育。其重大意义在于，为破解原有职业教育制度体系的断裂和隔离，全面深化职业教育领域改革提供了战略性抓手。

为实现中、高等职业教育协调发展，需要突破层次分隔，本科职业教育的试行将打通学生上升通道，在已有区域性实践推进的基础上，招生制度、考试制度将得到有序推进，使学生向上发展的路径更为通达。我国各地四年制高职教育试图突破职业教育专科层次的尝试，探索职业教育作为类型教育在现行政策框架下的尝试性实践，可以说《方案》为今后由点到面的推广、在职业教育领域实施高层次应用型人才培养、完善现代职业教育体系提供了政策依据。《方案》提出从2019年开始在应用型本科启动学历证书和若干职业能力等级证书的制度试点，对复合型技术技能人才培养模式与评价模式改革、畅通技术技能人才成长通道、促进就业创业具有重要作用，这也将为最终构建国家资历框架打下重要基础。

第三节　高职院校理性"回归"，以鲜明的特色彰显自身的价值品性

一、"回归""类型"定位，立足于特色发展之道

根据高斯的"竞争性不相容原理"（Gause's principle of competitive exclusion），由于蕴藏于大自然的资源的有限，同类生物为争夺同一赖以生存的资源，这种生物很快便有灭种之虞；但不同生物因生存条件不同，反而无碍而各得其所，不断繁殖绵延，继续生存下去。同理，若组织太过相近，竞争便不可避免地趋于激烈，在同质化竞争中自相残杀。因此，一个组织必须寻求与同行组织不尽相同的生存能力和技巧，发现和发挥其独特性及其带来的竞争优势。

纵观世界各国高职教育的发展，它们鲜明的特色决定了其稳固的价值立场。例如，德国"双元制"的职业教育体系以"企业本位的现代学徒制度"为鲜明特征，被誉为促使德国经济发展的秘密武器；美国的高职教育包含学历教育、非学历教育等多种职能，成为社区文化与教育中心，为美国实现高等教育普及化做出了重要的贡献；新加坡的高职教育则以"使命、还原、优质、责任"为理念，在神圣使命"教育要适应经济、社会发展需要"的驱动下，根据产业转移不断革新体制，服务于社会发展。

高职院校与普通本科院校都是我国实施高等教育的载体，且都是属于同一部类和性状的社会组织，它们面对的是同样稀缺的资源、相似的师生供需情况以及相同的管理制度。在日趋激烈的竞争中，高职院校若是沉醉于"学术漂移"的一时之利，是不可能持续发展和逐步强大的，只会更加弱势和自我矮化，在同质化竞争博弈中自毁生机。因此，我国

高职院校必须深刻反思,"回归"类型定位,并积极采取行动,把人才培养的质量和效果作为检验一切工作的根本标准,通过提升人才培养质量构建自我身份和生存立场,以鲜明的类型特色和优势彰显自身的价值品性,进而实现对社会人才需求的独特供给和对经济社会发展的独特贡献,促使社会各界更理性地审视高职院校的发展,打破当前我国高职院校发展过程中外部环境的制约和束缚。

高职院校办学定位的必要条件是必须明确高职教育的定位问题,只有明晰了高职教育的定位问题,才能为高职院校办学定位的确立提供正确指导。

(一) 高职教育定位

高职教育定位就是要找准自身在国家、区域经济社会发展以及高等教育体系中改革发展的"坐标系"或具体"位置",以便解决好"培养什么样的人、如何培养人以及为谁培养人"的根本问题。高职教育定位要从经济社会发展的需要出发,在高等教育系统中找准自身定位区间和发展空间,着重把准类型、体系和层次三个方面的定位。自2014年全国职业教育工作会议召开后,《关于加快发展现代职业教育的决定》《现代职业教育体系建设规划(2014-2020年)》和《国家职业教育改革实施方案》等重要政策文件的出台,从国家层面对现代职业教育在新形势下的改革与发展做出了制度性安排。

一是文件中明确了职业教育是一种类型。2010年底,教育部将高职教育划归职业教育与成人教育司管理,使高职教育带着高等教育的身份"回归"职业教育,突出了自身的职教属性。尤其是《国家职业教育改革实施方案》明确指出,"职业教育与普通教育是两种不同教育类型,具有同等重要地位",要求"由参照普通教育办学模式向企业社会参与、专业特色鲜明的类型教育转变"。这就从思想认识和观念转变上确立了高职教育类型发展的理念。

二是文件中明确了职业教育的体系定位。也就是说，职业教育是一个完整的系统，不再仅限于中等职业教育和专科层次的高等职业教育，而是要适应发展需求、服务发展需求，做好中职、高职衔接和与普通教育的相互沟通，树立终身教育理念，着力发展具有"中国特色、世界水平"的现代职业教育体系。

三是文件中明确了职业教育的层次定位。普通教育有层次之分，现代职业教育也有层次之别。就职业教育体系内部而言，《现代职业教育体系建设规划（2014－2020年）》指出要"系统构建从中职、专科、本科到专业学位研究生的培养体系，满足各层次技术技能人才的教育需求"，《国家职业教育改革实施方案》提出要"开展本科层次职业教育试点"，打破过去局限于中职和专科两个层次的人才培养局面，建立职业教育各层次技术技能型人才贯通培养的"立交桥"，延伸职业院校学生的成长空间。

（二）高职院校定位

高职院校办学定位是指根据社会需求和自身条件在一定时期学校的发展目标、类型、层次、办学形式、服务面向等方面的定位。就高职院校的长远发展而言，其办学定位的科学、精准确定，直接决定着高职院校办学理念、办学思路、办学方向和发展目标的形成，关乎着高职院校的特色发展、优质发展和技术技能型人才培养质量的不断提高。

在现代职业教育"以服务发展为宗旨，以促进就业为导向"的新理念下，和高职院校以"质量提升"为核心内涵的创新发展、优质发展的新形势、新要求下，高职院校的办学定位应着眼于把握好以下几个方面：办学理念、发展目标、办学功能、服务面向、培养目标、专业课程、师资建设、文化建设和办学特色。同时，高职院校的办学定位一旦确立，不应是静态的，应随着外部（主要指产业结构和人才市场）需求和学习者需求的变化而处于一个动态调整的过程。以需求和问题为导向，与时俱进，对外部变革及时做出反应，付诸相应策略的实施，真正瞄准与体现职业教育改革发展的"宗旨"（服务发展）和"导向"（促进就业）。

自然生命系统之间的竞争是在现有资源空间中的竞争，它本身不能创造自身需要的资源空间。在社会生态系统中，社会组织不仅可以根据自身在社会功能关系和作用中的法定属性利用相应的资源，而且可以拓展甚至创造自身生存、发展的新空间和新资源。结合生态学的观点，我们认为，高职院校可以通过在高等教育内部及其与其他社会组织（如企业）之间拓展和创新自己的现实生态位，从而拓宽自身的生存空间，增强自身的可持续发展后劲。

1. 错位拓展，强化特色发展

自然界利用空间错位的形式使生物各得其所。高职院校在社会生态系统尤其是在高等院校生态系统中，如能根据自身的资源基础特征，选择区别于竞争对手的重点区域进行发展，像生态分离原理所揭示的那样彼此错落有致，形成错位发展。纵向而言，在现代职业教育体系中，高职院校与普通本科院校要区别地瞄准社会不同类型的人才需求，确定自身的培养目标和发展方向。横向而言，在同一区域内，同一层次的不同院校要根据自身的办学积淀和实际，科学地选择自己的优势专业、长线项目和战略目标，服务区域内不同的领域、产业和企业，统筹规划，集约发展，使得高职院校与普通本科院校以及高职院校之间各有侧重，相互牵引，相辅相成。

2. 适度拓展，促进持续发展

高职院校在发展的过程中，必须对自己的生态位进行控制和优化，以适应和改造自身发展的生态环境。生态位控制包括调整生态位和拓展生态位两个方面。高职院校只有不断调整生态位，才能适应社会生态系统的发展需求；只有不断拓展生态位，才能赢得新的发展空间。如果在发展过程中，只注重适应不注重拓展，就会缺乏发展的速度和力度；只注重拓展不注重适应，就会缺乏发展的稳度和可持续度。因此，高职院校在发展的过程中，要掌握好对生态位的拓展速度和宽度，避免失去自身的特色和发展的连续性。纵向而言，我国高职教育的举办重心从专科层次向本科层次的高移已经成为必然趋势，教育部已明确将通过现有部分本科院校的转型实现我国高职教育的生态位拓展。这部分本科院校转型的速度及其与原有高职院校之间的衔接度，成为影响我国高职教育生态发展的关键因素。理想状态是转型后的应用技术型高校应如同从高职教育体系中自然生长出来的一样。横向而言，同一层次的不同院校在人才培养与专业设置上，要适应区域产业变化，科学把握自己拓展的可承载力，坚持有所为、有所不为，既不能盲目跟风和无节制地拓宽，避免力不从心，不能集中精力办好优势专业；又不能过于专注传统优势，无视产业变化，从而失去发展的时机和未来的空间。

3. 虚拟拓展，拓宽生存空间

随着人类社会由工业社会迈向信息社会，"资源"概念的内涵、外延及其占有方式正在发生深刻的变化。虚拟生态位和生态资源的共享，拓展了社会组织的生态空间。高职院校要善于构建和利用虚拟生态位，充分发挥自身的优势，提高竞争力和吸引力，对外部资源和力量进行有效吸纳与整合，从而拓展生态位，丰富自己的生态资源，降低成本，改善生存发展环境，提高办学综合实力。纵向而言，在现代职业教育体系中，要通过网络等虚拟载体和渠道，拓宽高职院校与普通本科院校、中职学校之间在教育资源方面的对接面，提高相互间的耦合度，促进资源共享、功能互补。横向而言，同一区域内的不同高职院校在加快建设自身教学资源和教学实践活动数字化平台的基础上，要加快建设高职院校之间的资源共享平台、高职院校与其他社会组织（如企业、社会培训机构等）之间的资源互融平台，从而构建现实与虚拟共存、互补的大生态位，为自身可持续发展提供无限的资源和广阔的空间。

总体而言，我国高职院校经历了 20 世纪 90 年代以来的大扩张、大投入、大发展,目前已经开始从外延式发展阶段进入内涵式发展阶段。今后一段时期,在国家、区域经济社会以及高职教育创新发展的新形势、新理念、新要求下,通过探索、研究与实践,推动高职院校定好位,以培育和提高核心竞争力为重心,以科学整合内部要素、优化配置内部资源为动力,挖掘自身潜力,提高管理效能,提升人才培养工作的质量和水平,走出具有自身特色的类型发展、内涵发展和质量发展的办学之路。

二、加强能力建设,提升高职院校的"实用合法性"

(一) 能力建设是提升组织合法性之"硬核"

与完善的本科高校体系相比较而言,当前高职院校的办学基础薄弱,其历史传承、机制体制、人才培养质量及社会评价等都尚未成为"广为接受"的社会事实,处于边缘地位,面临"实用合法性"危机,因此,加强高职院校的能力建设刻不容缓。

"能力"一词最初是针对个人而言的,通常是指人在实践中所呈现出来的本领、技能等。能力更多的是力量的表现,是人在现实活动中所呈现出来的、能够被觉察和认可的实际能量,反映出人驾驭各种活动的本领大小和熟练程度以及所达成的实际成效,是"人的本质力量的公开展示"[1]。之后,能力这一概念逐渐被引入对组织的研究框架中。学者对组织能力的研究缘于企业组织。在潘罗斯1959年提出的企业内在成长论的基础上[2],1972年经济学家理查德森首次提出了"企业能力"的概念。其后,企业能力成为研究企业竞争力的重要视角,并在此基础上逐渐形成了企业资源理论、企业核心能力论、动态能力论等流派。在政治

---

[1] 马克思恩格斯全集(第42卷)[M]. 北京: 人民出版社, 1979: 128.
[2] 吴雪梅. 企业核心能力论[D]. 成都: 四川大学博士学位论文, 2007: 15.

学界，在阿尔蒙德的结构功能主义理论的影响和推动下[①]，"政府能力"和"国家能力"的概念也受到了越来越多的关注，并成为政治学和行政学研究中的重要视角。

组织能力发展是指单个组织和组织群的变化和履职能力提高的过程。组织能力发展的重要变量关系包括：组织内生性变化因素（如所有权、人员任命和管理风格），关键的内部组织变量（如组织结构、程序、职员队伍和管理系统），履职情况和持续性产出；外部环境因素（如政策框架、资源获得、政体、利益相关者、治理体制等）。能力建设既是技术意义的能力建设（如系统或程序等），也是软能力建设，包括与社会认为是理所当然的原因和效果的一套价值系统的一致性。

提升组织能力是提高组织合法性的一个重要因素。欧洲发展政策和管理中心（ECDPM）在国际发展与合作领域，研究16个国际组织的能力和履职问题的案例时，发现了组织能力与合法性的这种相关性，并形成了布林克霍夫（D. W. Brinkerhoff, 2005）撰写的专题研究报告《组织合法性，能力和能力发展》。该报告认为，合法性的本质是组织与其利益相关者（constituents）的关系，生成和提升合法性是组织长期生存和持续发展的需要。因此，组织合法性的提升包含组织能力建设，组织能力建设作为合法性提升的重要组成部分而应得到重视。

（二）高职院校的能力结构

高职院校发展的实质，是高职院校基础能力和支撑能力的建设与提升，进而服务和推动经济社会发展、人类进步的过程，因而能力建设是提升高职院校"实用合法性"的"硬核"。高职院校能力可以从内蕴力、外显力和自觉力三个层面来理解。

[①] ［美］阿尔蒙德等. 比较政治学体系、过程和政策［M］. 曹沛霖等译. 上海：上海译文出版社，1987：7.

1. 高职院校的内蕴力

高职院校的内蕴力是指高职院校内部所包含的各种静态要素、资源的组合，以及由此而集聚、蕴藏、潜在的能量和力量。组织具有不同的有形和无形要素，这是组织实力的体现，这些要素可以转变成独特的能力，是组织保持持久活力的源泉。作为一种特殊的组织形态，高职院校的要素总量体现了其整体实力。高职院校的内蕴力可从资源、制度和声誉三个角度来理解。（1）资源。高职院校的资源总体上可以分为：一是物质资源，包括土地、设备、图书、校舍等，经费是高职院校最基本、最重要的物质条件。高职院校必须拥有稳定的经费来源，在高等教育竞争越来越激烈的今天，不管是教育学生、聘用教师、科学研究，还是保证高职院校组织内部各部门的正常运转，均离不开资金的有效支持。二是人力资源。高职院校人力资源的核心是师资队伍，师资是高职院校的战略性资源，有什么样的教师队伍，就有什么样水准的高职院校。没有一流的师资队伍，就没有一流的人才培养，一流高职院校的目标也就难以达成。（2）制度。制度是一种隐性资源，是一种稀缺性资源要素，制度供给不足易导致高职院校组织发展缓慢和竞争力软弱。有效的制度供给和制度创新是高职院校获取竞争优势的根本，不同的制度安排将会使高职院校产生较大的竞争力差异。从制度经济学的角度来说，良好的制度安排应大大降低内部交易成本，有效提升组织效率。高职院校的组织机构设置是否科学，党政之间的关系是否和谐，校、院、系之间的权责是否清晰，各种资源配置是否合理，均体现了高职院校制度的效度。（3）声誉。高职院校声誉是指高职院校获得的社会认可和赞誉程度，是社会公众对大学综合实力、价值、办学成就和对社会所作贡献等在心理层面的认知和表达。声誉是高职院校重要的"无形资产"。声誉一旦形成就是高职院校独一无二的重要资源，它是高职院校在发展的历史中逐渐在公众心目中沉淀凝结而成的印象，在短期内很难改变。一所高职院校的声誉无法被另一所高职院校所复制、迁移和学习，好的社会声誉是高职院校的其他要素无法替代的"固定"资源。良好的社会声誉能够为高职院校带来源源不断的社会资源，这是高职院校良性发展的重要条件。

2. 高职院校的外显力

高职院校的外显力，是高职院校在实践过程中所呈现出来的外化性力量，是一种能够对外界产生客观的影响，并为人们所感知的力量。其包括四方面。（1）人才培养影响力。高职院校的人才培养影响力包括两个层面的含义。一是高职院校对于学生成长成才的影响力，即能够在品德养成、思维训练、专业能力等方面使学生终身受益。高职院校应紧紧围绕"为谁培养人、培养什么样的人、怎样培养人"这一核心问题提升自身在人才培养过程中的影响力。二是高职院校培养的人才对国家和经济社会发展的影响。高职院校在我国人才强国战略中承担着基础性、全局性和先导性的功能，是人才强国战略的主战场之一。（2）应用研究创新力。创新是引领发展的第一动力，是建设现代化经济体系的战略支撑。高职院校作为应用研究、技术创新和技术技能积累的重要基地，是国家创新驱动发展的重要引擎之一，是建设国家创新体系的重要组成部分。（3）社会服务贡献力。认识世界的目的在于改造世界，知识发现、技术发明和技术技能积累的价值在于在多大程度上转化成为实实在在的成果，在多大程度上推动了经济社会和科技的进步。服务于国家和经济社会发展需求，是高职院校能力的重要标志。推动经济高质量发展和产业结构转型升级的主要动力离不开高职院校社会服务贡献能力的建设，尤其是在"大众创新、万众创业"的热潮中，高职院校更扮演着关键性的角色。（4）文化传播引领力。高职院校是传承人类文明、建设先进文化的重要基地，高职院校作为文化机构的存在，在文化传承、传播和引领方面发挥着不可替代的作用。伴随着全球化的进程和网络的开放化，不同文化之间的碰撞日益激烈，高职院校应准确把握新时代中国特色社会主义文化的丰富内涵，主动承担起文化传播和引领的责任。

3. 高职院校的自觉力

能力是受德性、品性和理性引导的，高职院校的内蕴力使得高职院校能力的实现具备了现实的可能性，而这种内蕴力到底能否或在多大程度上转化为实实在在的外显力，在很大程度上取决于高职院校的自觉力。高职院校的自觉力指的是"自己内里常常清明自觉的力量"①，是依照自身的目的，自主地发挥主观能动性，排除外界的各种干扰和诱惑，坚定地履行自身职能和发挥应有功能的一种行动力。这不是一种制度性的外在约束，而是一种自我性的内在要求；不是一种被动性的环境适应，而是一种对自身理念的主动性坚守。高职院校的自觉力，也就是高职院校充分发挥自身的主观能动性，自觉承担自身使命和实现自身价值的能力。包括：（1）使命自觉。高职院校的使命自觉体现在高职院校的自我定位与战略规划上，是对自身使命自始至终的强烈自我意识和自我要求。对高职院校来说，这种使命就是为国家、为人民、为社会服务的责任，是高职院校的"初心"。这需要高职院校自觉地将认知转化为行动，充分发挥自身的主观能动性，积极作为，主动对接国家重大战略目标，了解社会经济转型升级的现实需求，积极满足社会公众对高职院校的角色期待。（2）组织自觉。高职院校的组织自觉是指其对组织特性的坚守和对组织结构、组织方式合乎理性与使命的选择。高职院校作为高等职业教育组织，有着自身独特的组织逻辑。这就要求高职院校自觉基于自身的内在逻辑选择组织结构与形态，明确规范内部不同组织的目标。（3）质量自觉。质量是高职院校的生命。高职院校的质量自觉本质上是质量意识的自我觉醒，是对质量状态的清醒认识，也是对质量规格特殊性的一种追求，是对科学研究、人才培养、社会服务等目标高质量达成的一种自我认同和自觉追求，是一种把质量意识和标准渗透到各个具体环节的质量观。（4）文化自觉。高职院校的文化自觉可以理解为高

---

① 梁漱溟. 朝话：人生的自省话 [M]. 天津：百花文艺出版社，2005：8.

职院校理念和精神的充分彰显，这种无形的力量比其他硬件和财力对于高职院校发展的意义要大得多。从根本上来说，高职院校的差异就是文化的差异，没有文化底蕴的高职院校无法称之为真正意义上的高职院校。如果缺乏卓越的文化，就不可能成为一所卓越的高职院校。

内蕴力是高职院校能力的基础和条件，是高职院校内在的本质力量和内在价值的表征，决定着高职院校实现其功能的可能性。自觉力是高职院校能力的中间环节，是把可能性变成现实并实现其价值最大化的自我行动力，决定着高职院校的内在价值能在多大程度上得以实现。外显力是高职院校能力对外的公开展示与呈现，是对客观世界所产生的最终成效的体现，是高职院校内蕴力在实践中的最终结果。高职院校的内蕴力、自觉力和外显力相互作用、相互依存，缺一不可，形成了一个完整的高职院校能力结构，从整体上决定着高职院校的可持续发展能力。

三、培育高职院校的组织基模（或原型），为高等职业教育体系建设奠定基础

制度学派认为，组织形式和实践"标准化的根源不是竞争，而是处于支配地位的专业精英散布一种专业规范标准权力之结果；是管理者模仿那些取得了显著成功的组织形式之结果的自然倾向之结果，是政府强制其他组织遵守其要求的权力之结果"[1]。因此，高职院校的组织结构与思想观念在高校之间的传播和扩散主要依赖专业规范、组织基模和政策支持。依据高等教育分类管理的思路，我国将逐步形成普通高等院校与高等职业院校两种高等教育"类型"的"二元体系"。然而，从当前形势看，相对于完善的普通高等院校体系而言，高职院校体系

---

[1] [美]沃尔特·W. 鲍威尔，保罗·J. 迪马吉奥. 组织分析的新制度主义[M]. 姚伟译. 上海：上海人民出版社，2008：366.

建设从外部标准、专业规范、投入机制、评价机制到组织体系的内部"秩序结构"或"组织标杆"等都还在初步探索与建设之中。因此,较为可行的策略是,通过组织基模或组织原型的培育,为高职教育体系建设奠定基础。组织原型"为我们描述某种理解图式或概念嵌入组织结构及其运行系统的各种方式的特征,提供了一个有用的模版"①。从国际经验而言,欧洲专业院校的成功,正是很大程度上确保了应用技术型高等教育的"合法性"。

2006年,教育部和财政部启动"国家示范性高等职业院校建设计划",支持100所高水平示范校建设。示范校建设把工学结合作为产教融合的重要元素,渗透到教育教学过程,形成了工学结合的人才培养模式。为巩固国家示范性高职院校建设成果,2010年,教育部和财政部联合印发《关于进一步推进"国家示范性高等职业院校建设计划"实施工作的通知》,在原有已建设100所国家示范校的基础上,新增100所左右国家骨干高职院校。骨干校建设创新了校企合作的体制机制。在示范(骨干)校建设周期结束以后,2014年,《国务院关于加快发展现代职业教育的决定》提出,"建成一批世界一流的职业院校和骨干专业,形成具有国际竞争力的人才培养高地,支持一批职业院校争创国际先进水平"。2015年,教育部印发《高等职业教育创新发展行动计划(2015-2018年)》,提出"到2018年支持地方建设200所办学定位准确、专业特色鲜明、社会服务能力强、综合办学水平领先、与地方经济社会发展需要契合度高、行业优势突出的优质专科高等职业院校"。优质校建设抓的是通过产教融合带动院校整体质量提升。2006~2015年,"国家示范性、骨干高等职业院校建设计划",共支持200所国家示范(骨干)高职院校重点建设788个专业点。至此,我国已建成了世界上规模最大

---

① [美] W. 理查德·斯科特. 制度与组织——思想观念与物质利益 [M]. 姚伟等译. 北京:中国人民大学出版社,2010:197.

的职业教育，体系框架初步成形，高职教育基本形成了以专业目录、专业教学标准、课程教学标准、顶岗实习标准、专业仪器设备装备规范等五个部分构成的国家教学标准体系，迈向了高质量发展的新阶段。

针对当前我国职业教育类型特色不够鲜明、体量大而不强、校企合作不深、质量有待提高、体系不够完善等问题，2019年，国务院颁发《国家职业教育改革实施方案》，提出"经过5~10年时间，由追求规模扩张向提高质量转变，由参照普通教育办学模式向企业社会参与、专业特色鲜明的类型教育转变，大幅提升新时代职业教育现代化水平。""到2022年，要建设50所高水平高职院校"。随后，教育部、财政部颁发《关于实施中国特色高水平高职学校和专业建设计划的意见》（简称"双高计划"）指出，"集中力量建设一批引领改革、支撑发展、中国特色、世界水平的高职学校和专业群，带动职业教育持续深化改革，强化内涵建设，实现高质量发展。""坚持扶优扶强。质量为先、以点带面，兼顾区域和产业布局，支持基础条件优良、改革成效突出、办学特色鲜明的高职学校和专业群率先发展，积累可复制、可借鉴的改革经验和模式，发挥示范引领作用。""集中力量建设50所左右高水平高职学校和150个左右高水平专业群，打造技术技能人才培养高地和技术技能创新服务平台。"

从示范（骨干）校建设到优质校建设，从创新发展行动计划，到"双高计划"，并不是简单的优中选优，而是以持续的政策供给，有计划、有步骤、有重点地培育高职院校的组织基模或原型，创造可复制、可借鉴的改革经验、模式、规范和标准，发挥其示范引领作用，带动其他高职院校的发展，并以"典型化、脚本、能动性观念的面目出现，为我们提供参与经济、社会行动的认知、范畴和理解框架"①。

---

① [美] W. 理查德·斯科特. 制度与组织——思想观念与物质利益 [M]. 姚伟等译. 北京：中国人民大学出版社，2010：197.

四、构建高职院校的组织场域，形成助推高职院校共同发展的平台

心理学家库尔特·列温（Kurt Lewin）把场域概念作为评估个人"生活空间"——"个人以及对个人而言所存在的心理环境"——的工具。皮埃尔·布迪厄在他的社会理论中也使用了场域概念，指的是"一个社会或文化再生产领域中的各种行动者总和、各种组织总和以及它们之间的动态关系"。他认为，根据场域来思考，就是从关系角度来思考。此外，他还应用了一种类似的博弈思想，甚至使用了规则、博弈者、风险、竞争与斗争等词汇来分析和描述场域的重要特征。在组织研究领域内，场域概念还有一个重要的思想渊源，那就是用组织生态学的"组织共同体"概念来研究某一地理范围内的组织集合。这些组织因为功能关系或具有某种共同的地方性而相互依赖。与强调同类组织之间的竞争过程的种群生态学不同，共同体生态学指出组织共同体会形成互惠结构，否定"组织之间会为了生存而面对面地展开对自然和外在环境的争夺"这种思想，相反强调组织会通过合作来实现集体生存，也就是说组织会通过建构一种调节自然环境资源、受到规控的社会环境，来实现集体的生存。① 这些思想为迪马吉奥和鲍威尔的组织场域概念奠定了重要的思想基础。1983年，迪马吉奥和鲍威尔开创性地提出了组织场域的概念。所谓组织场域，是指包括关键的供应商、原料与产品购买商、规制机构以及其他类似服务与产品的组织等聚合在一起，所构成的一种被认可的制度生活领域。他们主要关注的是把组织联结成更大网络的关系系统，认为相关的关系可能反映的是组织之间的"连通性"，即组织之间直接

---

① ［美］W. 理查德·斯科特. 制度与组织——思想观念与物质利益［M］. 姚伟等译. 北京：中国人民大学出版社，2010：191-192.

或间接的联系；或者也可能反映的是"结构等同"，即组织在网络结构中位置的相似性。他们除了强调互动模式与信息流外，也强调组织间支配结构或共谋模式具有重要作用。每个组织场域都有其自己的特征，即都有比较独特的治理系统，这些治理系统是由公共或者私人行动者（包括公共规制机构、行业协会、工会、专门协会与司法系统等）构成的。而这些行动者又会通过规制性、规范性制度要素之间的某种结合，来控制场域中的各种行动者及其行动。①

我国高职院校的发展，不仅需要国家、市场与高职院校三者之间的互动，也需要引入组织场域的视角。通过联盟、行业协会、专业论坛等形式，促使高职院校发展获得更为广泛的行动舞台，形成更加完善的高职教育治理结构。当前，高职院校作为一种弱型治理的组织场域，第一阶段需要形成一种正式结构，为各高职院校之间的交流提供制度性框架，拓展其制度生活的领域，促进其资源交流与共享的利益共同体。第二阶段，需要促进高职院校组织场域从"利益共同体"走向"价值共同体"。"当务之急，是硬化某些规则和程序；创造行动仪式、符号和意识形态；强化价值认同，形成统一目标；把组织嵌入社会背景中，实现制度的扩散。"② 在此基础上，高职院校的组织场域将成为促进高职院校制度化的重要平台，助推高职院校的发展。

第四节 形塑社会共享观念，达成共同支持高职教育发展的行动基础

组织社会学新制度主义认为，"制度包括为社会生活提供稳定性，

---

① [美] W. 理查德·斯科特. 制度与组织——思想观念与物质利益 [M]. 姚伟等译. 北京：中国人民大学出版社，2010：192-194.

② 周光礼，吴越. 从竞争到合作：C9 联盟组织场域的建构 [J]. 高等工程教育研究，2011（04）：58-68.

意义的规制性、规范性和文化-认知性要素，以及相关的活动与资源。"① "文化-认知性"要素其实就是一种共同理解和共同信念。这是达成共同行动的基础。迈耶和罗恩把这种由社会共享观念塑造组织和成员行为的现象称为"理性的神话"（rationalized myth）。② 来自文化-认知的合法性是一种"最深层次"的合法性，因为这种合法性依赖于前意识，被视为当然而接受的各种理解或认知框架。③ 我国高职教育发展历史较短，传统文化中"重学轻术""精英主义"等观念秩序与认知结构依然潜移默化地影响着高职教育，外部环境中的三个权力中心对高职教育尚存在"系统性偏见"，人们对高职教育的认知与理解都相当有限。这种境遇表明：重建制度环境的深层内核即"文化-认知性"要素，形塑社会共享观念，改变人们对高职教育的思维习惯，已是刻不容缓。

一、文化-认知的逻辑基础

（一）文化-认知的内涵

所谓"文化-认知性"要素是指与特定文化背景相联系的理性的推理及其前意识基础。它构成了关于社会实在性质的共同理解以及建构意义的认知框架，为规范提供着更深层次的文化支撑和认知基础。定义中用连字符来强调这个概念，不仅包括个体的心智构架，而且包括共同的象征符号体系和共享的意义解释。共享的文化信念外在于给定的个人，但运行于每个人的内心，为他们提供"思维软件"，即"内在的"理解

---

① [美] W. 理查德·斯科特. 制度与组织——思想观念与物质利益 [M]. 姚伟，王黎芳译. 北京：中国人民大学出版社，2010：56.
② 周雪光. 组织社会学十讲 [M]. 北京：社会科学文献出版社，2003：74-88.
③ [美] W. 理查德·斯科特. 制度与组织——思想观念与物质利益 [M]. 姚伟，王黎芳译. 北京：中国人民大学出版社，2010：70.

过程是由"外在的"文化框架所塑造。① 也就是说，文化认知是以认知主体所掌握的文化为中介，接收和加工外界事物信息，并通过文化手段完成对认知客体的认知，进而获取价值性认识的过程。文化认知虽然承认其认知是建立于心理基础之上，但强调文化及其因素在认知中起着极其重要的作用。人生存于文化中，一方面，不自觉接受着文化潜移默化地熏陶和影响；另一方面，在从事的文化活动中，又自觉地加深着对文化的理解和认识，并在其基础上形成了文化心理。因此，就其实质而言，就是对认知对象所蕴含的文化意义的认知。

（二）文化-认知凸显文化因素在认知过程中的作用

文化-认知作为主体性认知，主要在于认知主体已有的文化认知结构在认知中起着决定性作用。在真正意义上的认知发生之前，认知主体存在着前认知的文化知识及经验，而认知主体已有的文化认识及经验总是要对当下的认知发生影响。这无疑是人之认知主体性的重要表现。

认知主体已有的文化认识及经验是以某种方式系统化，形成认知主体的文化认知结构而存在的。皮亚杰的认识结构理论将其称之为"认知图式"。所谓"认知图式"简单地说，就是人脑对信息客体的选择、整合和理解的方式，或说是人们在认知某一事物时，人脑中原有的认知框架。这说明人的认知不是对外部客体刺激而作出简单的心理反应，任何来自外部客体的刺激都必须经过"认知图式"，才能产生心理反应，并在心理反应的基础上形成主体的认知。因此，文化-认知是在一定的文化知识及经验背景下进行的。人们对认知对象认知时，"认知图式"首先影响人们对认知对象的注意力及选择，决定着个体对事物的态度和指向，规定着人们去注视什么、忽视什么。"认知图式"的选择功能不仅

---

① ［美］W. 理查德·斯科特. 制度与组织——思想观念与物质利益［M］. 姚伟, 王黎芳译. 北京：中国人民大学出版社, 2010: 65-66.

使人对某些事物不愿意看，甚至决定着人们对认知对象的某方面视而不见、听而不闻。同时，"认知图式"还规定着人的视野的阔与狭、眼界的深与浅。在认知新事物或新现象时，认知主体会充分利用已有的文化知识及经验来进行分析和推理，并做出正确的判断。

有两个重要概念与"认知图式"紧密相关，即"同化"和"顺应"。它们是认识结构协调和组合的两种重要形式，也是主体反映客体刺激过程中必然产生的两种重要机能。刺激输入的过滤或改变叫作同化；内部图式的改变，以适应现实，叫作顺应。[1] 人们接收到认知对象的信息后，对其进行"编码"和"提取"，即对信息进行整合时，同样受"认知图式"的影响。在这个过程中，主体已有的文化知识及经验起着类似"加工厂"的作用。在这个"加工厂"里，认知主体对认知对象的有关信息经过重新"编码"和"提取"，形成新的认知，并把这种新认知纳入自身的体系，从而更新自己的结构，形成了一个新的认识体系。如果，认知主体已有文化知识及经验与认知对象的信息相对应，那么对认知对象的信息整合便会顺理成章地完成，这个过程即是"同化"过程。如果，认知主体已有文化知识及经验与认知对象的信息不相对应，其整合过程并因此中断，在认知对象的信息反复和多重刺激下，认知主体则会调整原有的图式或建立新的图式以适应现实，这个过程即是"顺应"过程。这说明"反应不是由刺激简单地决定的，何种信息能成为对主体起作用的'刺激'，决定于主体已有的'结构'。因此主体与客体之间的关系是一种双向关系，即在客体作用主体的同时，主体也作用于客体。在这种'同化于己'和'顺应于物'的主体与客体相互作用的过程中，认识就得到了发展"[2]。认知主体已有的文化知识及经验，既是以往认知的结晶，又是继续认知的前提。

---

[1] ［瑞士］皮亚杰，英海尔德. 儿童心理学［M］. 吴福元译. 北京：商务印书馆，1980：7.

[2] 石向实. 论发生认识论的同化和顺应概念［J］. 内蒙古社会科学，1996（03）：19–23.

（三）文化－认知过程是认知客体意义化的过程

在文化心理结构的作用下，通过"同化"和"顺应"，形成对认知客体完整的、真实的认知固然极其重要。但它只不过是认知的部分内容，充其量只能说是完成了认知过程的初始阶段。因为，认知作为一种文化活动的目的不仅仅在于理性地把握认知对象，而在于理性地把握认知对象所蕴含的文化意义，即对认知主体的价值意义，这是由人追求价值的本性所决定的。在文化认知中，认知主体不仅运用文化工具（符号、语言以及已有文化知识及经验等）达到对认知对象本身的认知；而且以自己为标准，即以文化活动的目的性为标准，对所获得的认知作出一定的规定或阐释，并运用于文化活动之中。于是，"认知图式"不仅起着类似"加工厂"的作用，而且还起着"过滤器"的作用。当认知对象呈现在认知主体而前时，认知主体就开始根据自己的需要，选择认知对象某个侧面而进行认知。这就是说，认知主体在对认知对象形成完整的、真实的认知的同时，也对认知对象进行着价值评价，通过"认知图式"的过滤，有目的地选择吸收对主体有价值的东西，并剔除对主体没有价值或价值不大的东西。因此，通常所讲的"价值评价"萌发于认知过程。在文化认知过程中，只有被认知主体赋予价值意义的认知客体，才能被认知主体所接受，才有可能被纳入认知主体的文化活动之中。随着文化活动的深化，人们对客体的"价值评价"乃至于"价值目标"和"价值追求"，不断丰富和充实。在这种意义上讲，无论是"客体主体化"，还是"主体客体化"都不是简单的自然过程，任何客体如果对主体没有价值意义，便不可能化为主体结构的有机组成部分；同样，如果主体对客体没有形成有关价值意义的认识，也不可能使自己的本质力量转化为对象物。因此，把认知纳入文化活动之中，肯定文化因素在认知过程中的作用，是理解"客体主体化、主体客体化"的关键。

要对文化认知作出合理的释义，就必须完整理解和把握文化认知。

在我们看来，文化认知至少由两部分组成：第一，用什么手段去完成认知；第二，认知所要达到什么目的。毫无疑问，只有达到认知目的的认知，才算得上是真正意义上的认知。因此，十分明显，对文化的认知的关键是要揭示人为什么要认知。手段是为了达到一定的目的，目的必须依赖一定的手段。通过一定的文化手段去完成认知与明确一定的目的而去认知，两者是不可分割的有机统一。

从深层意义上讲，在一定目的引导下对文化认知，实质上是认知主体按照自己固有的逻辑结构和理解方式去掌握对象的特点。它体现了人的认知目的结构对认知客体的制约和选择。由于只有符合认知目的的认知对象才能进入人的活动领域，而成为人的现实世界的一部分。因此，它迫使认知对象与认知主体在逻辑上相适应。就此而言，认知目的代表着人在一定的条件下所具有的实际认识能力。它使人能够根据自己的实践需要，并运用这种能力去有选择性地决定对象世界中哪些事物或性质能够成为主体认知对象的客体。显然，如果没有目的性对认知的选择，人对客观世界的认识活动就会变为无序的、混乱的，只会停留在动物的本能反应上。更重要的是，认知的目的性本质上表现为一种创造理想的活动。换言之，有目的性的认知是一种要符合人的理想的认知，它要求人对客体的价值认知必须与人的理想追求相统一。这决定了人的认知不能仅停留在事物的表面，还要深入把握事物的本质和规律。它因此促使着人的认知由感性认知上升为理性认知，并进而深化为真理性认知。正是从这种意义上讲，有目的的认知不只是消极地适应人的文化活动（实践活动）的要求，还对人的文化活动（实践活动）发生着能动作用。

综上所述，我们可以把文化认知过程简单描述为：认知主体通过文化手段去完成对认知客体的认知，从而获得有文化价值意义的认知内容。由此，我们可以找寻到文化认知的逻辑基础，即认知主体、认知客体、认知手段与认知内容之间的关系。在这里，认知主体、认知手段与认知客体三位一体，构成了认知的基本前提，缺少其中任何一位，所谓的认知就无从谈起。但没有任何内容的认知,也是根本不可能成立的。首先,从认知主体与认知内容的关系看,获取一定的认知内容是认知主体的客观要求,也是认知主体进而展开文化活动不可缺少的前提条件。如何获取与认知主体需求相一致的认知内容,是解决其矛盾的关键。其次,从认知客体与认知内容的关系看,认知内容无疑是认知客体的内涵,并通过认知客体而得以表现,认知主体只能通过对认知客体的认识,来把握和理解认知内容。随着认知主体对认知内容深刻把握和具体运用,认知客体就会进一步显示出对认知主体的存在及发展的意义,从而促使认知主体对认知客体作出更深刻的认识。最后,从认知手段与认知内容的关系看,由于认知内容具有隐含性,即隐含于认知客体中。因此,认知主体虽然直接指向认知客体,但只有通过一定的认知手段才能获取认知内容。所以,用什么样的手段达成认知就成了重中之重。认知手段的选取和运用,决定着如何获得以及能否获得认知内容,特别是决定着能否获得有价值意义的认知内容,以及所获得价值意义的大小和正负等。

二、推进价值认同,促成高职教育共享观念的生成

认知的核心在于选择和过程,认同的形成是认知选择的必然结果。在哲学和逻辑学中,认同(identity)一般意味着"同一性",表示两者之间的相同或统一。从心理学角度来看,认同是寻求亲近感或归属感的愿望和行动,是个人与他人或群体在感情上、心理上的趋同过程。法国社会学家迪尔·凯姆(Emilc Durkhcim)认为,认同是一种被称为"集体意识"的东西,是将一个共同体中不同的个人团结起来的内在凝聚力。

认同的核心问题是价值认同(value identity)问题。根据接收学原理,任何思想观念的形成和变化都是受需要驱动、价值参与的,即以能

否满足自己的需要作为唯一衡量标准。首先对外界思想信息进行价值评判，只有那些符合自己利益或需要的外界刺激，才能被认可和接收。价值认同是指社会成员或组织在社会活动中对某类价值的内在认可或共识，通过这些认可或共识，形成自身在社会实践中的价值定位和定向，由此决定自己的理想、信念和追求。作为生命活动的价值认同根源于个人与社会的价值关系，规制人的生命样态、群体归属和社会取向，影响社会的理性建构、运行成效和发展方向。这是由人的本质和社会历史发展规律共同决定的。因此，价值认同是在达成价值共识基础上形成的，建立共同的价值观是达成价值认同的基础。当社会行动主体的价值取向与客体评价的价值取向趋于一致时，即达到价值认同的地步，共享观念才有可能构建起来。因此，价值认同是生成共享观念的关键因素。

（一）价值认同的生成机制

价值认同生成与其本质属性密不可分。作为一种动态感知过程，作为一种根源于个人与社会间价值关系的生命活动，价值认同生成既奠基于一定的社会历史条件，遵循社会实践性的驱动机制；也以个人生命经验、情感倾向与理性认知为基础，遵循主体能动性的建构机制。

1. 社会实践性驱动机制

个人与社会的价值关系是价值认同赖以产生的基础。社会价值导向与个人价值取向构成价值认同的基本矛盾，而社会性因素是这一矛盾的主要方面，那么社会实践的基础条件和历史形态便必然成为价值认同发生发展的根本性驱动力量。从基础条件来看，马克思说："人们自己创造自己的历史，但是他们并不是随心所欲地创造，并不是在他们自己选定的条件下创造，而是在直接碰到的、既定的、从过去承继下来的条件下创造。"[①] 这一论断启示我们：人的社会实践以及由此所产生的价值认

---

① 马克思恩格斯选集（第1卷）[M]．北京：人民出版社，2012：669．

同，与先辈们创造的历史传统和价值谱系具有类似生物学遗传性的血脉联系，任何时候都不能割裂历史、摒弃传统。而应通过挖掘优秀历史文化传统，寻求社会价值共识的最大公约数，建构起表征本民族鲜明精神标识的价值认同体系，通过对历史传统的创造性转化、创新性发展，实现价值认同的更迭发展。从历史形态来看，人的社会实践在长时段的历史沿革中呈现出三种形态，即建立于自然经济基础上的依附形态，以对物的依赖为基础的相对独立形态，人的自由发展形态。人的价值认同便建立在这三种社会实践形态之上。不同社会实践形态中的价值认同具有不同特征，但整体上呈现出从自发到自觉、从被动到主动、从压迫到解放的逐步发展、螺旋提升的态势。历史条件的基础作用和历史形态的演进态势，共同构成了价值认同的社会实践性驱动机制。

2. 主体能动性建构机制

除却社会实践的基础性规定作用，价值认同还是人们自主建构性的实践活动。这种自主性是人作为价值主体和认同主体的地位确证，更是人之所为人的权利、责任、能力的表征。具体体现为三个方面：一是认同标准的自主选择。尽管社会历史条件对价值认同具有前置性、根本性的规定作用。但是，在具体的价值认同过程中，人们总是会按照自己认可的标准和尺度对价值关系进行相应地评判和选择。二是认同定位的自主调适。价值认同围绕着人们对自我身份的定位，而身份定位向来都不是一成不变的，总是随着个体自然生命成熟、心理品质发展、社会人格完善进行不断调试，并通过与交往对象和社会大环境的互动，呈现出动态化的身份归属。三是认同取向的自主建构。人们是否认同某种生活方式、政治制度、法律规范、文化传统及其所蕴含的价值观念，很大程度上取决于这种观念及其实践形态，是否契合人们的现实需要与生活理想，是否切合人们的情感倾向与心理结构，是否有助于人们成长发展与良好社会关系的确立。简言之，真正意义上的价值认同绝非是机械化、强制性的"给定—接受"，而是自主性、创造性的"生成—建构"，也只有充分尊重人的主体地位、激活人的主体意识、发挥人的主体能动性，社会价值导向才能真正转化为个人价值取向，才能实现高水平、持久性的价值认同。

（二）高职教育价值认同的实现途径

探讨价值认同的本质意涵和生成机制，其目的在于澄明价值观教育的规律遵循，提升新时代高职教育价值观"融入转化"的质量和水平。长期以来，围绕究竟如何建构价值认同，形成了"自上而下"与"自下而上"两种路向、"外推"与"内生"两种模式。"自上而下"说的是基于一种先验的理论假设，通过一整套制度设计和规则制定，对人们的价值认同实施系统的、规范化的干预。"自下而上"说的是在尊重人的主体地位和价值多样化事实的基础上，通过交往对话引导人们实现价值认同。随着"以人为本"等理念的兴起，"自下而上"愈发成为主流声音，而"外推"与"内生"基本上都是基于这一路向提出的价值认同模式。"外推"就是按照"以己推人"的理论，从觉知自我价值意识出发，沿着"自我—他人—所有人"的思路，逐步扩大价值认同的范围；"内生"则将价值认同看作人们社会交往的关系结构，然后基于这一结构的存续优化，向内向下提出相应的价值秩序和规则，并促使社会成员在意识和行为层面普遍适应之。当前，虽然高职教育已经逐渐从社会的边缘地带进入了经济发展的核心层面，成为推动地方经济转型升级的重要驱动因素之一，但国家重视、社会认识和百姓选择之间却还不在同一个轨道，没有形成同频共振。因此，迫切需要"自上而下"与"自下而上"两种路向、"外推"与"内生"两种模式相结合，建立共同的高职教育价值观，引导全社会形成高职教育的价值共识，进而达成高职教育价值认同。

1. 整体推进，逐层跃迁

价值认同是个人认同、群体认同、社会认同的辩证统一。这就要求我们在推进新时代高职教育价值观"融入转化"时，既要关注社会高职教育价值观向个人价值目标、价值取向的转化,也要关注社会高职教育价值观与群体性价值意识、价值规范的融通,更要引导个人和群体在社会主流高职教育价值观念基础上,凝聚价值共识、提升价值自觉,从而整体性、系统性地推进高职教育价值观在个人成长、群体责任、社会运行中的落实。同时,鉴于价值认同内在蕴含着经验、情感、理性三个逐级递升层次,整体推进高职教育价值观"融入转化",还应依据不同层次价值认同的发生规律,突出重点,着力攻关,实现价值认同的逐层跃迁。在经验层面上,突出"日常生活"这个关键场域,通过规范引领,以地缘、业缘、趣缘为纽带的日常交往活动,以网络、影视等载体的日常休闲活动,营造与高职教育价值观同向同质的日常生活环境,夯实价值认同的经验基础。在情感层面上,突出"社会心态"这个关键变量,通过培育"劳动光荣、技能宝贵、创造伟大"的时代风尚,增进社会成员对高职教育价值观的正向情感体验。在理性层面上,突出"工匠精神、技术技能教育"这个重要环节,运用学校教育、普及宣传与群众性共建活动等方式,强化人们对高职教育价值的理性认知和深度认同。

2. 正本清源,消除偏见

历史条件的基础作用和历史形态的演进态势,共同构成了价值认同的社会实践性驱动机制。为什么当前高职教育会出现理想与现实之间巨大差距的现象?20世纪,在法国史学领域兴起的"年鉴学派"为我们提供了一个新的视野。"长时段"是"年鉴学派"最为重视的理论假说。它往往以"世纪"为基本的度量单位,常常是经年不变抑或是变化极其缓慢,甚至让人几乎觉察不到时间的改变,但它是历史时间中最为深层、最为隐蔽而又最为有力的"时间段",影响并决定着整个的历史进程。"长时段"假说提醒我们:历史总是会在当下的社会生活中反映出它的过往的意识与精神之"文化存在"。这是由于历史往往取决于"长时段"历程所积淀的文化与精神的力量,它会潜移默化地影响着当代人的观念、思想与精神。

"年鉴学派"的"长时段"理论打破了传统史学的"线性历史"的解释模式，让我们注意到了当前高职教育改革中遭遇的种种困境是有其深刻的文化历史背景的。在高职教育领域，虽然近年来高职教育改革不断推进，但我们还是发现中国几千年的文化传统中诸多固有的观念与意识仍然起着一定的作用，影响着人们对高职教育的理解与认同，甚至作为影响高职教育改革的反作用力而牵制着高职教育改革的进程。因此，需要正本清源，树立正确的历史观和文化观，走出认知误区。近百年来，一些中西方学者都认为，中国的传统文化偏重伦理、统治术，在日用科技方面远不如西方，而西方的坚船利炮和先进科技就是一切竞争实力和话语权的有力支撑。为此，有关中国的科学技术传统被彻底忽略了，其内容在中国各级各类教育中越来越式微。且不说西方及世界的现代文明是在中国"四大发明"的基础上建构的，就是对现代高等教育中的许多专业，中国历史文明的贡献也是显而易见的。对此，不仅有英国学者李约瑟的多卷本《中国科学技术史》可做印证，而且有越来越多的中外科学家和技术人才已经意识到，中国智慧、中国方法和中国经验颇具改革创新的借鉴价值。通过挖掘优秀文化传统中"尚技""精工"等与新时代要求、与社会主义核心价值观、与大国工匠精神一致的职业文化元素，如具有2000多年历史的班墨文化，强调人文品格与科技品格并重，"厚乎德行、辩乎言谈、博乎道术"的教育目标，"摹略万物之然，论求群言之比。以名举实，以辞抒意，以说出故。以类取，以类予"的科学观，钻研技术、精益求精、积极进取、善于创新的职业操守等，扭转"崇拜学历、轻视技能"的文化惯性。

3. 深层嵌入，有序引导

价值认同是主体能动性建构的实践活动，与人们的利益诉求、情感倾向、心理结构密切相关。这就需要我们在推进新时代高职教育价值观"融入转化"时，兼顾好人的有意识活动和无意识活动，锁定对实践活动自觉程度最高的焦点意识持续发力，引导好人们的有意注意和行动自觉,使价值认同逐步渗入到下意识、潜意识、无意识等心理界面,沉淀固化为一种"直觉性思维、自动化反应和习惯性行为"。为此,要锁定群众广泛关注的思想问题,实施深度解读、定向引导,厘清人们对高职教育价值观的认识迷雾,夯实价值认同的思想基础。

其一,要找准社会利益与个人利益的最大交汇点,抓住群众最迫切、最现实的利益难题,进行重点突破、逐步推进,着力激活人们对高职教育价值观的情感共鸣,善于运用群众喜闻乐见的方式和途径,铺设和筑牢价值认同的情感通道。比如,通过设立"职业教育活动周",让全社会了解、体验和参与职业教育,共享职业教育发展成果;通过每年一度的全国职业院校技能大赛,促进校企合作,展示职教风采和职教成果;通过开展"五一"全国劳动模范和先进工作者表彰大会,在全社会大力弘扬劳模精神、劳动精神,引导广大人民群众树立辛勤劳动、诚实劳动、创造性劳动的理念,让劳动光荣、创造伟大成为铿锵的时代强音,让劳动最光荣、劳动最崇高、劳动最伟大、劳动最美丽蔚然成风;运用网络、媒体,推出《大国重器》等宣传片,吹散几千年来"万般皆下品、唯有读书高"的浓雾重霾,形成"不唯学历凭能力"的清新之风,让"劳动光荣、技能宝贵、创造伟大"逐步成为新的时代风尚;从工匠精神形成的感人事例和大国工匠的不懈追求入手,用大量的图片、情景资料等社会公众容易接受的形式,给以精确、透彻的讲述,在榜样的感召力和个体体验的认知中感知感人的匠心故事,理解"精于工、匠于心、品于行"的工匠精神真谛,促使社会公众认同、接纳工匠精神,进而使工匠精神得到传承光大。

其二,积极开展职业启蒙教育。20世纪六七十年代,美国生涯理论研究学者舒伯从人的终身发展角度将个人职业生涯发展分为成长、试探、建立、维持、衰退5个阶段,其中成长期(0~14岁)是职业启蒙教育期,其任务是发展自我形象,具备对工作世界的正确态度,并逐步意识到工作的意义。德国教育理论家库尔特在20世纪60年代提出职业指导理论,认为职业指导必须成为普通教育的中心工作之一,职业指导的最高目标是"教育学生进行自觉的职业选择"。职业启蒙在发达国家和地区发展比较成熟,这些国家和地区非常重视培养孩子的职业意识,并已经形成适合本土发展的教育机制。在经济快速发展,产业结构加快升级的今天,我国的职业启蒙却远远落后于其他国家。《国家职业教育改革实施方案》明确指出,"鼓励中等职业学校联合中小学开展劳动和职业启蒙教育,将动手实践内容纳入中小学相关课程和学生综合素质评价。"因此,追本溯源,发展职业启蒙教育势在必行。第一,从职业教育体系的构建来看,职业启蒙教育是必不可少的一个阶段。目前,国家越来越重视中高职到本科的衔接问题,但始终没有把职业启蒙纳入现代职业教育体系构建的战略中来。职业教育作为一个完整的体系,不应该只是表象上"中职—高职—本科"的体系构建,而应是从职业启蒙到职前培养再到职后培训这一完整的终身教育体系。第二,从职业教育就业导向的属性来看,职业启蒙是学生将来面对社会竞争的心理保护伞。职业教育基本上是职业岗位教育,是培养某一领域的技术技能人才,使学生能顺利从学校学习过渡到专业领域工作的专门化教育。职业态度不是一蹴而就的,职业启蒙教育是职业规划的第一步,是"播种",根基打好了,"苗子"才能沿着职业发展的空间越长越高。从源头上保障学生职业素养(劳动者素质)的提高,是产业素质提高的内在要求。第三,从学生自身发展需求来看,职业启蒙教育正是哺育其人生规划的"母乳"。从人的成长规律来看,将职业教育前移即在义务教育阶段进行职业启蒙,是符合学生认识规律的。所有的学生若干年后都将成为生产、服务和管理的第一线劳动者,职业启蒙就是在学生青少年时期开发和挖掘他们的个人潜力,为他们将来的生存与发展夯实基础,帮助他们树立积极向上的生活观和正确的价值观,找到最适宜生存方式的最佳途径。第四,从社会分工的人才类型观来看,职业启蒙是改变社会偏见的良方。基于传统"万般皆下品,唯有读书高"的观念,职业教育培养出来的"劳力者"往往被看作是"受制于人"的底层人士。而实际上，社会对人才的需求是各种各样的，"劳心者"与"劳力者"的不同分工共同促进了社会的发展。因此，进行职业启蒙，是要给学生"打预防针"，是为了提高他们将来工作中受挫的"免疫力"。总之，职业启蒙教育最重要的是培养学生初步的职业认知、职业信念、职业情感和职业态度，养成良好的职业通识习惯。我国要发展好高职教育，彰显其作为一种教育类型的高等教育主体地位，必须从职业启蒙入手，让全社会理解职业教育是体现多元智能理论的、让学生兴趣利益最大化的类型教育，而绝不是使受教育者的生存质量弱化和工具化的教育。

三、提升理论化程度，达成全社会支持高职教育的行动指南

组织社会学新制度主义理论认为，制度由不同要素构成，并通过不同机制传播和扩散，而理论化则是制度传播和扩散的重要机制之一。斯特朗和迈耶强调，制度扩散过程中文化－认知要素的重要性，认为各种"理论化"过程极大地影响着制度扩散。只有相关的行动者认为他们自己在某些重要方面是相似的，制度扩散才有可能发生。理论化对于为什么某些行动者需要增加某些特殊的制度要素或实践，也提供了一种因果说明和解释。"理论化"促进了"客观化"。[①]

马奇·萨奇曼（Mark Suchman）就新制度安排得以产生的各种条件进行了一般性的讨论。他认为，促进制度创造的动力机制是：一个重复发生的问题的出现，对问题进行识别和定名，而以前存在的制度又对这个问题没有提供满意的应对措施（见图6-2）。行动者试图理解和诊断这个问题，然后提出各种具体的解决方案，这种认知性过程也是一种集

[①] ［美］W. 理查德·斯科特. 制度与组织——思想观念与物质利益［M］. 姚伟，王黎芳译. 北京：中国人民大学出版社，2010：146.

体理解活动。一旦具体解决方案"提供"了应对措施,参与者就能够对情景进行"更彻底的理论化"。也就是说,"能够对这个系统如何运行,特别是对在何种情景中何种解决方案是适当的问题,提供一般性的解释。"某种背景中产生的解决方案,后来可能扩散到其他被认为是相似的背景中。①

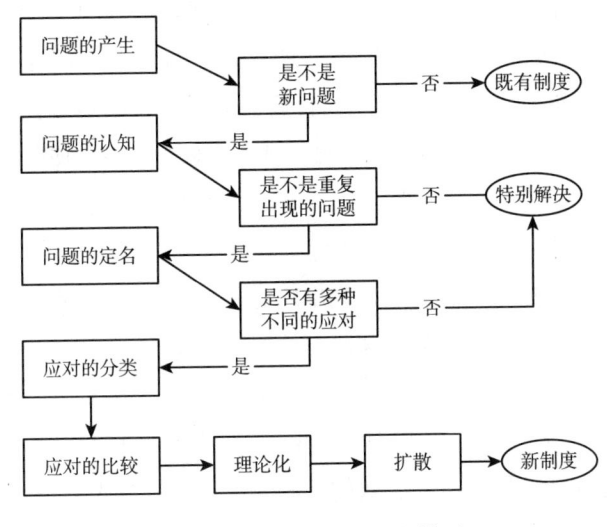

图 6-2 制度化的多阶段模型

当前,我国高职教育相对于传统的普通高等教育而言还是一种新兴的制度逻辑,其理论化程度还比较低。其主要表现为:一是尚未形成自觉的研究态势。现有的高职教育"简单地以行政推动实践代替学理研究,照搬国外职业教育理论,以普通教育理论演绎职业教育理论"②。或者仅是一些"零敲碎打"式的经验总结,没有形成研究范式;高职院校的科研工作总体水平偏低,还存在着科研定位模糊、科研机构边缘化、

---

① [美] W. 理查德·斯科特. 制度与组织——思想观念与物质利益 [M]. 姚伟,王黎芳译. 北京:中国人民大学出版社,2010:113.
② 肖凤翔,唐锡海. 我国职业教育的学科自觉思考 [J]. 教育研究,2013 (01):113-118.

科研论文化、科研经费不足以及制度不健全等诸多问题①，整个高职教育研究处于一种立场不稳的无序状态，缺乏自我反思和自我建构。二是高职教育在学科建设方面处于"缺场"和"失语"状态。在教育学一级学科下面，没有"高等职业教育学"，只有"高等教育学"和"职业技术教育学"②，学科划分中的谱系不清导致其无自觉操持的研究权。高职教育在学科建制方面刚刚起步。费孝通先生认为完备的学科建制包括"一是学会，二是专业研究机构，三是各大学的学系，四是图书资料中心，五是学科的专门出版机构"③。目前，除了"中国高等教育学会职业技术教育分会"外，其他高职研究分会或学会较少；专门研究高职教育的专业机构也比较少，而且目前国内还未形成相关的研究学派和学术争鸣。虽然一些院校已经开始培养高职教育学的硕士及博士生④，但大多数培养体系仍待完善；在图书资料和专刊出版方面，相关学术刊物⑤级别较低，社会认同度仍待提升。"制度逻辑是一套信仰系统，它构成了行动者的认同并为行动者提供行动指南。新逻辑取代旧逻辑的关键是新逻辑的理论化程度。"⑥显然，我国高职教育作为一种新兴的制度逻辑，要真正形成改革的有效动员，最行之有效的机制是将新的世界观理论化。

（一）构建高职教育的知识论基础

高等性是当前我国高职教育发展中非常突出且受到普遍关注的问

---

① 石伟平，唐林伟. 我国高职院校科研总体水平偏低 [N]. 中国教育报，2015-07-09 (9).

② 1983 年 3 月国务院学位委员会公布了我国第一份学科（专业）目录，职业技术教育学被列为教育学之下的二级学科。

③ 费孝通. 略谈中国的社会学 [J]. 高等教育研究. 1993 (04)：1-7.

④ 1987 年华东师范大学首次设立职业技术教育学硕士点，2000 年在华东师范大学设立全国首个职业技术教育学博士点。2017 年中国职业技术教育学已有硕士点 134 个，博士点 27 个。

⑤ 目前我国列入北京大学《中文核心期刊要目总览》（2017 年版）职业技术教育类专业性期刊：《中国职业技术教育》《职业技术教育》《职教论坛》《教育与职业》。

⑥ 张等菊. 综合与寻隙：对新加坡高职教育发展路径的思量 [J]. 职业教育研究，2013 (04)：176-178.

题，也是高职教育受批评率非常高的问题之一。诚然，高职教育若不能体现出高等性，那么其存在的合理性便难免受到质疑。基于此，凸显高等性无疑应当成为当前高职教育发展的重要战略内容之一。

不同类型高等教育的存在都有其特定的知识论基础。正如布鲁贝克所指出的，在20世纪，大学确立地位的主要途径有两种，即存在两种主要的高等教育哲学：一种哲学主要是以认识论为基础，另一种哲学则以政治论为基础。除了通过提升外部职能寻求高等性外，高职教育要在最根本的意义上确立其在"高等教育家族"中的地位，必须获得知识论基础，这是高职教育高等性最为本质的内涵，是高职教育发展应当确立的战略方向。如果说自然科学、工程科学与人文社会科学构成了普通高等教育的知识论基础，那么高职教育的知识论基础就应当定位于技术科学。所谓技术科学，包括技术实现的原理和方法。这些原理和方法是经过实验验证，在实际应用中具有稳定性，用科学概念或公式形式表达的知识。技术科学是架设在传统科学与实践领域之间的一座桥梁，其科学性使之不同于工作经验知识，其技术性又使它不同于传统科学知识。科学的发展及在实践中越来越复杂的应用，正使技术科学成为一个独立的科学知识体系。高职教育应立足于这一知识平台，在技术科学知识的开发、表述和积累中实现其高等性。

（二）凝练研究范式，完善学科建制

学科建制是一门学科发展的制度和物质保障。它的完善取决于健全制度基础上的学科基地、研究机构、学术理论期刊等学科发展平台之间的协作运行。学科建设包括外在制度层面和内在规范层面的建设。外在制度层面是其赖以生存的根基，内在规范层面则是其生命力可持续发展的源泉。

我国高职教育实践发展飞快，导致理论研究难以沉淀。目前，我国高职教育研究大多数处于一种时尚化、快餐化阶段，沉思者较少，高职

教育理念的传递"大师"多数是基于行政职务的"碎片化知识"宣读者,他们以某个外来译介或新词来扩充"事实",而没有增加"联系";以平面思维为主,而缺少基本原理,还未能对教育改革进行理性表达和对教育规律进行理论表征。这种"碎片化知识"容易将人的知识结构变成了一张"浮点图",研究思维愈发狭窄,且容易产生领域上的错觉。高职教育学科不断提升学术水平的关键是要从观点研究转向理论研究,逐步聚焦和深化,形成理论体系并加以巩固。观点是零碎的、局部的,而理论是系统的、整体的,是由经过严密论证的概念和命题系统组成的;观点是浅层的、临时的,而理论是深刻的、长远的,对事实有着强大的解释功能;观点是主观的、个人的,而理论是获得了证据支持的。在观点研究范式下,不同研究成果只能平面地竞争。唯有上升到理论研究,才能实现研究成果的不断积累叠加,有效地推动研究成果在深度上不断进取;才能获得能从根本上解决问题的策略建议,促进学科的成熟以及高职教育事业的有序和谐发展。因此,有必要从学科的元认知出发,注重逻辑推演过程,关注本土创生,用整体逻辑结构理论体系推进高职教育学科建设,达成共识和学术研究规范。

与此同时,学科内外建制的互动机制是促进高职教育学科有序发展的内在机理,内在知识体系的发展和理论体系的构建,加上专业研究机构、学术交流平台和资源的支持,才能避免学科建设处于无序状态,促进学科的内在建制的有序规范发展。"外在建制一方面是学科内在知识和精神规范的外在社会延伸和形式,另一方面更是促进学科内在建制成熟的条件,为学科内在建制的成熟提供了多种支持和保障。"[①] 有必要从如下几个方面入手:建立各类高职教育研究机构之间的合作机制,促进学术共同体的孕育;建立高职教育研究刊物的分类管理制度,建立和完

---

① 刘小强. 高等教育学学科分析:学科学的视角 [J]. 高等教育研究, 2007 (07): 72-77.

善学术评审机制和质量保障制度；建立高职教育研究成果的转化机制；完善高职教育研究学术规范，等等。没有规矩、不成方圆，唯有建立规范和制度，才能避免僵化，保障学科健康、可持续地发展。

总之，"理论化通过促使潜在的采纳者加强对相似性的理解，以及提供有待被采用的行为模式的基本原理，增加可被接受的范围。"[1] 相比于组织基模的培育，理论化可能更加重要，它关系到一套新的制度逻辑能否被理解，进而形成认同和共识并促动组织行动者的变革。更为重要的是，高职教育制度逻辑理论化程度的提高，将促使院校领导、高校教师群体、专家学者、公众、企业以及媒体更理性地审视高职教育的发展，形成新的公共话语空间，进而打破当前我国高职院校发展过程中外部权力中心的制约和束缚。

当然，共享观念之所以产生，往往是因为组织在此前演变的结果。当高职院校在实践中取得普遍成功，成为"广为接受"的社会事实，这就拥有了"合法性"的制度环境，满足社会对于技术技能型人才的需求就成为全社会的"共享观念"，从而获得最深层次的"认知合法性"，最终达成社会共同行动的基础。

---

[1] 李友梅，李路路，蔡禾. 组织管理与组织创新：组织社会学实证研究文选［M］. 上海：上海人民出版社，2007：269.

参考文献

一、著作部分

[1] [美] 伯顿·R. 克拉克. 高等教育系统——学术组织的跨国研究 [M]. 王承绪等译. 杭州：浙江教育出版社，1994.

[2] [美] 约翰·布鲁贝克. 高等教育哲学 [M]. 王承绪等译. 杭州：浙江教育出版社，2001.

[3] [美] 克拉克·克尔. 高等教育不能回避历史——21世纪的问题 [M]. 杭州：浙江教育出版社，2001.

[4] [荷] 弗兰斯·F. 范富格特. 国际高等教育政策比较研究 [M]. 王承绪译. 杭州：浙江教育出版社，2001

[5] [美] 欧内斯特·博耶. 美国大学教育 [M]. 上海：复旦大学出版社，1988.

[6] [美] W. 理查德·斯科特. 制度与组织——思想观念与物质利益（第3版）[M]. 姚伟等译. 北京：中国人民大学出版社，2010.

[7] [美] W. 理查德·斯科特，杰拉尔德·F. 戴维斯. 组织理论：理性、自然与开放系统的视角 [M]. 高俊山译. 北京：中国人民大学出版社，2011.

[8] [美] 理查德·L. 达夫特. 组织理论与设计（第七版）[M]. 北京：清华大学出版社，2007.

[9][加]加雷思·摩根. 组织[M]. 北京：清华大学出版社，2005.

[10][美]沃尔特·W. 鲍威尔，保罗·J. 迪马吉奥. 组织分析的新制度主义[M]. 姚伟译. 上海：上海人民出版社，2008.

[11]周雪光. 组织社会学十讲[M]. 北京：社会科学文献出版社，2003.

[12]张永宏. 组织社会学的新制度主义学派[M]. 上海：上海人民出版社，2007.

[13]石伟平，匡瑛. 比较职业教育[M]. 北京：高等教育出版社，2012.

[14]王义智，李大卫，董刚，张兴会. 中外职业技术教育[M]. 天津：天津大学出版社，2011.

[15]张泰金. 英国高等教育历史·现状[M]. 上海：上海外语教育出版社，1995.

[16]张建新. 高等教育体制变迁研究——英国高等教育从二元制向一元制变迁的探析[M]. 北京：教育科学出版社，2006.

[17]姜惠. 当代国际高等职业技术教育概论[M]. 兰州：兰州大学出版社，2002.

[18]冯增俊. 当代国际教育发展[M]. 上海：华东师范大学出版社，2002.

[19]李蔺田. 中国职业技术教育史[M]. 北京：高等教育出版社，1994.

[20]王明伦. 高等职业教育发展论[M]. 北京：教育科学出版社，2004.

[21]徐国庆. 职业教育原理[M]. 上海：上海教育出版社，2007.

[22]许庆豫. 国别高等教育制度研究[M]. 徐州：中国矿业大学出版社，2004.

[23] 李友梅, 李路路, 蔡禾. 组织管理与组织创新: 组织社会学实证研究文选 [M]. 上海: 上海人民出版社, 2007.

二、论文部分

[1] 刘宇, 丁堃. 学术漂移浪潮与高等教育——世界的启示 [R]. 中国会议, 2011.

[2] 唐晓玲, 徐辉. 高等教育机构的学术漂移: 内涵阐释、理论基础与研究进展 [J]. 高教探索, 2019 (09).

[3] 王占军. 高等教育市场化下的"学术漂移"遏制——以美国密苏里州为例 [J]. 比较教育研究, 2011 (09).

[4] 司俊峰. 美国高等教育中的"学术漂移": 现象、动因与防治对策 [J]. 比较教育研究, 2016 (09).

[5] 刘宗南, 钟儒刚. 教学型院校课程质量标准的"学术漂移"及矫正 [J]. 高教发展与评估, 2012 (03).

[6] 司俊峰, 唐玉光. 高等教育"学术漂移"现象的动因探析 [J]. 高等教育研究, 2016 (09).

[7] 聂永成, 董泽芳. 新建本科院校的"学术漂移"趋向: 现状、成因及其抑制 [J]. 现代大学教育, 2017 (01).

[8] 赵峻岩. 彰显技术应用能力——浅析高等职业教育质量的"学术漂移"现象 [J]. 中国成人教育, 2008 (08).

[9] 齐丽君. 正视高职服装教育中的"学术漂移"现象 [J]. 美术大观, 2012 (07).

[10] 朱文富, 姜雪. 发达国家的短期高等教育: 历史变迁、实践价值及其借鉴 [J]. 中国高教研究, 2018 (11).

[11] 陈寒. 欧洲专业高等教育的发展、困境及启示 [J]. 中国高教研究, 2018 (10).

[12] 刘海兰. 英国多科技术学院制度变迁研究 [J]. 现代大学教

育，2016（01）.

[13] 贺国庆，赵子剑. 19世纪以来德国高等教育结构演变研究［J］. 河北师范大学学报（教育科学版），2016（01）.

[14] 母华敏，李欣旖，闫志利，王景瑞. 德国应用技术大学建设50年：历程、经验及启示［J］. 职教通讯，2017（01）.

[15] 孙进. 德国高等教育机构的分类与办学定位［J］. 中国高教研究，2013（01）.

[16] 杨明. 论60年代以来联邦德国高等教育结构改革［J］. 师资培训研究，1999（02）.

[17] 崔爱林. 二战后澳大利亚高等教育政策研究［D］. 河北大学博士学位论文，2011.

[18] 顾建新，王琳璞. 南非高校合并：成效与经验［J］. 高等教育研究，2007（08）.

[19] 周志群. 美国社区学院课程变革与发展研究［D］. 福建师范大学硕士学位论文，2010.

[20] 西蒙·马金森. 为什么高等教育市场不遵循经济学教科书［J］. 北京大学教育评论，2014（01）.

[21] 亨利·汉斯曼. 具有连带产品属性的高等教育［J］. 北京大学教育评论，2004（03）.

[22] 郭俊朝，张婧，徐平. 改革开放30年中国高等职业教育的发展［J］. 教育理论与实践，2009（03）.

[23] 李梦卿. 我国职业教育150年的局变与势况［J］. 中国职业技术教育，2016（34）.

[24] 平和光，程宇，李孝更. 40年来我国高等职业教育发展回顾与展望［J］. 职业技术教育，2018（15）.

[25] 周光礼. 国家工业化与现代职业教育——高等教育与社会经济的耦合分析［J］. 高等工程教育研究，2014（03）.

[26] 姚荣,李战国,崔鹤.国家工业化与高等教育结构调整——政策变迁的制度逻辑[J].教育学术月刊,2015(08).

[27] 吴慧平.大学组织变革趋同的社会学思考[J].高教探索,2007(02).

[28] 肖化移.高等职业教育质量标准研究[D].华东师范大学硕士学位论文,2004.

[29] 宋铁波,张雅,吴小节,曾萍.组织同形的研究述评与展望[J].华东经济管理,2012(05).

[30] 王楠.高等教育场域中的组织同形现象及其机制——基于组织社会学视角的文献梳理和理论归因[J].江苏高教,2016(03).

[31] 沈有禄.近十年职业教育经费配置差异分析[J].中国职业技术教育,2018(31).

[32] 张等菊.我国高等职业教育的身份认同及生存立场研究[J].教育发展研究,2016(07).

[33] 田山俊.发达国家短期高等教育发展的历史经验[J].高教探索,2019(03).

[34] 彭红玉.英美两项高等教育系统职能分化政策的比较研究[J].黑龙江高教研究,2007(11).

[35] 王兆义.德国应用科学大学更名现象研究[J].比较教育研究,2019(03).

[36] 阎光才.毕业生就业与高等教育类型结构调整[J].北京大学教育评论,2014(10).

[37] 潘懋元,吴玫.高等学校分类与定位问题[J].复旦教育论坛,2003(01).

[38] 潘金林.高校分类:多样性发展的重要导向[J].教育发展研究,2010(01).

[39] 郭俊朝,尹雨晴,张存丽.对我国高职教育层次与类型问题

论争的反思[J].湖北职业技术学院学报,2011(04).

[40]姚荣.制度性利益的重构:高等教育机构"漂移"、趋同与多元的动力机制——基于英国高等教育机构变革的经验[J].教育发展研究,2015(21).

[41]姚荣.中国本科高校转型如何走向制度化——基于组织分析的新制度主义视角[J].教育发展研究,2015(03).

[42]柯政.学校变革困难的新制度主义解释[J].北京大学教育评论,2007(01).

[43]秦惠民,解水青.高职教育对现代大学功能变革的影响——基于国际视角的新制度学解读[J].中国高教研究,2014(02).

[44]雷家彬.分类学与类型学:国外高校分类研究的两种范式[J].清华大学教育研究,2011(02).

[45]李立国,薛新龙.建立以人才培养定位为基础的高等教育分类体系[J].教育研究,2018(03).

[46]杜瑛.基于绩效的高校分类管理机制探析[J].国家教育行政学院学报,2017(12).

[47]匡瑛,井文.健全国家职业教育制度框架是实现职教现代化的需要——基于国际比较的视角[J].教育发展研究,2019(07).

[48]陆素菊.试行本科层次职业教育是完善我国职业教育制度体系的重要举措于国际比较的视角[J].教育发展研究,2019(07).

[49]丁钢.论高职教育的生态发展[J].高等教育研究,2014(05).

[50]宣勇.大学能力建设:新时代中国高等教育面临的重大课题[J].高等教育研究,2019(05).

[51]王四正."文化认知"命题释义[J].齐鲁学刊,2016(03).

[52]孟茹玉.论价值认同的生成机制与教育理路[J].思想理论教育,2019(05).

[53] 王占军. 高等院校多样性的机制——基于种群生态学的分析框架 [J]. 中国人民大学教育学刊, 2013 (12).

[54] 费显政. 新制度学派组织与环境关系观述评 [J]. 外国经济与管理, 2006 (08).

[55] 罗珉. 组织理论的新发展——种群生态学理论的贡献 [J]. 外国经济与管理, 2001 (09).

[56] 周志刚, 宗晓华. 重点建设政策下的高等教育竞争机制与效率分析——兼论对"双一流"建设的启示 [J]. 高教探索, 2018 (01).

[57] 马凤岐. 对高等学校的第二轮放权: 基于资源依赖理论的视角 [J]. 高等教育研究, 2015 (10).

[58] 匡瑛, 石伟平. 改革开放40年职业技术教育学科发展的回顾与思考 [J]. 教育研究, 2018 (10).

三、英文部分

[1] Burgess T. The Shape of Higher Education [M]. London: Cormarket Press, 1972.

[2] Pratt J., Burgess T. Polytechnics: aReport [R]. London: Pitman, 1974.

[3] Flexner A. Universities: American, English, German [M]. New York: Oxford University Press, 1968.

[4] UNESCO. International Standard Classification of Education (2011) [S]. Montreal: UNESCO Institute for Statistics, 2012.

[5] Slantcheva-Durst S. Short-cycle Higher Education across Europe: The Challenges of Bologna [J]. Community College Review, 2010, 38 (2).

[6] DECD. Short-cycle Higher Education: A Search for identity [J]. Paris: DECD Publications Center, 1973.

[7] Pratt John. The Polytechnic Experiment: 1965 – 1992 [M]. UK,

Open University Press, 1997.

[8] Picht G. Die deutsche Bildungskatastrophe, Analyse und Dokumentation [M]. Olten und Freiburg im Breisgau: Walter Verlag, 1964.

[9] Barbara M. Higher Education In Germany Developments, Problems and Perspectives [J]. Monographs on Higher Education, 1999.

[10] Wissenschaftsrat. Empfehlungen zur Rolle der Fachhochschulen im Hochschulsystem [R]. KÖln: WR, 2010.

[11] Alan Barcan. A History of Australian Education [M]. London: Oxford University Press, 1980.

[12] Turney. Sources in the History of Australian Education 1788 – 1970 [M]. Sydney: Angus and Robertson Publishers, 1975.

[13] Harman, G. Academic Staff and Academic Drift in Australian Colleges of Advanced Education [J]. Higher Education, 1977, 6 (3).

[14] Jansen D. J. Mergers in Higher Education: Lessons Learned in Transitional Contexts [M]. Pretoria: University of South Africa, 2002: 10.

[15] Parliament of the Republic of South Africa. Higher Education Act (No. 101 of 1997) [Z]. Cape Town, 1997.

[16] Martin Trow, Thorsten Nybom (ed). University and Society [C]. Jessica Kingsley Publishers, London, 1997.

[17] Clark Kerr. American Society Turns More Assertive: A New Century Approaches for Higher Education in the United States, Higher Education in American Society (Third Edition) [C]. Edited by. Phillip G Altbach, etc, Prometheus Books, 59 John Glenn Drive Amherst, New York, 1994.

[18] Riesman D. Constraint and Variety in American Education [M]. Lincoln: University of Nebraska Press, 1956.

[19] Berelson B. Graduate Education in the United States [M]. New York: McGraw-Hill, 1960.

[20] Lachs J. Graduate Programs in the Undergraduate College: The Arguments Against Turning a College into a University [J]. The Journal of Higher Education, 1965, 36 (3).

[21] Schultz E., Stickler W. H. Vertical Extension of Academic Programmes in institutions of Higher Education [J]. Educational Record, 1965 (Summer).

[22] Bimbaum R. Maintaining Diversity in Higher Education [M]. San Francisco: Jossey-Bass, 1983.

[23] Aldersley S. F. "Upward Drift" Is Alive and Well Research Doctoral Models Still Attractive to Institutions [J]. Change, 1995, 27 (5).

[24] Morphew C. C. A Rose by Any Other Name: Explaining Why Colleges Become Universities. The Annual Meeting of the Association for the Study of Higher Education, Sacramento, November 16 - 19, 2000 [C]. Washington DC: ERIC, 2000.

[25] Morphew C. C. Conceptualizing Change in the Institutional Diversity of US Colleges and Universities [M]. Mimeo, Institute of Higher Education, University of Georgia: 2006.

[26] Harwood J. Understanding Academic Drift: On the Institutional Dynamics of Higher Technical and Professional Education [J]. A Review of Science, Learning and Policy, 2010, 48 (4).

[27] Hart J. The Relation of the Social Worker to Education [J]. Social forces, 1923, 1 (5).

[28] Kilby T. Technical Education in Nigeria [J]. Bulletin of the Oxford University Institute of Economics and Statistics, 1964, 26 (2).

[29] Gellert C. Academic Drift and Blurring of Boundaries in Systems of Higher Education [J]. Higher Education in Europe, 1993, 18 (2).

[30] Marks A. A Polytechnism´for the British Universities: Embracing a

Revised 'Soviet' Model for Academia [J]. Teaching in Higher Education, 2001, 6 (2).

[31] Kraak A. "Academic Drift" in South African Universities of Technology: Beneficial or Detrimental? [J]. Perspectives in Education, 2006, 24 (3).

[32] Kaiserfeld T. Why New Hybrid Organizations are Formed: Historical Perspectives on Epistemic and Academic Drift [J]. Minerva, 2013, 51 (2).

[33] Clark B. The Higher Education System: Academic Organization in Cross-national Perspective [M]. Berkeley: University of California Press, 1983.

[34] Neave G. Academic Drift: Some Views from Europe [J]. Studies in Higher Education, 1979, 4 (2).

[35] Kyvik S. Academic Drift: a Reinterpretation [A], In: Center for Higher Education Policy Studies Towards a Cartography of Higher Education Policy Change [C]. Enschede: University of Twente, 2007.

[36] DiMaggio, Paul J., and Powell Walter W. The iron cage revisited: Institutional Isomorphism and Collective Rationality in Organization Fields [J]. American Sociological Review, 1983, 48.

[37] Suchman, Mark. Managing Legitimacy: Strategic and Institutional Approaches [J]. Academy of Management Review, 1995, 20 (3).

[38] Meyer J. W., Scott W. R., Deal T. E. Conference on Human Service Organizations, Center for Advanced Study in the Behavioral Sciences [C]. Stanford: Stanford University, 1979.

[39] Podolny J. A Status-based Model of Market Competition [J]. American Journal of Sociology, 1993, 98 (4).

[40] Brint S. Higher Education in "The Age of Money". Paper to a

Ford Foundation Meeting on Markets in Higher Education, Tampa, June [C]. University of California (Riverside), 2002.

[41] Aspers, P. Knowledge and Valuation in Markets [J]. Theory and Society, 2009, 38.

[42] Ramsden, P. Predicting Institutional Research Performance from Published Indicators: A Test of a Classification of Australian University Types [J]. Higher Education, 1999, 37 (4).

[43] Kivinen O., Rinne R. The Problem of Diversification in Higher Education: Countertendencies between Divergence and Convergence in the Finnish Higher Education System Since the 1950s [A]. In: L. Meek et al., eds. The Mockers and Mocked: Comparative Perspectives on Differentiation, Convergence and Diversity in Higher Education [C]. Oxford: Pergamon, 1996.

[44] Rhoades, G. Political Competition and Differentiation in Higher Education [C]. In J. C. Alexander and P. Colony (eds). Differentiation Theory and Social Change, New York: Columbia University Press, 1990.

[45] Meek, V. L. The transformation of Australian Higher Education: From Binary to Unitary System [J]. Higher Education, 1991 (21).

[46] Jeroen Huisman, Lynn Meek, Fiona Wood. Institutional Diversity in Higher Education: a Cross-National and Longitudinal Analysis [J]. Higher Education Quarterly, 2007 (10).

[47] Dacin M. T. Isomorphism is Context, The Power and Prescription of Institutional Norms [J]. Academy of Management Journal, 1997, 40 (1).

[48] S. H. Christensen and E. Erno-Kjolhede. Academic Drift in Danish Professional Engineering Education: Myth or Reality? Opportunity or Threat? [J]. European Journal of Engineering Education, 2011, 36 (3).

[49] Kiener U. Die Fachhochschule als Missverständnis. Reform,

Identität, Selbstbeschreibung [J]. Swiss Journal of Sociology, 2013, 39 (2).

[50] Littv T. Die Fachhochschule im Licht der vetfassungsrechtlichen Garantie der WiSSenschaftsfreiheit [M]. Bonn: Deutscher Hochschulverband, 2006.

[51] Scott W. R. , et al. Institutional Change and Healthcare Organization [M]. Chicago: University of Chicago Press, 2000.

[52] Scott W. R. Institutions and Organizations (2nded.) [M]. London: Sage Publications Inc. , 2001.

[53] John Taylor. Institutional Diversity in UK Higher Education: Policy and Outcomes Since the End of the Binary Divide [J]. Higher Education Quarterly, 2003, 57 (3).

后　记

本书系衢州职业技术学院朱芝洲教授主持的全国教育科学"十三五"规划2018年度教育部重点课题《"漂移"与"回归"：二元发展框架下高职院校"学术漂移"现象研究》（编号：DJA180340）的研究成果。

2019年是不平凡的一年，是注定被载入史册的年份。这一年是中国职业教育承前启后、继往开来的"大年"，也是中国职业教育运筹谋划、开启新篇的关键一年：中国职业教育徐徐拉开一张大幕，奏起万众期待的新乐章。这一年，中国职业教育在宏观上精心布局、高远设计，也在细微处认真梳理、优化整合：《国家职业教育改革实施方案》《关于实施中国特色高水平高职学校和专业建设计划的意见》相继出台，不仅明确了高职教育的"不同类型但等值"地位，更是绘就了新时代高职教育改革与发展的施工蓝图。本课题研究正好契合了这一背景，可谓恰逢其时。

本书能够完成，依托的是课题组成员黄云龙、俞位增、汪榜江、何雪莲老师的通力协作，以及领导、专家、同事给予本课题研究的鼓励和支持，我们表示由衷的感谢！同时，对全国教育科学规划领导小组办公室、经济科学出版社等为本书的顺利出版所作的大力支持，在此一并表示感谢。书中参考和吸收了学术界的研究成果，在文中和参考文献中都作了标注，在此表示诚挚的敬意，若有疏漏，也请谅解。

鉴于我们学识水平所限，加之本书所涉内容广泛，对此开展系统和深入研究确实存在较大的难度，因此，书中不足之处在所难免，敬请学界同仁批评、指正。

作者
2019 年 8 月于衢江之畔